幼儿园
综合艺术教育课程

冯惠燕　刘金玉　主编

小班

教育科学出版社
·北京·

目　录

序

　　艺术教育是素质教育的重要组成部分，其对人的全面发展的价值越来越得到教师、家长乃至全社会的认同。伴随着《幼儿园工作规程》《幼儿园教育指导纲要（试行）》《3—6岁儿童学习与发展指南》等纲领性文件的相继颁布，中国幼儿教育进入了改革的新时代，课程改革也成为实施高质量幼儿教育的必由之路。幼儿园综合艺术教育课程是北京市第一幼儿园园本课程建设的结晶，凝聚了一幼人多年来在幼儿园艺术领域教育实践与改革创新的心血。

　　很荣幸，我和我的博硕研究团队从2011年开始加入到一幼综合艺术教育研究成果的梳理工作中，见证了一幼综合艺术教育课程的验证、调整修改、充实完善的全过程。在这个过程中，我们感受到了一幼深厚的研究底蕴、浓郁的研究氛围、严谨的研究作风。我们看到了教师的努力与认真，更看到了综合艺术教育给孩子们带来的快乐与发展。如果不是亲眼看到、亲身参与，很难相信一所幼儿园能够研究出如此系统和成熟的课程框架与课程方案。

　　一幼的综合艺术教育以人文性的主题活动为基本模式，它不是教育活动的大拼凑，不是艺术活动的大混搭，更不是没有理论根基与实践验证的"拿来主义"。它是基于生态教育及多元智能等理论提出的，注重小、中、大班教育的阶段性与连续性，注重艺术门类之间以及艺术领域与其他领域的有机关联，注重幼儿艺术能力与情感的激发，注重幼儿对艺术活动的欣赏感受与创造表现，最终通过综合艺术活动的实施促进幼儿艺术能力与人文素养的全面整合发展。

　　走进一幼，我们能够感受到它六十多年积淀下来的那种成熟、沉稳、亲切、包容的气质。在合作中，我深深地感动于一幼人的勤奋与扎实，感动于一线教育工作者的研究热情，感动于一幼教师对研究成果的继承与创新。在课程的验证阶段，教师针对一个环节、一句活动中的指导语、一首音乐、一句孩子的回应、一件教学材料的准备和确定等展开讨论甚至是激烈辩论的场景不时在我脑海中浮现。正是这些以幼儿发展为中心的思想碰撞，使一些原本无形的教育理念变得直观；正是这些和幼儿的互动，使一些原本陌生的理论词汇变得浅显易懂。在一次次的验证、反思、再验证的过程中，教师对综合艺术教育理念的理解和认同、活动的组织与指导能力不断提升，为综合艺术教育活动方案的发展与完善奠定了坚实的基础。欣赏综合艺术活动，于我们是一种享受。孩子们自由的舞蹈、悦耳的歌声、自信的笑容，一切是那么的美好！

教育改革没有尽头，实践探索没有止境，教育工作者应该朝着正确的方向不断地前进。相信一幼的综合艺术教育课程也会与时俱进，继续创新与发展！

一幼拥有一支乐于钻研、敢于探索、勇于创新的干部队伍，拥有一批热爱孩子、热爱艺术、热爱教育事业的教师，拥有一群幸福、阳光、快乐的孩子。希望大家能够通过本套书了解一幼，分享成果，认识综合艺术教育，开拓幼儿园综合艺术教育探索与实践思路，让更多的孩子萌发对艺术的热爱与敏感，童年更加丰富多彩、幸福快乐！

霍力岩

前　　言

　　课程改革是教育改革的核心，因为课程集中体现了教育者的教育思想和观念。《幼儿园教育指导纲要（试行）》与《3—6岁儿童学习与发展指南》的出台（以下分别简称《纲要》《指南》），给了幼儿园广阔的课程开发空间和思路，同时也明确要求幼儿园坚持实事求是的原则，从具体情况出发，切忌搞"一刀切"。

　　北京市第一幼儿园近些年来一直针对幼儿园艺术领域教育进行研究，形成了综合艺术教育园本课程。在这个过程中，我们发现、遇到了很多问题，并针对这些问题展开了一些思考、研究和实践活动。

一、在思考中行走，确定课程建设的目标及思路

（一）思考一：为什么要进行综合艺术教育课程的研究？

　　随着教育改革的不断深入，作为幼儿全面发展教育重要组成部分的艺术教育，该如何在幼儿的全面发展中充分发挥作用，越来越引起教师、家长以及全社会的关注。研究表明，当前我国的幼儿艺术教育存在以下两种情况。

　　第一，艺术教育分科进行。即将艺术教育划分为美术、音乐两个学科进行教学，后又把语言领域中的儿童文学以及戏剧纳入其中，这是最传统的艺术教育方法。这些艺术科目各自有独立的大纲和进度，教育者只需根据大纲的要求和幼儿的年龄特点制订计划并实施即可，教学中不用考虑这些艺术学科之间的内在联系。

　　第二，艺术教育技能化、专业化。这种情况最早出现于20世纪80年代。

当时，各种艺术考级、培训班、舞台演出都有幼儿参加，许多地方还办起了艺术幼儿园，对幼儿进行高难度的艺术基本功训练，把艺术能力的培养作为专业技能训练来进行。这种做法是把艺术教育等同于"技艺教育"，丢掉了艺术的灵魂——情感，束缚了幼儿的自由创造、自由表现，把具有自由创造特性的艺术教育活动变成了专业化的训练活动，使艺术教育趋向技能化、专业化。

（二）思考二：为什么要在艺术活动中强调"综合"？

从最基本的体验来讲，人生活的空间本身就是一个综合的环境，正所谓大千世界，包罗万象。同时，人的发展是综合的，人对艺术的感知感受也是综合的。如音乐虽然是听觉艺术，但演奏乐器需要手指的精细动作，演唱需要、发声的控制，指挥家需要体态语言的表达，音乐欣赏更需要想象、联想等高级心理活动的参与等。既然艺术本身具有综合的特点，那么在开展艺术教育时，我们就不能只单纯地追求某一种艺术技能的表现，而应重视培养幼儿的综合艺术素养。

多年来，一幼一直在进行艺术教育方面的研究，但过去很长一段时间内，对于如何激发幼儿参与艺术活动的兴趣，如何使艺术教育的过程成为幼儿愉快学习的过程，如何利用艺术教育培养幼儿健全的人格、丰富的情感、想象力和创造力，怎样将艺术领域与其他领域（健康、社会、科学、语言）相互沟通和融合，从而发挥幼儿园艺术教育的整体优化效应，还缺乏系统的研究。基于上述原因，我们开展了幼儿园综合艺术教育课程建设的实践研究。

（三）思考三：综合艺术教育课程建设的目标及思路是什么？

教育改革带来的机遇与挑战促使我们不断思考教育的本质：我们要培养什么样的孩子？要为孩子提供什么样的教育？如何使我们的教育适应儿童发展和时代进步的需要？带着这样的问题，我们认真学习了《纲要》与《指南》等纲领性的文件，同时也对课程、园本课程等一系列问题进行了较为深入的梳理与学习，树立大课程观，探索园本课程建设的路径，以期建设一个支持幼儿发展的课程体系。

园本课程建设要在园所的培养目标下，立足幼儿的需要，认真分析本园特点，挖掘自身的优势与课程资源，确定目标，在"想做什么"与"能做什么"之间取得一种平衡。我们把"为孩子拥有快乐的人生奠基"作为办园理念，其内涵是：让自信自主成为孩子的人生态度，让探究创新成为孩子的思维方式，让审美愉悦成为孩子的性格品质。这是我们的"想做什么"或者说是我们的培养目标。我们"能做什么"就是要分析自身条件，确立课程目标和课程研究内容。明确的办园目标加上切实有效的执行，才能有效丰富办园内涵，落实教育目标，这是园所长久发展的重要保障。我们对综合艺术教育课程建设的研究重点围绕以下几个方面。

1. 课程目标——突出"艺术"与"人文"

教育目标是我们开展一切教育活动的出发点和归宿，是预期获得的某种效果。有了教育目标，活动设计与安排、组织与开展就有了依据；有了教育目标，教育活动的内容选择、方法运用、效果评价也有了原则和范围。

一幼从"八五"至今，一直致力于艺术领域教育的改革实践，先后进行了快乐的音乐活动研究、中华民族传统艺术启蒙教育研究、幼儿园艺术教育"四性"的实践与研究、幼儿园综合艺术教育指导策略的研究、在幼儿园艺术领域开展戏剧活动的实践研究等。基于多年的实践研究基础以及对幼儿需求的了解、对《纲要》和《指南》的认真领悟，我们提出以艺术教育为载体开展综合艺术教育课程的开发与建设，从幼儿的兴趣出发，从幼儿的生活经验起步，从幼儿的情感体验入手，以音乐、美术、戏剧、舞蹈四种艺术门类为手段，通过对各领域教育目标的整合、教育内容的丰富、教育方式方法的多样运用，发挥艺术教育的合力，把促进幼儿人文素养与艺术能力全面发展作为课程总目标。

人文素养是指一个人的内在素质和修养。发展人文素养的核心就是学会做人——做一个有道德、有智慧、有修养的人。艺术能力是人对艺术要素感知、创造、反思的能力。艺术能力的发展能有效地促进个体思维能力的发展，也有利于个体良好个性的形成。一个具有良好艺术修养的人不仅能深刻感受生活中的美，还拥有乐观、开朗的个性品质。因此，在目标制订上，综合艺术活动把以往以知识技能的传授为主变为注重人文素养与艺术能力的整合发展。在此基础上，我们依据教育对象的身心特点提出"四性"，作为对综合艺术教育课程理论的内涵理解。

教育目标突出人文性。综合艺术活动的教育目标更关注幼儿整体人格的发展，关注幼儿艺术学习的兴趣、感知与体验、表现与创作、交流与合作等基本能力和人文素养（即尊重、关怀、友善、分享、合作等）的整合发展，强调以幼儿发展为中心，淡化学科知识体系，突出幼儿情感体验、想象创造、交流与合作，力求与《纲要》提出的幼儿园教育总目标联系起来，促进幼儿的可持续发展。

教育内容突出综合性。综合艺术活动在教育内容上注重多样化，提倡提供与幼儿的生活环境、情感、文化、科学密切相关的人文主题和不同艺术表现形式的作品等，紧紧围绕艺术与生活、艺术与文化，调动幼儿各种感官，丰富幼儿的艺术感受体验，发挥综合艺术的教育效果，同时与其他领域内容相互融合、相互支持、相互加强，形成一种生态关系，获得整体优化效应。

教育过程突出愉悦性。综合艺术活动运用丰富有趣、符合幼儿年龄特点的艺术游戏，丰富幼儿的艺术情感体验，培养幼儿参与艺术活动的兴趣，引导幼儿体验艺术活动带来的快乐，最终快乐自主地学习。

教育方法突出游戏性。综合艺术活动重视组织形式、方法的多样化，提倡体验式、探究式、情境式、生成式、互动式的教学方法，发扬传统教学方法的优点，通过集体、小组、家园结合等多种活动形式进行学习。

2. 课程结构——体现综合与均衡

人的发展是综合的，人对艺术的感知感受是综合的。综合是《纲要》和《指南》组织实施教育活动的要求。这意味着，课程结构的设计要注重领域之间的有机整合，形成内容、形式和范围更广的课程概念。综合艺术课程要以艺术活动为载体，将五大领域的目标、内容融入艺术活动之中，通过对各领域教育目标的整合，加强艺术与生活、艺术与情感、艺术与环境、艺术与科学的关联和沟通。

3. 课程组织——强调自主与探究

课程组织方式更关注的是学习方式的转变。我们提出，课程要充分发挥幼儿的主体性，给幼儿充分的空间，营造勇于提问、勇于探索的环境，重在引导幼儿从探索性实践活动中获得感悟和体验，让幼儿成为学习的主人，培养幼儿的学习责任感，养成终身学习的愿望和能力。

4. 课程内容——注重过程与经验

《纲要》和《指南》倡导的课程内容更多地体现了幼儿的生活经验和社会实践，突出了幼儿的自我感受。课程内容应该包括幼儿在幼儿园环境中进行

的、旨在促进幼儿身心全面发展的各种活动（包括教学活动、一日生活、家园活动、环境创设等），既包括显性课程，又包括隐性课程。

5. 课程评价——着眼多元与发展

幼儿园课程应该是面向每一个幼儿的课程，是为每一个幼儿终身发展打基础的课程，而不是培养精英和遴选人才的课程。所以，教师更要关注每个幼儿在艺术学习过程中学习兴趣、态度、艺术能力和人文素养在原有基础上的提高，强调：评价主体多元化，注重开放性评价；评价取向多元化，注重形成性评价；评价内容多元化，注重综合性评价；评价方法多元化，注重多样性评价。总之，尊重个体差异，采用发展性评价，充分发挥评价的激励作用。

二、在问题中探索，注重研究的过程和实施的效果

园本课程的构建需要在实践中逐步完善，课程方案的实施过程实际上就是行动研究的过程，是经历着实践—检验—完善—再实践这样一个不断反复发展的过程。在课程的实施过程中，我们遇到了许多的问题。在解决问题的过程中，我们的课程也在不断丰富与成熟。

（一）问题一：活动目标的制订成为制约教师有效实施课程的瓶颈

课程开发初期，通过孩子们的表现和教师们的反馈，我们发现教师在设计活动时常出现活动目标过大、过泛，操作性不强，人文素养和艺术能力的培养目标不能有机整合等问题。因此，目标的制订成为制约教师有效实施课程的瓶颈。于是，我们认真分析实践中活动目标制订方面出现的问题，开展了相应的研究，最终总结出活动目标制订要注意"六性"。

1. 目标的制订要体现整合性

将人文素养与艺术能力进行有机整合，落实以人为本的理念，在发展幼儿艺术能力的同时培养幼儿的内在素质和修养，这是综合艺术教育最核心的价值。因此，教师们在制订目标时头脑中要有两条主线，一条是人文素养，一条是艺术能力。

2. 目标的制订要体现发展性

幼儿是不断发展的个体，教育作为推动幼儿发展的主要因素，应适合幼儿的发展，并善于利用幼儿的最近发展区，使教学走在发展的前面。为了真正实现教育的这一功能，教师既要保证活动目标适合幼儿年龄特点，又要使

活动目标对幼儿具有一定的挑战性；既要研究和把握本班幼儿身心发展的实际水平，又要确定幼儿进一步发展的潜力、方向和步伐。为此，教师要观察、了解幼儿发展的现状和内在需求，使目标处于幼儿的最近发展区内，并促进幼儿现实水平向潜在的发展水平过渡。目标的发展性应是适度地超越原有的生活经验，是幼儿的认知水平所能及的。

3. 目标的制订要体现适宜性

目标的制订要符合幼儿身心发展的特点和认知规律。幼儿的成长受生理和心理成熟机制制约，其身心发展有一定的顺序，这种顺序是由先天因素决定的。这种发展规律表现为到一定的年龄，幼儿会做一定的事情。因此，在制订活动目标时，教师要结合本阶段幼儿身心发展的特点，同时还应遵循幼儿的认知规律，让幼儿有更多自主、游戏的时间和空间。从目标制订角度，还应考虑对幼儿可持续发展是否有真正的价值。

4. 目标的制订要体现实效性

在艺术活动中要发展和促进幼儿哪些能力，培养幼儿的哪一种情感，都要有较明确的说明，否则活动目标就失去了它的指导作用，使得活动组织起来比较困难。因此活动目标应突出重点，不能过于泛化。这种目标的制订能使教师有效引导幼儿活动，为活动评价提供依据。目标的操作性强，教师容易掌握。在实践中我们得出结论：要把大目标细化为具体的小目标，使目标变成一个个艺术教育的发展点。

5. 目标的制订要体现系列性

艺术活动目标制订的系列性，指一个主题下的艺术活动内容从小、中、大班，由浅入深，由单一到全面，幼儿的艺术能力、审美意识和审美情趣及尊重、关怀、交流、合作、分享等人文素养也随之得以深入发展，从而变得更加系统，最终达到幼儿艺术能力与人文素养的整合发展。

6. 目标的制订要体现层次性

综合艺术教育活动目标的层次性体现在由大到小、由概括到具体、由面到点层层深化、层层落实目标的过程上。

第一层面——主题。主题是依据《纲要》《指南》的要求，特别是艺术领域目标的要求，结合幼儿的发展需要、兴趣而设计，体现艺术与生活、与情感、与文化、与科学的关联。

第二层面——单元。单元是根据主题发展的需要、脉络进行分解，分解后的单元目标明确、具体，针对性强。

第三层面——活动。活动是围绕单元目标需要设计的丰富多彩的教育内容，目标明确，内容具体，形式多种多样。

（二）问题二：综合艺术教育课程中如何体现综合？如何有机联系五大领域内容？课程实施过程中怎样平衡五大领域之间的关系？

综合艺术教育强调的是整合的思想。如何体现综合，如何有机联系五大领域内容，怎样平衡五大领域之间的关系，是综合艺术教育研究的重点及难点。

《北京市贯彻〈幼儿园教育指导纲要（试行）〉实施细则》中明确指出："重视艺术教育与其他领域的横向联系，要通过艺术与其他领域的整合，促进幼儿全面、健康成长。""幼儿是在听觉、视觉、肢体及言语的充分感知下获得艺术体验。""在幼儿的生活中综合地实施教育，把各领域综合、完整地呈现在幼儿的生活和各种活动中。"

这一整合的教育思想明确了我们的探索方向：在进行艺术教育时，教师要调动幼儿多种感官的协调运用，形成通识通感，有效地促进幼儿审美认知能力的提高。在综合艺术教育活动中，音乐、美术、戏剧、舞蹈等不同的艺术门类不是互相割裂、互不相关的，而是以生态的方式相互交叉、彼此相通、互生互补、有机融合的，这构成了综合艺术教育活动内容综合的第一个维度。第二个维度则是指在每一种艺术门类的每一次活动中，教师都可以自然、适当地渗透初步的艺术欣赏和创造的内容。综合可以通过"一领域切入，兼及数领域"的方法，也可以通过"一日活动综合"（大综合）的方式来具体实现。

因此，综合艺术教育要根据幼儿身心发展特点，结合《纲要》中五大领域的教育目标，依据从幼儿的兴趣出发、从幼儿的生活经验切入、从幼儿的情感体验入手的原则，将多领域有机融合，挖掘艺术教育价值，达到幼儿艺术能力、审美意识和情趣的逐步提高。

综合艺术教育活动与以往的艺术活动的区别就在于，它不仅注重幼儿艺术技能的培养，更注重幼儿的情感需要，注重培养幼儿的人文素养。为此，我们针对综合艺术教育在操作层面综合什么、怎样综合等问题进行了实践探索。

在研究中，我们发现综合艺术教育课程中的"综合"主要有三方面的特点：一是艺术教育内容要丰富多彩，艺术教育形式要多种多样；二是注重艺术领域与其他领域的联系与交流；三是注意同一艺术门类间的相互联系与沟通。因此，在综合艺术活动中，我们注重艺术门类间、艺术与其他学科间的融合与沟通，强调艺术作品的丰富多彩、艺术手段的多种多样、艺术要素的相互融通，从而形成艺术教育合力，形成艺术上通识通感。

1. 课程内容及结构体现综合

我们以艺术为主线，用主题的形式合理组织、联结各领域的教育内容，并渗透于幼儿的一日生活中，综合考虑各种教育因素，使教育目标、教学内容、教学方法、教学过程以及教学环境达到和谐统一，形成合理的有机联系的教育体系。综合艺术教育活动既包括显性的教学活动等，又包括隐性的环境创设等。因此，综合艺术教育的课程内容及结构是全方位的，是幼儿在园活动的总和。

2. 主题活动方式呈现综合

基于多年研究基础以及自身的特点，我们把园本课程定位为"人文主题统领下的单元综合艺术教育活动"。这是以人文性的主题为线索，主题下分成若干个单元，每个单元之下通过不同门类的艺术活动来完成总的教育目标。活动形式不局限于集体教育活动，还根据单元目标的要求设计了区域游戏活动、一日生活活动、亲子活动等，使主题教学达到更好的效果。

教育活动的呈现以主题活动网络图为基本框架，以音乐、美术、戏剧、舞蹈等多种艺术形式为手段，通过对教育目标的整合、教育内容的丰富、教育方式方法的多样化运用，进而促进幼儿全面发展。综合艺术活动的设置并不是把各学科内容简单拼凑在一起，而在于强调融合与和谐。我们把综合艺术活动看作一个完整的系统，各年龄班之间、各学科之间、不同内容之间、各种教学方法之间密切联系。

3. 人文主题的关联明确综合

人文主题统领下的单元综合艺术教育活动的关键是主题的确定。在主题内容的选择上，我们从幼儿发展的角度出发，从幼儿的生活经验入手，围绕"人与人""人与社会""人与自然"，以幼儿的社会实践为线索，挖掘艺术教育价值，突出四个关联，即"艺术与生活""艺术与情感""艺术与文化""艺术与科学"，实现幼儿艺术能力与人文素养的整合发展。以大班上学期单元主题安排为例。

大班上学期单元主题安排

	艺术与生活	艺术与情感	艺术与文化	艺术与科学
人与人	快乐的小剧场	亲亲一家人	中华民族艺术园（上）	/
人与社会	国旗飘飘	我和快乐交朋友	小戏迷（上）	/
人与自然	/	动物宝贝	/	秋天的图画

以"快乐的小剧场"这个主题为例。有生活的地方才有剧场，剧场是生活的一种体现，而剧场里的演员是人，观众是人，服务人员是人。这个主题是艺术与生活、人与人的关联。也可以讲，"艺术与生活""人与人"这两个方面横纵交叉，产生了"快乐的小剧场"这个主题，因此，这个主题重点在艺术与生活、人与人。主题的关联性使每个主题既突出综合，又突出重点，既不盲目综合，又防止挂一漏万的现象。综合艺术教育课程中的主题全部都体现了关联性。

4. 多领域的融通促进综合

教学活动是课程建设的重要途径，在教学活动中如何有效地整合五大领域的教育目标及内容是综合艺术教育研究的关键问题。通过研究我们认识到：任何一个领域的活动都不是孤立存在的，它们之间是相通的。因此，我们的教育要找到各领域间及本领域各门类间的相通点、相近点、相连点、相似点，形成一个相互渗透、相互整合的整体，使得在一次活动中最大限度地促进孩子的发展。艺术讲究通识通感，因此，各领域间、艺术领域各门类间的相互融通融合是一种能够最大限度体现综合教育思想、最有效地促进幼儿和谐发展的手段。

5. 一日生活中渗透综合

生活是艺术的源泉，艺术根植于日常生活。艺术教育要走进幼儿的一日生活，就要让幼儿从生活中感知和体验，通过潜移默化的影响、循序渐进的渗透，在充满艺术气息的环境中和无数次的艺术活动中得到发展。所以，我们把幼儿一日活动中的各个环节视为综合艺术教育课程的一部分，让艺术与生活融会贯通。

抓住一日生活环节。起床、盥洗、如厕、进餐、收放玩具、饮水等各个环节是幼儿一日生活的重要组成部分，教师要抓住这一时机，将艺术活动融入幼儿一日生活之中。

巧用"艺术欣赏十分钟"。为了实现艺术教育渗透到幼儿的一日生活中的理念，我们巧妙地抓住每天10分钟的时间开展艺术欣赏活动。我们算了一笔账：一天10分钟，一周50分钟，一个月200分钟（近3.5小时），一年按10个月计算，共有35个小时，3年有100多个小时。这是多么大的一笔时间财富！为此，老师们作了小诗一首：艺术欣赏十分钟，艺术教育日常功。持之以恒终不懈，日积月累事竟成。

（三）问题三：活动过程中怎样引导幼儿获得积极的情感体验？

在综合艺术教育实践中，我们曾经一度出现了艺术活动中幼儿缺乏积极主动性、艺术教育没有情感的投入等问题。为此，我们反复琢磨综合艺术教育中的"愉悦性"该如何理解、如何体现、如何落实。"愉悦性"即突出艺术教育的核心价值——陶冶情操（激情—动情—感情—表情—真情），这是艺术教育的真谛，是让幼儿在活动中感知、获得情感的体验。因此，我们注重从幼儿兴趣出发，从幼儿生活经验切入，从幼儿情感体验入手，探索如何引导幼儿获得积极的艺术情感体验与感受，调动其参与艺术活动的兴趣，使幼儿在艺术活动中体验成功、感受快乐。

1. 艺术活动要以艺术的内容和手段去感染、激发幼儿

在一段时期内，我们突然发现艺术活动走样了，有些地方像语言、科学活动。原因是什么？问题出现在哪里？通过反复推敲，我们认识到其原因归根结底还是没有遵循艺术教育的特点，忽略了艺术要素在活动中的价值体现。为此，我们总结音乐、舞蹈、美术、戏剧等艺术门类的艺术要素，以便教师在指导活动时，头脑中要明确两条主线：一是人文素养的培育；二是艺术经验的积累。同时，艺术活动保持艺术性还必须具备三个条件：一是艺术活动必须以生动的艺术作品为载体；二是要尽量运用丰富的艺术手段去感染；三是艺术教育的内容必须以幼儿的日常生活为背景。只有这样，才能不断引导幼儿发现、观察、感悟身边的美好事物，从而产生表现美的冲动，获得艺术

能力、人格素养的整体发展。

2. 活动内容要丰富，激发幼儿参与活动的兴趣

在开展综合艺术活动中，我们强调活动内容的选择是为活动目标服务的，以幼儿发展为中心，提供多角度、多层面、多渠道的情感体验。

《纲要》中对艺术教育的目标进行了明确的规定："能初步感受并喜爱环境、生活和艺术中的美；喜欢参加艺术活动，并能大胆地表现自己的情感和体验；能用自己喜欢的方式进行艺术表现活动。"要使艺术教育回归幼儿生活，教师应当充分利用幼儿的生活经验，深入挖掘生活中美的教育资源，充分利用园内外的社会及自然环境，选择与幼儿生活紧密联系的艺术教育内容，设计具有情趣、生活化的艺术教育主题活动。如听故事、看戏剧是孩子们最喜欢的艺术活动之一，而充满童趣且寓意深刻的故事又将伴随着孩子们快乐成长。我们设计的"快乐的小剧场"主题，就是为孩子们参与戏剧表演、表现故事的人物造型特点积累欣赏经验，同时激发幼儿参与戏剧性表演活动的兴趣，体验表演活动的乐趣。

另外，在内容选择上我们还注重艺术与情感、文化、社会、科学等方面的关联，通过激发幼儿对艺术的兴趣，丰富幼儿的感知经验，从而更好地发展幼儿的思维，培养幼儿高尚的情操和能力。活动内容的选择也伴随幼儿知识经验的不断丰富、知识技能的不断积累，逐渐由单一到全面，由浅表到深入。如在"快乐的小剧场"系列单元活动中，幼儿3年间能欣赏到12个不同艺术表现形式的戏剧作品。

3. 活动方法强调游戏性，尊重幼儿玩中学的天性

游戏是幼儿喜闻乐见的活动形式，也是综合艺术活动的一种有效的教育方法。我们根据单元目标、单元活动内容的要求，创编了大量的艺术游戏，将教育目标融入游戏之中，使幼儿在玩中学、学中玩，在此过程中获得发展与提高。

4. 活动形式强调探究创新，帮助幼儿成为艺术活动的主人

活动过程在注重趣味性与游戏性的同时，更加注重幼儿在活动中自由自主地探索与发现。如中班活动"八十八棵树"请幼儿先在钢琴上找一个有趣的声音，以自由探索钢琴声音的方式，引导幼儿关注自己在钢琴的什么位置上弹奏了什么颜色的琴键，发出的声音像什么。这种引入方式给予幼儿自由

探索与感受的机会，激发幼儿对后续活动环节的学习兴趣。另外，教师还通过设置问题情境，引发幼儿去发现、解决问题。

在组织活动过程中，我们还总结出了许多有效的教育指导方法，如对比发现法，即通过对比，引导幼儿发现作品的相同和不同之处；把两种不同性质的音乐放在一起，从节奏、节拍、速度、情绪上培养幼儿分析比较的能力。又如多媒体互动法，即运用多媒体技术形、声、光、色兼备的特点，调动幼儿的多种感官，提高学习兴趣，优化教学过程。

（四）问题四：如何发挥环境的隐性教育作用？

"幼儿艺术学习需要环境熏陶""幼儿园的园室环境应服务于幼儿的审美和创作的需要"，因此，在综合艺术教育实践中，我们先后提出了以下操作层面的策略：① 注重将艺术教育目标物化到环境创设之中；② 将艺术要素融入一日生活各环节；③ 强调环境创设的教育性、互动性、引导性和艺术性；④ 为幼儿搭建欣赏美、感受美、表现美和创造美的发展平台。

在环境创设中，我们非常重视幼儿的参与，为幼儿提供感受美和体验美的支持性环境，为其提供丰富多彩的艺术材料，例如：全园每班每天定时艺术欣赏；班内的生活环节播放背景音乐；园内定期组织电影、歌舞、动画片、木偶剧欣赏等；年级定期开展歌舞、诗歌、故事等表演；班内定期组织综合艺术教育的亲子活动等。多样化的环境与活动的充分，支持、引导孩子们在艺术活动的实践中富有个性地成长。

同时，我们还注重人文大环境的创设，整合、利用与幼儿生活有密切联系的教育资源，共同促进幼儿艺术能力和人文素养的综合发展。一幼取胜于环境美，人人皆知：垂花大门，琉璃影壁；带有苏式彩绘的小花园；四檩八柱的朱漆殿堂；教学楼内，衣柜干净、整洁，排列两旁，各种民族工艺品展示在楼梯两侧……一步一景，交相掩映。在环境创设的过程中，我们也注意体现综合艺术的理念，表现为"三多"。一是工艺门类多。有刺绣、木刻、剪纸、摄影、蜡染、泥塑等，绘画又分为国画、油画、年画、刮蜡画、儿童画等。二是表现题材多。展示的艺术作品既有表现人物、动物的，还有表现风景、民俗、故事、抽象等题材的。三是作品层次多。艺术展览品中既有名家名作，也有教师作品、家长作品及幼儿作品。

环境是外在的，而氛围则是潜在的。我们用心去营造一种充满真情与关

爱的人文教育氛围，使良好的教育得到最切实的保障，建立和谐的师幼关系、家园互动关系，增强师幼之间、亲子之间、家长和教师之间的理解与关爱。

（五）问题五：如何发挥家园共育的艺术教育合力？

在综合艺术教育实践中，如何调动家长的积极性和主动性是我们始终思考的问题。我们本着尊重、合作、平等的原则，与家长在互动中建立起科学育儿的共同体。

1. 活动有的放矢，争取家长主动配合

家长和幼儿园有联系的纽带和共同的目标，家园共育应该是一件非常愉快的事情。特别是在综合艺术教育活动中，我们更应该有的放矢地把教育目的告知家长，最大可能地让家长积极配合。实践中针对有些家长不重视对幼儿进行艺术教育，有些家长又偏重艺术知识、技能技巧的培养，忽视幼儿个性、兴趣等具体问题，我们开展了全园性的"六个一"活动，即家长与幼儿同看一部戏，同看一次美展，同听一场音乐会，同唱一首歌，同跳一支舞，同作一幅画。此项活动的开展充分挖掘了家庭的教育资源，发挥了教育的整体性作用。家长通过参与"六个一"活动，转变了教育观念，了解和关注幼儿对艺术的兴趣、态度，爱好、需要，使自己走进孩子的内心世界。教师也获得了更加丰富的教育资源和有力的教育支持，在与家长的共育沟通中更加默契、和谐，艺术教育效果也更加突出。

2. 利用家长资源，形成艺术教育合力

幼儿家长中"藏龙卧虎"，不乏有一些画家、音乐家、舞蹈家等，还有一些艺术爱好者，这些都是我们宝贵的教育资源。我们遵循"人尽其才"的原则，充分挖掘家长的职业优势和个性魅力，利用家长的不同经历、职业、特长，邀请家长参与我们的艺术活动。

在一幼艺术教育集体活动、环境创设、欣赏十分钟等活动中，我们都能看到家长积极参与的身影。充分发掘家长的教育资源，使我们的艺术教育活动锦上添花，事半功倍。

3. 利用亲子艺术活动，沟通家园、家人间的情感

我们的艺术活动目标之一就是要注重发展幼儿的人文性，丰富他们的情感体验，加强亲情教育。亲子活动有益于家长与孩子之间、家长与教师之间、家长与家长之间、孩子与孩子之间的情感交流与自然沟通。教师利用班级亲

子活动让家长与孩子在一起玩耍，使孩子在轻松愉快、无拘无束的氛围中接受艺术教育，可以增强亲子间的亲近感和亲密性，更有助于教育目标完成。

（六）问题六：如何评价课程实施的效果？

1. 从多元的角度看幼儿

《纲要》中明确指出，"教育评价是幼儿园教育工作的重要组成部分"，是"调整和改进工作，促进每一个幼儿发展，提高教育质量的必要手段"。长期以来，量化评价普遍被人们推崇，但是量化评价却忽略了被评价者的个性和丰富的情感体验。我们在课程评价过程中关注幼儿的发展，关注教师在实施课程过程中的反思与提高。如我们采用艺术档案夹等形式真实记录幼儿在活动中的学习过程，利用反馈表的形式了解教师在教学实践以及教研过程中的反思、收获、疑问及建议等。

艺术档案夹是重要的幼儿艺术评价方式。这里所说的幼儿艺术档案夹，主要是以档案的形式收集幼儿参与艺术活动的各种成果，其目的不仅仅在于收集，更是展示每个幼儿在艺术活动中的努力、进步和成长过程中的各种珍贵资料。幼儿艺术档案夹的创建、制作和使用的过程，不仅是一种教育教学的活动过程，更是艺术教育研究的重要内容。

评价关注幼儿的兴趣与主体性。我们的综合艺术教育是以幼儿发展为本的艺术教育，倡导幼儿是艺术活动的主体，是艺术感受、体验、表现创作的主体，评价的关键点是看幼儿在艺术的感知与体验、表现与创造、评价与反思中是否具有较强的自主性，是否敢于想象、表现、不断地创新，是否养成了艺术活动的良好习惯，是否获得了健康愉悦的情感体验，最终是否激发了幼儿参与艺术活动的兴趣，是否让幼儿学会了相互尊重、友善相处、关怀与合作、分享等，是否促进了幼儿的身心和谐发展。

幼儿也是艺术评价与反思的主体。自评与互评、自我激励与同伴激励的方式，使评价过程更具实效性。同时，教师们感悟出"艺术表现无对错"等观点。我们还针对教师们的评价语进行了研究，总结了评价语使用方式方法，如评价语应具体到位，不应冗长、含糊、没有重点、无所指等。

2. 多元评价，促进教师的成长与发展

评价不仅要关注教师的工作成绩，而且要挖掘教师多方面的潜能，了解教师发展中的需求，帮助教师建立自信，促进教师在原有水平上的提高。园

本课程建设要求对教师的评价要以促进教师的专业发展为根本目的。因此，我们在人事制度改革时，就教师的评价做了有益尝试，建立了促进教师发展的多元评价标准。具体来讲，多元体现在以下几个方面。

第一，评价主体多元。在评价过程中，教师、家长、幼儿、园长都是评价的主体。其中，被评价者通过参与到评价过程中的自我评价，能够更深入地认识自己与评价要求的差异，能够自觉地去达到评价者的要求。

第二，评价标准多元。评价标准是为被评价者设定的前进目标和发展方向。对于不同的教师，目标和方向是不同的，因而，评价标准也有不同的层次，这为被评价者的个性发展提供了空间。一幼的评价标准也在实践运用的过程中不断调整，并成为探索解决被评价者在发展过程中的困惑、疑问的途径。

第三，评价方法多元。要改变只顾结果而不顾过程、只顾目的而不顾手段的评价思路，积极倡导动态、过程的评价。每次的教研、交流学习中，我们都会为教师发放反馈表，请教师把自己的收获、建议与困惑及时记录下来，在每个学期末整理、梳理教师们在反馈表中的成长与困惑。从中，我们能够看到教师教育观念的变化轨迹，这也成为我们之后改进工作方法、调整工作思路的重要依据。

除了日常的教学评价外，我们还针对教师的不同情况，为每位教师建立了成长档案，使教师置身于被关爱、被理解、被信任的教研氛围中，激发教师的工作激情与智慧，让每位教师在自身纵向的评价过程中获得自信，关注自己在获得成功的过程中的点滴进步。

三、在管理中强化，管理者要为课程建设保驾护航

（一）管理者要成为课程建设的带头人

在园本课程建设中，我们还深深地体会到，管理者在课程建设中的作用体现在：一是应成为研究的带头人，深入实践，身体力行，做出榜样；二是应成为研究的积极倡导者、引领者、支持者。管理者深入实践是对教师的极大鼓舞。管理者要以身作则，积极深入实践，从教育目标、教育内容、教育环境、教育途径、教育组织形式等多个角度进行探索，把自己置于和教师一样的主人翁位置，和教师共同探索如何解决教育实践中的问题，如何实现真

实、有效、快乐的教育。

（二）精细化制度体系是课程建设的有力保障

课程建设是一项系统性工程，涉及课程文化、制度等深层的宏观事项。为此，我们提出"以研带教，以研兴园"的发展思路，确立"园所是基地，教师是主体，问题是载体，发展是根本"的目标定位，建立园本课程建设的精细化制度保障体系，包括园本教研制度、课题管理制度、科研资料收集制度、教科研激励制度、保教管理制度等近40项150余条。我们力图通过科学、规范的教科研制度保证园本课程建设的顺利开展，为教师搭建专业化成长的平台，促进办园质量的提升。

（三）创设教师自我发展的成长空间

我们在课程建设中积极为教师创设自主发展的空间，鼓励教师在活动过程中关注幼儿的需要与发展，鼓励教师发展思维的独立性与实践的创新性，并根据幼儿的实际情况生成新的有价值的活动内容，让课程建设落实在幼儿的发展上，管理者不以任何形式、任何权威来压制教师个人的见解。

我们认为园本课程建设研究是否得出一个结果并不重要，重要的是教师作为一名教育者，其发现问题的能力和反思素质是否提高，是否有愿望在课程建设中获得双赢——幼儿发展、教师发展。教师们在这个没有封顶的发展空间中不断地实践、反思、感悟、总结，碰撞出了如下精彩的火花。

艺术活动多起点。兴趣不同，切入点不同；需要不同，支持程度不同；发展水平不同，教育起点不同。幼儿是发展中的主体，他们存在差异性、特殊性，因此，教师应该作为活动的引导者、支持者，因材施教，帮助不同层次的幼儿成为艺术活动的主人。

艺术表现无对错。孩子有孩子的观察角度和行为方式，不存在对错。孩子说"太阳是黑的"，可能当时是戴着墨镜看的；说"爸爸和天一样高"，可能当时是仰着头看的。艺术表现也是这样，视角不同，兴趣不同，认知也会不同。尤其是处在心智发育初始阶段的幼儿，一切皆是童心童趣的体现，教师绝不能以成人的对错观去评判。

总之，在园本课程的建设与运行过程中，我们要始终以孩子、教师以及园所的发展为检验课程实施效果的主要指标。综合多年学习与实践，我们认为，人文性、综合性、愉悦性、游戏性是人文主题统领下的单元综合艺术教

育活动模式的主要特色，人文主题统领、自然渗透综合、丰富的活动指导策略是该模式的主要优势，个性化的艺术教育评价是该模式探索中的难点，而能否尽快培养出一批能够理解综合艺术教育并能参与综合艺术教育创造的优秀教师队伍，则是该模式探索成败的关键。

幼儿园课程建设是一个动态的、不断完善的过程。在园本课程建设的过程中，我们走过许多的弯路，遇到过许多的问题，但在探索过程中积累的经验更加宝贵。我们欣喜地看到了孩子们的成长、教师们的发展，更见证了园所教育质量的提升。

在此，要特别感谢北京市教委学前处、北京市早教所和北京市东城区教委学前科室的指导与帮助，更要感谢李军老师的亲临指导，北师大霍力岩、杨立梅教授的专业引领，及霍力岩教授团队的支持与帮助。感谢教育科学出版社白爱宝老师及各位编辑们给予这本书的具体指导与帮助。

综合艺术教育研究的成果构成了一幼的园本课程，丰满了一幼的办园特色，但我们的研究只是刚刚迈出了第一步，还存在着一些欠缺，甚至有不少欠妥之处，诚恳地希望得到广大幼儿教师、学者和专家的批评指正。

冯惠燕

课程使用说明

　　幼儿园综合艺术教育课程是北京市第一幼儿园近20年园本课程研究的成果，是指向幼儿园艺术教育实践改革的尝试与探索。它以幼儿园教师熟悉的主题活动形式呈现，把综合艺术的教育理念用通俗、生动的语言融入每个活动方案之中。

　　幼儿园综合艺术教育课程以主题—单元—活动的层次展开，我们称之为"人文主题统领下的单元综合艺术教育活动"。该课程共43个人文主题，其中小班13个，中、大班各15个。每个主题包括两到三个单元，每个单元设计有若干形式多样的综合艺术活动，活动注重艺术门类即音乐、美术、舞蹈、戏剧之间的综合以及艺术领域与其他各领域之间的有机结合与渗透，共计综合艺术活动423个。人文主题的选择围绕人与人、人与社会、人与自然确定，并以幼儿的社会实践为线索，挖掘艺术教育价值，突出四个关联，即艺术与情感、艺术与生活、艺术与文化、艺术与科学，实现幼儿艺术能力与人文素养的整合发展。

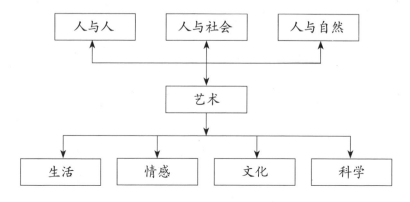

一、课程设计的特点

（一）主题设置注重系列性与递进性

我们在主题的选择与设计中，强调各主题间的纵向联系，注重主题的系列性与递进性。如动物主题，我们根据幼儿的发展水平，在小班开展"可爱的小动物"主题，引导幼儿在观察、模仿、表现中发现小动物独特的形态、神态、声音、动态等特点，引发幼儿对小动物的关注与关爱；在中班开展"我们的动物朋友"主题，引导幼儿感受动物丰富多彩的造型特征、鲜明的角色特点及神奇的本领，引发幼儿对不同动物角色的艺术想象和表现，加深幼儿对动物与人类相互联系、相互依存的伙伴关系的认识；在大班开展"动物宝贝"主题，引导幼儿发现动物宝贝的可爱与珍贵之处，了解其美好的象征和特殊的寓意，丰富幼儿对色彩、形状、纹饰、设计、造型等艺术要素的感知，鼓励幼儿创造性地用不同的艺术形式表达、交流自己的感受与体验，同时引发幼儿对珍稀动物的关注与关爱，体验人与动物、动物与动物之间的真情实感，加强对动物的保护意识。

这种系列性与递进性，确保了幼儿知识经验与相关知识技能的不断积累。

（二）内容选择注重适宜性与艺术性

在活动内容的选择上，我们注重从幼儿的兴趣及能力出发，选择艺术性强、易于幼儿接受与理解的内容。如在"小戏迷"主题活动中，我们选择了猴戏《大闹天宫》《十八罗汉斗悟空》，其特点是布景优美、场面宏大、服饰华丽、人物众多，孙悟空翻筋斗干净利落，十八般兵器样样精通，整个武打场面精彩刺激，出神入化，京剧艺术特点得到了充分体现。我们还选择幽默诙谐的丑角剧目《三岔口》《时迁盗甲》，引导幼儿欣赏丑角的化妆特点，感受其表演带给人们的快乐。我们在内容选择上，还非常注重艺术作品的艺术感染力及艺术教育价值，用贴近幼儿生活的经典艺术作品为载体来丰富幼儿的审美体验，拓展他们的视野。如在三年里，幼儿会通过"快乐的小剧场"系列主题，欣赏包括《拔萝卜》《小蝌蚪找妈妈》《小熊请客》《三个和尚》在内的不同形式的12部经典戏剧，逐步提升艺术能力与人文素养。

除此之外，活动内容的选择更注重与时俱进，所以，教师在开展相关主题活动的过程中可以根据本班幼儿的年龄特点、兴趣以及时代特点，灵活选择、调整使用。

（三）过程注重幼儿的情感体验与个性表达

艺术教育的核心价值即感知感受，陶冶情操（激情—动情—感情—表情—真情）。我们的艺术活动注重从幼儿兴趣出发，从幼儿生活经验切入，从幼儿情感体验入手，探索丰富幼儿的艺术情感体验与感受，调动其参与艺术活动的兴趣，使幼儿在艺术活动中体验成功、感受快乐。在活动过程中，我们注重给幼儿提供充分的空间，营造敢于提问、积极探索的氛围，让幼儿在探索性实践活动中获得丰富的情感体验，乐于自由大胆地表现，成为学习的主人。如在大班剪纸活动"好朋友手拉手"中，教师引导幼儿采用探索学习五步法，即猜一猜、试一试、齐分享、再尝试、共提高，探索二方连续拉手小人的折、画、剪方法，鼓励幼儿在解决问题中发展独立思考的能力。

在活动设计中，我们也根据单元目标、活动内容的要求，创编了大量的艺术游戏，将教育目标融入游戏之中，引导幼儿在游戏中快乐自主地学习，富有个性地表达。

二、课程写作框架说明

（一）关于主题概述及主题活动网络图

主题概述用来说明此主题的由来、围绕主题可挖掘的教育价值、围绕主题教育价值设计的单元以及每个单元要开展的丰富多样的活动及其目的等。

每个主题通过主题活动网络图总揽主题下的所有单元及活动。网络图以同心圆的形式设计，所有的单元、活动目标都要围绕主题目标这个中心。

（二）关于活动形式

1. 集体活动

集体活动名称后面注明所属的主要艺术活动形式，如在"小小的船（歌唱活动）"中，"歌唱活动"说明活动的基本形式。集体活动的类型涉及各个艺术门类的不同活动形式，如绘画活动、舞蹈创编、戏剧欣赏等。

艺术讲究通识通感，所以，每个集体活动虽然都有一个所属艺术门类，但是活动内容并不局限于某一艺术门类，也不仅局限于艺术领域，而是注重艺术门类之间的融通，以及艺术领域与其他领域的结合。如小班"青蛙与荷叶"活动虽然是音乐游戏，但在活动中除了艺术领域中关于音乐性质的对比与感受外，还在适当的时机自然地涉及其他领域的内容，如荷叶的形、色，小露珠的形、色、数量及数量的变化等，并在活动前期经验准备活动中让幼儿积累关于青蛙捕食、跳跃动作、听声音等自然科学的知识。

集体活动中还有一类比较综合的活动，如节日庆祝活动、故事或童谣欣赏活动，这类活动教师可以灵活开展。

2. 家园活动

一个主题或一个单元的开始或者进行过程中，需要家长协助，并与教师一起完成某一教育目标的活动，用来帮助孩子积累后续活动的相关经验。这类活动注重培养孩子们善于观察的能力，学习收集资料的方法，树立分类整理的意识。如收集丰富的艺术作品、观察大自然的变化、参观某个博物馆、欣赏某种演出等，包括园外的亲子活动以及园内的家园配合活动。

在每次家园活动之前，教师都要组织家委会研究、制订方案，并发布活动倡议书等，让家长更加明确活动的目的、意义，以便更好地发挥家园教育的合力。

3. 区域活动

区域活动常常是与家园活动和集体活动紧密联系的。如家园活动开展以后，常常紧接着就是引导孩子们在区域活动中进行欣赏、交流与讨论。区域活动有些是集体活动的准备，有些是集体活动的延伸，还有些是与环境创设相结合的，如在美工区制作的作品会布置到班上的墙饰中。

家园活动与区域活动的活动方案均是建议形式，旨在为教师开展此类活动提供一些思路与方法。所以，教师可根据各班级不同的情况灵活开展相应的活动。

4. 艺术欣赏十分钟

艺术能力的形成不是一朝一夕就可以完成的，而是一个漫长的过程。艺术欣赏可以充分陶冶幼儿的情操，帮助幼儿积累审美的体验。我们的"艺术欣赏十分钟"活动就是抓住一日生活中灵活的环节开展的艺术欣赏活动。它是一种日常活动，这比集体活动在时间与内容上更加灵活与随意。在内容选择上，我们可选择同一艺术门类中的不同艺术作品，如同属于视觉艺术的国画、油画、水墨画、素描、民间艺术作品、雕塑与建筑等，也可以选择不同艺术门类如听觉艺术、视觉艺术、表演艺术等中的艺术作品。虽然属于不同门类，但它们的艺术之美却是相同的。艺术作品的来源与出处可以是多渠道的，可以是教师选择的，幼儿喜欢的、感兴趣的，也可以是家长提供的，甚至是幼儿和家长共同制作的作品等。

（三）关于活动目标

幼儿园综合艺术教育课程根据《纲要》及《指南》以及幼儿身心发展特点，把艺术教育还原到完整的艺术情境或文化氛围中，把粗浅的艺术知识技能渗透到某个人文主题的艺术活动中，使教学与游戏更有趣、更容易、更自然，实现人文内容和艺术知识技能的沟通，改变传统艺术教育中情感与技能、人文素养与艺术能力的分离现象。本课程强调艺术教育的整体性、整合性，淡化学科体系，重视通过兴趣态度、艺术技能和情绪情感的三维整合培养幼儿的审美情趣和通识通感，提高幼儿综合艺术能力。

在目标上，本课程更关注幼儿整体人格的发展，强调幼儿对艺术学习的兴趣、感知体验、表现创作、交流合作等基本艺术能力和人文素养（即尊重、关怀、友善、分享、合作等）的整合发展，以幼儿发展为中心，提供多角度、多层面、多渠道的情感体验，促进每个幼儿富有个性地发展。在具体的目标制订中，我们多从孩子发展的角度采用"学会""尝试""感受""体验""喜欢"等词汇进行描述。

艺术能力是艺术活动的主要显性目标，人文素养是伴随着艺术能力的提升中的隐性目标，只有二者有机结合，才能使幼儿的发展更和谐。所以，我们在具体的目标制订上，强调艺术能力培养与人文素养的有机结合，认知能力与情感体验并重。如在小班音乐游戏"青蛙与荷叶"活动目标的制订中，在艺术能力发展方面提出"感受音乐的强弱变化，有初步的角色意识"，在情绪情感体验方面提出"能够快乐地参加艺术活动"。

（四）关于活动过程

综合艺术教育课程的每个活动基本包括导入—欣赏感知—探索发现—展示表现—结束等几个环节。在活动过程后，我们把活动中教师可以灵活调整的、需要重点注意的或者一些可开展的延伸活动以活动建议的形式作出了说明。另外，还附有活动中使用到的一些资料。

三、关于活动开展的时间安排

在具体的活动时间安排上，教师可根据本园或本班情况，有选择地开展有关主题及活动，可以与其他领域的内容穿插进行，也可以把其他领域的内容渗透到主题中开展；可以每天都开展一次综合艺术活动，也可以一周两到三次。

四、关于光盘内容

书后附的光盘是本课程中精选的13节各种形式的集体活动实录，其中大班6节、中班4节、小班3节。光盘中还有9个"艺术欣赏十分钟案例"活动，大、中、小班各3个。

《纲要》指出"环境是重要的教育资源"。主题墙饰作为班级环境创设的一个重要组成部分，一直受到教师的关注。光盘中还有主题环境创设的介绍，教师从主题环境创设的背景、思路以及环境在主题活动开展过程中的作用等方面做了较为详细的介绍。

主题环境的创设除了强调参与性、教育性等要点外，更结合"综合艺术教育"这一理念，突出体现了艺术性、综合性与互动性。"艺术性"主要是从视觉欣赏的角度而言，主题墙饰的创设也具有美感，做到色彩搭配和谐、制作环保安全、构图合理美观，从而使幼儿看到就产生美的感觉，起到一个良好的艺术引导作用。"综合性"是指环境创设中所用的材料、形式、手段、内容要丰富而广泛，使幼儿在欣赏的过程中能够开阔视野、积累经验。如同是制作树，但每种树的造型、制作材料以及制作方法都不同，树干可以是用纸、布、刨花、厕纸筒组合而成。"互动性"则指幼儿参与环境创设的全过程，在参与环境创设及与环境的互动过程中获得进步与提高。

最后，需要说明的是，本课程所有活动方案都经过幼儿园实践验证，而我们也将会不断地在实践中去继承、丰富、发展与创新这些综合艺术教育活动。

上学期

我的身体真有趣

主题概述

　　幼儿天性好动，他们经常会情不自禁地跳起来、扭起来，用小手、小脚去了解自己、探索周围的世界，用夸张的动作和表情表达内心的感受。我们根据小班幼儿的年龄特点确定了主题"我的身体真有趣"，并设计了"好玩的身体游戏"和"会表演的身体"两个单元。

　　在"好玩的身体游戏"这一单元里，我们通过音乐游戏、律动等多种艺术手段，让幼儿体验用身体表现节奏、韵律的快乐；还通过绘画活动，引导幼儿尝试运用简单的线条表现身体的不同姿态，感受姿态的多变有趣，激发幼儿用肢体动作表达自己的感受。"会表演的身体"这一单元，是在欣赏手影表演、手指点画、拼摆粘贴等艺术活动中，充分调动幼儿的听觉、视觉等多种感官，探索手影游戏、手指点画的乐趣，发现表情变化的多样，进一步激发幼儿参与艺术活动的兴趣。

　　这个主题不仅仅是在引导幼儿探索自己的身体，更是通过引导幼儿感受自己的存在，提高自我认识，让幼儿在各种身体游戏中不断地树立自信，感受快乐。

幼儿园综合艺术教育课程 小班

主题活动网络图

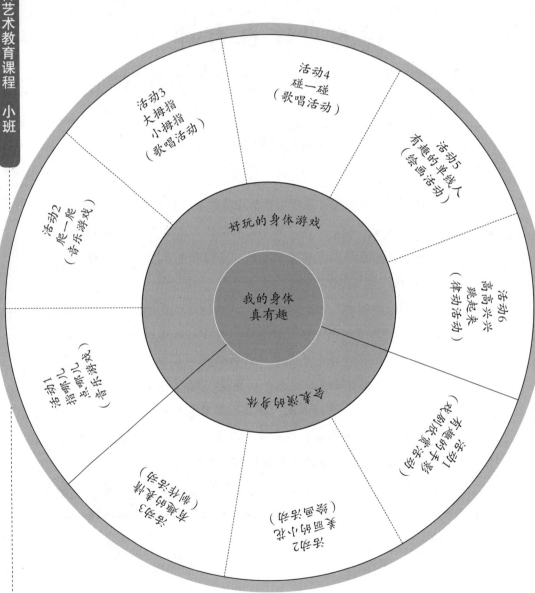

活动4
碰一碰
（歌唱活动）

活动3
大拇指
小拇指
（歌唱活动）

活动5
有趣的车线人
（绘画活动）

活动2
爬一爬
（音乐游戏）

好玩的身体游戏

活动6
高高兴兴
跳起来
（律动活动）

我的身体
真有趣

活动1
指哪儿
点哪儿
（音乐游戏）

能干的身体

活动7
有趣的手套
（美工活动）

活动3
有趣的声音
（制作活动）

活动2
美丽的小花
（绘画活动）

综合艺术活动

单元一　好玩的身体游戏

• 活动1　指哪儿点哪儿（音乐游戏）

活动目标

1. 伴随儿歌的韵律，初步感知四分节奏和八分节奏。
2. 体验用身体表现节奏、韵律所带来的快乐。

活动准备

教师自编关于身体结构的问答儿歌（参见活动资料）；关节可以活动的木偶人，人手一个；背景音乐《木偶兵进行曲》（柴可夫斯基曲）；有按照一定语言节奏回答问题的经验；在一日生活各环节中已熟悉歌曲《小手拍拍》（颂今词曲）。

活动过程

1. 导入。教师手持木偶人进行表演，引发幼儿对木偶人的关注。

（1）教师出示木偶人。

☆ 教师：今天，我们班来了一位新朋友——木偶人，让我们一起欢迎他。小木偶为我们带来了一段表演，请小朋友们欣赏。播放音乐《木偶兵进行曲》，教师进行表演。

（2）幼儿模仿木偶人。

☆ 教师：木偶人刚才做了哪些动作？请你学一学。

2. 操作感知。幼儿手持木偶人，随音乐做动作，感受木偶人身体动作的变化。

（1）幼儿人手一个木偶人，随意摆弄。

☆ 教师：请你试一试，看看木偶人哪些地方能动？

（2）跳舞的木偶人。

☆ 教师：请你听音乐《木偶兵进行曲》，学做木偶人，跟着音乐来跳舞吧。

3. 探索发现。引导幼儿感受儿歌中四分音符、八分音符的节奏韵律。

（1）我们来当木偶人。

☆ 教师：变变变，现在，我们都来变成一个木偶人！下面，老师问到哪里，你们就用小手指到哪里。教师说问答儿歌，引导幼儿边做动作边说儿歌。

（2）教师随意变化身体部位进行提问，继续问答儿歌游戏。

☆ 教师：我们身体上还有哪个部位能动一动？

4. 展示表现。带领幼儿体验用身体表现节奏、韵律所带来的快乐。

（1）玩歌唱游戏"小手拍拍"。

☆ 教师：小木偶们，让我们一起在歌声中，指一指自己的身体吧。

（2）教师利用改编过的歌曲《小手拍拍》与幼儿继续游戏。

☆ 教师：小手还能指哪里？（如五官、手、腿、手腕、膝盖等）让我们跟着歌曲一起指一指身体的各个部位吧。

5. 结束。教师引出延伸活动内容，活动自然结束。

☆ 教师：有一个小木偶叫匹诺曹，有一个关于他的故事叫《木偶奇遇记》，我们以后一起来欣赏。

活动建议

在活动的第一个环节中，教师在《木偶兵进行曲》的音乐伴随下，手持木偶人进行即兴表演。木偶人的表演动作应简单易懂，以便更好地引发幼儿参与活动的兴趣，例如：举起木偶人的右手进行摆动，表示问好；让木偶人双臂上举摆动，表示舞蹈；将木偶人的双臂在胸前交替上下移动，模仿打鼓；将木偶人的双腿交替抬起、落下，表示走步。

活动资料

［问答儿歌］

　　小木 偶｜我问你｜你的头儿｜在哪 里｜

　　× 老师｜告诉你｜我的头儿｜在这 里｜

　　这边点｜那边 点｜前点 点　｜后点 点‖

活动2　爬一爬（音乐游戏）

活动目标

　　1. 尝试运用手指，伴随歌曲速度的变化模仿爬行动作，体验身体游戏的乐趣。

　　2. 在活动中感到快乐和满足。

活动准备

　　教师自行拍摄或从网络中查找乌龟、蜗牛、壁虎等动物爬行的视频资料；已熟悉歌曲《小手爬》（汪爱丽词曲）；熟悉自己的身体部位。

活动过程

　　1. 导入。播放动物爬行的视频资料，引导幼儿初步感知各种动物的爬行动作。

　　☆ 教师：请你仔细看一看，视频中有哪些动物？它们是怎样爬行的？

　　2. 欣赏感知。幼儿聆听歌曲，尝试做相应的动作。

　　（1）请幼儿听歌曲，用小手模仿小动物在身上爬。

　　☆ 教师：听老师唱《小手爬》，请小朋友们用小手跟着老师的歌声做游戏，老师唱到哪里，你们的小手就要爬到哪里。

　　（2）教师变化演唱的速度，幼儿再次用小手"爬一爬"。

　　☆ 教师：请你听一听，老师现在演唱的歌曲和刚才演唱的歌曲有什么不同？

☆ 教师：请你随着老师歌曲的快慢变化，用你的小手在身体上爬一爬。

（3）引导幼儿变化爬行的部位。

☆ 教师：我们的小手除了可以爬到头顶上、小脚上，还可以爬到哪里？教师说到哪个部位就请幼儿表演该部位的爬行，也可以两个幼儿一起游戏。

3. 探索发现。请幼儿模仿动物爬行，体验身体游戏的乐趣。

（1）请幼儿自选喜欢的动物，进行模仿爬行游戏。

☆ 教师：除了小手可以爬一爬，你的身体还可以怎样爬？像什么小动物？

（2）幼儿集体模仿不同动物，随教师演唱速度的变化进行爬行游戏。

☆ 教师：小朋友们想一想，蜗牛的爬行是慢吞吞的还是很快速的？我们来学一学蜗牛是怎样爬的。

☆ 教师：壁虎爬起来是快还是慢呢？我们来学一学壁虎是怎样爬的。

4. 展示表现。幼儿在与教师共同模仿动物爬行的过程中获得快乐和满足。

☆ 教师：小朋友们模仿得真像，老师也加入你们的游戏吧！

☆ 教师：请小朋友们跟随老师唱歌的节奏，注意调整自己的爬行速度，如果老师唱歌的节奏是慢慢的，那么咱们就要像小乌龟和小蜗牛一样也爬得慢慢的；如果老师唱歌的节奏是快快的，那么咱们就要像壁虎一样快快地爬。

5. 结束。幼儿伴随音乐《小手爬》出教室，活动自然结束。

☆ 教师：小动物们，我们一起去外面继续游戏吧。

活动建议

1. 在活动的第二个环节"欣赏感知"过程中，教师应变化演唱歌曲的速度。开始演唱时速度要稳定，在儿童熟悉掌握的基础上，可以选择恰当的乐句随机变化速度，引导幼儿根据歌曲速度的变化调整自己小手爬的速度。

2. 在活动的第三个环节"探索发现"中，教师先慢速演唱歌曲，请幼儿模仿乌龟、蜗牛进行慢速爬行。歌词内容可以这样设定："爬呀，爬呀，爬呀爬，一爬爬到小河边；爬呀，爬呀，爬呀爬，一爬爬到了草地上。"然后教师调整演唱速度，幼儿变化角色，扮演壁虎等，来体验快速爬行的乐趣。

活动3 大拇指小拇指（歌唱活动）

活动目标

1. 能够用自然声演唱，采用跟唱的方式学唱歌曲。
2. 能用即兴动作表达自己对歌曲的感受与体验。

活动准备

音乐《大拇指》（佚名词曲）；熟悉五个手指的名称。

活动过程

1. 导入。教师以猜谜的形式引出主题，为新歌学唱做准备。

☆ 教师：五个兄弟，生在一起，有骨有肉，长短不齐。请你猜猜这是什么？（谜底：手指）

2. 欣赏感知。教师用提问、对说、对唱的形式介绍歌曲，引发幼儿学唱歌曲的兴趣。

（1）教师根据手指的特点进行提问，引发幼儿对五指宝宝的关注。

☆ 教师：小朋友们，请看看你的手指哪个最胖？找找你的手指哪个最长？说说你的手指哪个最小？

（2）教师以问答儿歌的形式帮助幼儿了解、掌握歌词。

☆ 教师：现在由老师提问，请小朋友回答。如果老师问：大拇指，大拇指，你在哪里？小朋友就回答"我在这里，我在这里"，并伸出大拇指给老师看看，好不好？

（3）两位教师以对唱的形式范唱：一位教师唱提问的乐句，另一位教师唱回答的乐句。

☆ 教师：请小朋友们安静、认真地欣赏两位老师演唱的歌曲《大拇指》，听听老师们是怎样唱的。

3. 探索发现。幼儿尝试运用跟唱的方式学习歌曲，感受歌曲的有趣。

（1）请幼儿跟随教师完整地清唱歌曲，熟悉旋律和歌词。

☆ 教师：请小朋友们跟着老师一起唱一遍《大拇指》，唱的时候要用自然的声音，不喊唱。

（2）在钢琴的伴奏下，请幼儿跟唱歌曲，掌握歌曲的旋律，运用自然的声音演唱。

☆ 教师：请小朋友们听音乐和老师一起用自然的声音演唱，看谁的声音最好听。

（3）请幼儿尝试多种形式的对唱表演，感受共同唱歌的乐趣。如：教师与幼儿对唱，男孩与女孩对唱，自由分组对唱等。

☆ 教师：现在老师先唱提问的乐句，请小朋友们唱回答的乐句。

4. 展示表现。请幼儿用即兴的形体动作表达对大拇指、小拇指特点的感受。

☆ 教师：让我们一起来唱一唱、演一演吧。看看哪个小朋友用身体动作表演的手指宝宝最像。

☆ 教师：××小朋友，你是用什么动作表现大（小）拇指的？我们一起来学一学。

5. 结束。引发幼儿参与下次活动的愿望。

☆ 教师：小朋友们想一想，除了歌唱大拇指和小拇指，还可以唱到什么手指？

活动建议

根据幼儿的接受情况，本次活动可以两次完成。

活动4 碰一碰（歌唱活动）

活动目标

1. 感受歌曲的旋律，学唱歌曲。

2. 运用身体动作与同伴进行交流，体验共同游戏的乐趣。

活动准备

蚂蚁、大象、小猪的头饰；草地场景；《碰碰歌》（佚名词曲）的伴奏；幼儿已熟悉歌曲《碰碰歌》。

活动过程

1. 导入。幼儿自由模仿各种小动物，在歌曲《碰碰歌》的伴奏下做律动进教室。

☆ 教师：草地上一群小动物在快乐地跳着舞，玩得真开心呀！

2. 欣赏感知。教师范唱，请幼儿欣赏歌曲《碰碰歌》。

（1）两位教师戴小猪头饰，范唱歌曲《碰碰歌》。

☆ 教师：小猪唱了什么？

（2）两位教师戴小猪头饰边范唱歌曲《碰碰歌》，边随歌词内容做动作。

☆ 教师：小猪做了什么动作？请你学一学。

3. 探索发现。幼儿边做动作边跟唱歌曲，感受歌曲的有趣。

（1）幼儿完整跟唱。

☆ 教师：小猪唱得好不好？我们和它一起唱一唱。

（2）幼儿完整跟唱第二遍。

☆ 教师：小象也想和大家一起做游戏，小象会用哪里和小朋友们碰一碰、打招呼呢？我们和小象一起来唱《碰碰歌》吧。

（3）完整跟唱第三遍。

☆ 教师：小蚂蚁看小朋友唱得声音这么好听，也想和你们做游戏，小蚂蚁会碰哪里打招呼呢？我们和小蚂蚁一起来唱《碰碰歌》吧！

4. 展示表现。幼儿完整演唱《碰碰歌》，并用动作表现歌曲，感受与伙伴共同游戏的快乐。

☆ 教师：小朋友们都会唱歌了，我们一起到草地上边唱歌边游戏吧！

5. 活动自然结束。

☆ 教师：今天我们真快乐，又找到了好朋友！

活动5　有趣的单线人（绘画活动）

活动目标

1. 尝试用简单的线条表现身体的不同姿态。
2. 尝试绘画单线人，感受单线人的有趣。

活动准备

用彩色绒绳制作的单线人，人手一个；彩笔；不同姿态的单线人范例，及已画好单线人头部的图画纸若干张；初步了解人体基本部位的名称，如头、肩、手、腿、脚等。

活动过程

1. 导入。幼儿操作单线人，感受其四肢和躯干的动作变化。

☆ 教师：动一动你手中的小人，看看他能变成什么样子？

☆ 教师：双臂伸直是直线，肘部弯曲是折线……

2. 欣赏感知。引导幼儿观察模仿单线人的不同姿态，感受身体线条的变化。

（1）教师出示单线人范例，引导幼儿观察身体线条的变化。

☆ 教师：请你看一看，单线人在做什么？

（2）运用肢体动作模仿、表现单线人的不同姿态，体验身体线条的变化。

☆ 教师：请你学一学单线人的样子。单线人还可以怎么动？教师根据幼儿的回答随机引导，做头、肩、手、腿等动作。

3. 探索发现。请幼儿运用简单的线条绘画单线人的不同造型，体验绘画的乐趣。

☆ 教师：请你也来画一个做不同动作的小人，看谁画的和别人不一样。绘画中，可将绒绳小人投放给幼儿，为绘画提供支持。

4. 展示表现。幼儿尝试用肢体动作模仿、再现单线人的姿态，体验身体线条的多变。

☆ 教师：请小朋友们看看小伙伴的作品，猜一猜他画的小人在做什么？请你学一学他的样子。

5. 结束。教师引导幼儿用游戏体验单线人的多变与有趣。

☆ 教师：我们现在都变成单线小人，我数123，当我数到3的时候，请你做出一个喜欢的动作，变成一座小雕塑，好吗？比一比谁变成的造型最多。

活动资料

［单线人范例］

活动6 高高兴兴跳起来（律动活动）

活动目标

1. 掌握歌曲的稳定节拍，尝试根据歌词内容，即兴表现。
2. 体验歌曲的欢快情绪，以及身体自由舞动的快乐。

活动准备

歌曲《高高兴兴跳起来》（妙事多音乐）；掌握身体基本部位的名称。

活动过程

1. 导入。教师播放歌曲《高高兴兴跳起来》，请幼儿感受歌曲的欢快情绪。

☆ 教师：歌曲中唱了什么？我们能用身体的哪个部位来跳舞？

2. 欣赏感知。幼儿集体随歌曲做律动，体验用身体舞蹈的快乐。

☆ 教师：小朋友们，快来和老师一起拉起小手，围成一个大圆圈，听着音乐做个游戏吧！（游戏玩法参见活动资料。）

3. 探索发现。鼓励幼儿根据自己的身体部位，结合歌词内容大胆创编。

☆ 教师：小朋友，我们还可以用身体的什么部位跳舞？怎样跳呢？幼儿说出身体部位名称后，教师可运用清唱的方式，带领幼儿即兴做律动。

4. 展示表现。幼儿即兴做律动，体验舞动身体的乐趣。

☆ 教师：小朋友们找到了那么多跳舞的方法，下面老师唱到哪个部位你就用哪个部位跳舞，看看谁跳得最美丽。看谁能做出和别人不一样的动作。

5. 活动自然结束。

活动建议

可根据幼儿的经验，帮助幼儿逐步增加律动的身体部位，运用反复同一乐句的方法演唱，丰富歌唱表演活动。

活动资料

[音乐游戏玩法]

大家拉起手，顺时针方向按歌曲的节拍走圈，当唱到"用你的脚、脚、脚"时，可将一只脚伸到圈内，随歌曲的节奏踩脚；当唱到"用你的手、手、手"时，大家转向圆圈中心，双臂向前举，随歌曲的节奏转动手腕；当唱到最后一句"高高兴兴跳起来"时，幼儿原地跳跃、拍手。

单元二 会表演的身体

• 活动1 有趣的手影（戏剧欣赏活动）

活动目标

尝试简单模仿，体验手影游戏的乐趣。

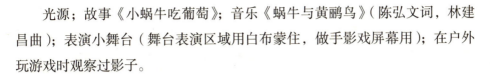

活动准备

光源；故事《小蜗牛吃葡萄》；音乐《蜗牛与黄鹂鸟》（陈弘文词，林建昌曲）；表演小舞台（舞台表演区域用白布蒙住，做手影戏屏幕用）；在户外玩游戏时观察过影子。

活动过程

1. 导入。教师介绍故事名字，引发幼儿关注。

☆ 教师：今天请小朋友们欣赏一个故事，名字叫《小蜗牛吃葡萄》。请你安静地听故事，找找故事里都有谁。

2. 欣赏感知。请幼儿欣赏教师表演的手影故事，感受手影的有趣。

☆ 教师分别用手影表现蜗牛、小鸟、小猫的形态，在音乐《蜗牛与黄鹂鸟》的伴奏下合作表演手影戏《小蜗牛吃葡萄》，配合表演的教师需事先藏在幕后。

☆ 教师：小朋友们，故事中都有哪些小动物？这些小动物是用什么表现出来的？

3. 探索发现。教师引导幼儿探索手影表演中手形的变化。

（1）幼儿尝试运用手影模仿角色造型。

☆ 教师：怎样用小手表现故事中的小动物呢？

（2）教师运用儿歌引导幼儿模仿手影角色造型。

☆ 教师：请你跟着老师的提示一起用小手来学一学。例如小猫：一只小手伸出来，手心向前握住拳，大拇指伸出来，小拇指竖起来（头），另一只小手伸出来，手心向前握住拳，小拇指伸出来（尾巴），小手翻过来，手腕靠手腕，小猫变出来。

（3）探寻影子出现的原因。

☆ 教师：刚才老师在什么地方表演就出现了影子？为什么要到幕后面演，小朋友们才能看到影子？猜猜幕布后面有什么？教师可以请幼儿到幕后去看一看。

4. 展示表现。鼓励幼儿进行手影造型尝试，感受手影游戏的有趣。

☆ 教师：谁来试一试，看看小朋友的小手能变出小蜗牛和小猫吗？小手还可以变出哪些不同的影子？

5．结束。在《蜗牛与黄鹂鸟》的音乐背景中，师幼随机进行手部造型律动。

☆ 教师：我们的小手真能干呀，不仅能自己拿勺子吃饭，自己穿衣服，还可以演戏呢！让我们的小手一起跳个舞吧！

活动建议

1．活动可分为1—2课时完成。活动前，教师可在户外引导幼儿观察自己的影子，感知影子的不同形状和变化特点，组织幼儿玩"踩影子"游戏，启发幼儿的生活经验，为之后的活动做铺垫。

2．可根据当地风土人情以及不同幼儿的兴趣点，相应变换手影表演的内容与布景。

3．建议光源采用高瓦数台灯，布置在舞台的正后方。为使手影效果清晰，请注意将幕布绷紧。

4．当故事《小蜗牛吃葡萄》讲到"葡萄终于成熟了"时，教师可暂时关掉灯源，迅速将葡萄贴到幕布上，以增强再次开灯后手影游戏的神秘感。

5．通过此次活动，初步激发幼儿探索光和影的关系的兴趣。

6．活动结束之后，可建议家长在家与孩子进行"我与爸妈玩手影"的亲子活动，并鼓励家长留下相关照片、影像资料等，带回园内与小朋友们一同分享。

活动资料

1．［故事］ <center>小蜗牛吃葡萄</center>

春天来了，葡萄架上长出了嫩绿的葡萄叶。一只小蜗牛想："要是我能吃上又香又甜的葡萄，那该多好啊！"于是，小蜗牛就开始爬呀，爬呀。这时，一只小猫来了，他问："小蜗牛，你在干什么？""我要爬到葡萄架上去吃葡萄。""葡萄秋天才能成熟，你现在爬干什么呀？""因为我爬得慢，等我爬到葡萄架上，葡萄就成熟了。""别爬了，多累呀！""不，我一定要坚持。"

小蜗牛爬呀，爬呀，累了就歇一会儿，渴了就喝露水，一只小鸟飞过来说："小蜗牛，你在干什么？""我要爬到葡萄架上去吃葡萄。""葡萄秋天才能成熟，你现在爬干什么呀？""因为我爬得慢，等我爬到葡萄架上，葡萄就成熟了。""别爬了，和我一起玩吧！""不，我一定要坚持。"

小蜗牛从春天爬到了夏天，从夏天爬到了秋天，葡萄终于成熟了，葡萄架上长满了一串串的葡萄。小蜗牛终于爬到了葡萄架上，它吃了一颗葡萄："啊！真甜呀！"小猫和小鸟也来了，他们说："小蜗牛，你真棒，你真棒！"

北京市第一幼儿园/文

2.［手影手法］

| 蜗　牛 | 小　猫 | 小　鸟 |

活动2　美丽的小花（绘画活动）

活动目标

1. 尝试用手指点画的方法绘画小花，体验小手的能干。
2. 感受大树与小花的友谊，体验与同伴共同作画的快乐。

活动准备

根据幼儿的分组情况准备相应的背景画（每幅画上画有一棵有表情的大树，大树的"嘴巴"是一条弧线并可以拆卸，上下翻转弧线，可表现伤心和微笑的表情）；故事《大树和小花》；各色自制印泥、湿布、小块白纸，每人一份；已熟悉蜗牛和老鹰的手影造型；会用手语表达问候。

活动过程

1. 导入。教师用手语打招呼，引发幼儿对手语的关注。

☆ 教师：小朋友们仔细看，老师的两只手在说什么？（小朋友们好）你

们怎样用手语回应老师呢？（老师好）

2．欣赏感知。教师讲述故事《大树和小花》，引发幼儿对点画的兴趣。

（1）教师出示大树的背景画，讲述故事《大树和小花》。

☆教师：请小朋友们看一看，大树的表情是什么样的？你猜一猜，它为什么伤心？然后教师开始讲故事。

（2）随着情节的发展，教师可边讲述边运用手影造型表演故事，并将点画示范穿插在故事中，当讲到"你们看，是谁呀"时，教师在大树旁点出小花并添画茎、叶，随后将大树的表情由伤心变成高兴。

☆教师：故事里谁来和大树做朋友了？小花长得什么样？小花是怎样变出来的？

3．探索发现。幼儿学习手指点画的方法，感受小手的能干。

（1）教师边念儿歌边示范点画技巧。

☆教师：小手指，蘸颜色，点一点，压一压，点花心，点花瓣。

（2）教师边示范边提示点画常规。

☆教师：点画前要先卷起袖子。换色时，先将小手在湿布上擦干净，再蘸新的颜色，就不会把别的颜色弄脏了。先确定位置再点画，点时指肚用力压实。点完后要记得把手洗干净。

（3）幼儿尝试练习点画方法。

☆教师：请小朋友边念儿歌边在白纸上试着点一点。

4．展示表现。幼儿以组为单位，合作完成点画作品，感受集体创作的乐趣。

☆教师：这些大树也不高兴，它们也想找到好朋友，让我们为大树画出更多的好朋友吧！

5．结束。通过对小花的色彩、造型及对整体作品进行评价，引导幼儿相互欣赏。

☆教师：你最喜欢哪朵小花？为什么？

活动建议

1．点画内容可以根据本班幼儿的兴趣点和发展水平进行选择，如节日礼花、五颜六色的小糖豆。

2．教师准备的颜料不能过稀，可用海绵吸附调好的颜料，便于幼儿蘸色。所用颜料还应注意安全、无毒，且活动后便于清洗，建议使用水粉颜料。

3．在活动的第4环节"展示表现"中，教师可将幼儿分成几组，每组6—8人，给每组幼儿一幅大树背景图，引导幼儿进行分组点画，教师根据幼儿的不同水平进行指导。如：对于能力强的幼儿，鼓励其点画后用短直线添画花的茎和叶，对于不敢点的幼儿，教师可采用师生合作的方法与其共同完成作品。

4．除手指点画外，教师还可以结合本班幼儿的绘画水平，选择其他手印画形式，如手掌印画、手指印画。

5．此活动内容还可延伸到活动区域中进行，使幼儿有更充分的时间进行尝试与创作。

6．对幼儿手上的颜色，可用湿抹布擦干净，或活动结束后再去洗手。

活动资料

1.［故事］　　　　　　　　**大树和小花**

秋天来了，大树换上了美丽的新衣裳，她很想找个好朋友分享。一只小蜗牛从树下走过。大树喊住她说："小蜗牛，小蜗牛，你看，我的新衣服漂亮吗？你能和我玩一会儿吗？"蜗牛说："对不起，我正忙着去找吃的，没时间和你玩，也没时间看你的新衣裳。"说完蜗牛就爬走了。大树叹了口气，只好继续等。

过了一会儿，一只老鹰从天上飞过，大树看到了，忙对着天空大声喊："老鹰，老鹰，你看我的新衣服漂亮吗？你能落下来陪陪我吗？"老鹰一边飞一边说："对不起，我急着回家，不能停下来和你玩儿，也不能陪你了。"说完，老鹰就飞走了。

没有人和大树做朋友，大树很难过。正在这时，一个好听的声音从树下传来："大树你别难过，我来和你做朋友，你的新衣服真美丽，让我们一起装扮秋天。"（你们看是谁呀？）对了，是一朵小花。有了小花的陪伴，大树再也不寂寞了。她挥舞着树叶，和小花一起唱起了欢快的歌。

李新平/文

2.［点画儿歌］

小手指，蘸颜色，点一点，压一压，点花心，点花瓣。

活动3　有趣的表情（制作活动）

活动目标

1. 能够关注面部表情的变化，体验表情变化的趣味性。
2. 尝试用粘贴的方法表现不同表情的特点。

活动准备

镜子，人手一个；哭和笑两种表情的范画；有头发、耳朵和鼻子，但没有眼睛和嘴的小朋友头像，人手一个；各种眼形和嘴形的粘贴部件若干；知道不同的表情反映不一样的心情；有使用胶棒的经验。

活动过程

1. 导入。出示小镜子，引发幼儿参与活动的兴趣。

☆教师：今天老师为每个小朋友准备了一面小镜子，请小朋友们照一照，看看镜子里面都有谁？

2. 欣赏感知。请幼儿照镜子，关注自己的表情。

（1）观察镜子中的我。

☆教师：请小朋友们对着镜子笑一笑，看看你的眼睛和嘴是什么样的？什么时候你会笑得这么开心啊？

（2）我的表情变变变。

☆教师：除了笑，你还能变出什么表情？（哭、生气等）再看看你哭、生气时眼睛和嘴巴有什么变化？（重点观察哭时的五官变化）什么时候你会有这样的表情？

3. 探索发现。请幼儿欣赏范画，分辨表情及五官的位置。

（1）教师出示哭和笑两种表情的范画。

☆教师：这两个小朋友的表情是什么样的？你从什么地方看出来的？笑的时候嘴是什么样的？哭的时候是什么样的？

（2）教师给幼儿缺少眼睛和嘴的小朋友头像，及各种眼形和嘴形的粘贴材料。

☆教师：请你帮这个没有表情的小朋友变出有趣的表情吧。

（3）教师运用儿歌（见活动资料）的方式介绍胶棒的使用方法及五官位置的摆放方法，引导幼儿用粘贴的方法添加表情。

☆教师：我们该用什么方法变化表情呢？用什么工具来粘贴五官呢？眼睛和嘴巴长在哪里？

4. 展示表现。请幼儿动手拼摆、粘贴表情，感受表情变化的有趣。

☆教师：请小朋友们自己设计一个有趣的表情。可以先将眼睛和嘴巴在纸上摆一摆，找准位置后再涂抹胶棒。粘贴时注意五官的具体位置。

5. 结束。幼儿欣赏作品，学做表情，活动自然结束。

☆教师：学一学自己粘出的表情，让你的好朋友看一看吧。

活动建议

该活动可以延伸到美工区，巩固胶棒的使用技巧。也可鼓励幼儿尝试运用绘画方式表现各种表情。

活动资料

［儿歌］

用胶棒：小小胶棒手中拿，摘下帽子本领大，轻轻一拧探出头，抹抹按按粘得牢。

贴五官：耳朵在两边，鼻子在中间，黑黑的眼睛在两侧，红红的嘴巴在下边。

找 朋 友

主题概述

　　结识新朋友，建立新的依恋关系，能够有效地缓解幼儿的入园焦虑，同时也要学会与同伴友好相处，这也是幼儿入园以后需要学习的重要一课。为此，我们设计了"找朋友"这个主题，希望通过主题活动，增进幼儿与伙伴交流的愿望，体验与教师、小朋友共同游戏的乐趣，帮助他们尽快适应新环境。

　　本主题共设计了"我是谁""一起玩游戏""幼儿园里朋友多"三个单元，引导幼儿从关注自我开始，进而关注身边的伙伴和朋友。在"我是谁"单元里，通过亲子活动，帮助幼儿学习怎样介绍自己；通过手偶剧欣赏、音乐游戏等活动，引导幼儿主动与同伴交流，增进同伴间的认识。在"一起玩游戏"单元里，通过艺术游戏活动，让幼儿在游戏中学会与伙伴分享快乐，感受大家共同游戏的快乐。在"幼儿园里朋友多"单元里，通过歌唱活动、邀请舞等艺术手段，让幼儿进一步认识更多的小伙伴，尽情享受幼儿园里朋友多的快乐。

　　在开展活动时，教师要充分关注活动过程的游戏性，激发幼儿参与活动的兴趣，鼓励幼儿参与集体活动，学会与周围的人友好相处，快乐游戏。

主题活动网络图

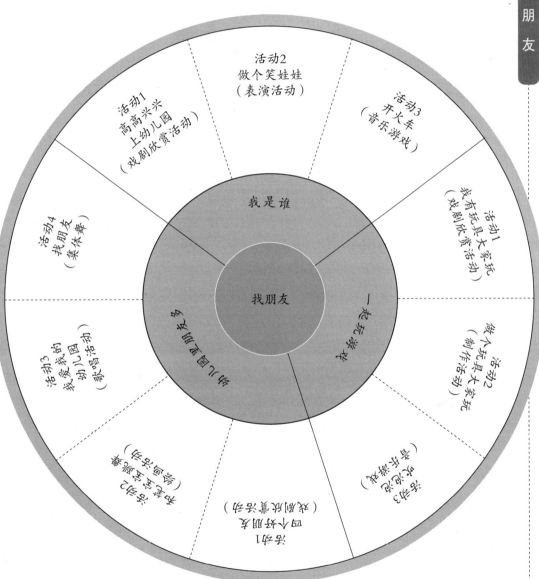

活动2
做个笑娃娃
（表演活动）

活动1
高高兴兴
上幼儿园
（戏剧欣赏活动）

活动3
开火车
音乐游戏

活动4
找朋友
（集体舞）

我是谁

活动1
我有玩具大家玩
（戏剧欣赏活动）

找朋友

幼儿园的朋友多

一起真快乐

活动2
做个玩具大家玩
（制作活动）

活动3
我爱我的
幼儿园
（歌唱活动）

活动3
买泡泡
（音乐游戏）

活动2
我是谁的朋友
（综合活动）

活动1
我们的朋友
（戏剧欣赏活动）

综合艺术活动

单元一　我是谁

活动1　高高兴兴上幼儿园（戏剧欣赏活动）

活动目标

1. 喜欢欣赏手偶剧，了解故事内容，尝试模仿角色对话。
2. 愿意高高兴兴上幼儿园。

活动准备

　　教师自编自演手偶剧《高高兴兴上幼儿园》；山羊、猫妈妈和小猫、兔妈妈和兔宝宝手偶；歌曲《高高兴兴上幼儿园》（佚名词曲）；木偶表演舞台；小动物家、幼儿园路上、幼儿园门口三个场景及幕布；幼儿已会唱歌曲《我爱我的幼儿园》。

活动过程

　　1. 导入。教师手持小兔手偶，引导幼儿观看手偶剧。

　　☆教师：小朋友们好，你们知道我是谁吗？

　　2. 欣赏感知。教师表演手偶剧，引导幼儿安静欣赏，激发幼儿观剧的兴趣。

　　（1）请幼儿欣赏剧目。

　　☆教师：下面我们一起欣赏手偶剧《高高兴兴上幼儿园》。小朋友要安静、认真地观看。

　　☆教师：手偶剧里都有谁？

　　（2）教师逐一请出操作木偶的表演教师。

☆ 教师：兔宝宝和兔妈妈是谁操作表演的？快快出来吧。

☆ 此时操作兔宝宝和兔妈妈手偶的教师，手持手偶走到幕前，运用角色的口吻即兴对话，使幼儿感知木偶表演的有趣。

（3）运用上面的方法逐一介绍其他角色。

3．探索发现。请幼儿再次欣赏手偶剧，教师引导幼儿尝试模仿角色，重复对话。

☆ 教师：下面我们再请老师们为我们表演一遍手偶剧，看完后说一说你最喜欢谁。

☆ 教师：小猫不想去幼儿园时，小兔对它说了些什么？小猫最后为什么喜欢去幼儿园了？

4．展示表现。通过角色迁移，鼓励幼儿大胆说出自己对上幼儿园的感受。

☆ 教师：小兔和小猫都是高高兴兴去幼儿园的，你们是怎样来幼儿园的？

☆ 教师：幼儿园里还有什么让你们高兴的事情？

5．结束。教师和幼儿及手偶剧演员表演唱《我爱我的幼儿园》。

☆ 教师：我们来一起唱一唱《我爱我的幼儿园》吧。

活动资料

[手偶剧剧本]　　　　　高高兴兴上幼儿园

场景一：小动物家。（悠扬、舒缓的音乐）

旁白：在茂密的大森林里住着许多小动物，有兔妈妈、兔宝宝，猫妈妈、猫宝宝，还有山羊老师呢。快看，兔宝宝来啦。

小兔："今天是森林幼儿园开学的日子，很多小朋友都要上幼儿园了。妈妈，我们也快点走吧。"（欢快的音乐）

（兔宝宝随欢快的音乐蹦蹦跳跳地往前走，在听到后面有哭声时，音乐渐弱至停止。）

场景二：上幼儿园路上。

旁白：小兔子蹦蹦跳跳地往前走，突然，听到后面有哭声，回头一看，看到小猫和猫妈妈走过来。

小猫边哭边说："妈妈，我要回家，我不去幼儿园！"

旁白：小兔走上前去。

小兔问："小猫，你为什么哭啊？"

小猫："我不想上幼儿园，我要回家。"

小兔："幼儿园可好啦，有玩具，有朋友，老师还教本领呢！"

（《我爱我的幼儿园》音乐起，兔宝宝边唱歌边和猫宝宝互动。）

猫妈妈："小猫啊，幼儿园多好啊！小兔多乖啊，咱们和他一起去幼儿园吧。"

小猫："好的，妈妈，妈妈，我也要去幼儿园。"

兔妈妈："那我们快走吧！幼儿园的老师和小朋友都等着你们呢！"

旁白：小猫和小兔快乐地走向幼儿园，边走边说话。

小猫和小兔："幼儿园可好啦，有玩具，有朋友，老师还教本领呢！"

场景三：山羊老师站在幼儿园大门口。

山羊老师："小朋友们好，欢迎你们来幼儿园。"

小猫和小兔："老师好！妈妈再见。"

猫妈妈和兔妈妈："孩子们再见！"（猫妈妈和兔妈妈下场。）

山羊老师："孩子们，我们一起来唱歌做游戏吧。"

（《高高兴兴上幼儿园》音乐起，所有小动物边唱歌边舞蹈。）

北京市第一幼儿园/文

活动2　做个笑娃娃（表演活动）

活动目标

感知笑与哭的表情变化，体验它们所表现的不同情绪、情感，愿意做个笑娃娃。

活动准备

小镜子，人手一面；音乐《表情歌》（张友珊词，汪玲曲）；笑脸和哭脸的图片；幼儿已学会歌曲《表情歌》。

活动过程

1. 导入。请幼儿照镜子看表情，引发其参与活动的兴趣。

☆教师：看看你自己的表情是什么样的？

2. 欣赏感知。请幼儿大胆表现笑和哭两种表情，体验二者不同的情绪、情感。

☆教师：请你变成笑娃娃。笑的时候，你的心情是怎么样的？你想到了什么？

☆教师：请你变个哭娃娃。哭的时候，你的心情是怎么样的？你想到了什么？

3. 探索发现。幼儿观察笑娃娃和哭娃娃嘴部线条的不同，区别上弧线和下弧线。

☆教师：笑娃娃与哭娃娃有什么不一样？教师小结：嘴角向上翘，我在哈哈笑。嘴角向下弯，我在哇哇哭。

☆教师：你觉得笑和哭哪种表情美？

4. 展示表现。幼儿进行游戏"我要做个笑娃娃"。

（1）教师和幼儿边唱《表情歌》边进行表演。

☆教师：歌里有一个笑娃娃，有一个哭娃娃，你喜欢谁？

☆教师：我们一起来唱《表情歌》吧！

（2）师幼共同运用节奏性语言进行问答游戏。

例如：

教师：我是 快乐的（高兴的） ｜×老 师｜小朋友｜你是 谁｜

幼儿：我是 快乐的（高兴的） ｜× × ×｜

（可替换的形容词：快乐的、高兴的、欢喜的、欢乐的等。）

5. 结束。教师运用语言提示，激发幼儿参与下次制作活动的兴趣与愿望。

☆教师：我们能在镜子里看见可爱的笑娃娃，下次我们来做一个笑娃娃。

活动建议

1. 活动可以延伸为添画笑娃娃。添画活动中，可以为幼儿提供娃娃脸型，让幼儿通过添画上、下弧线，表现哭与笑的不同表情。

2. 活动还可以延伸为粘贴制作笑娃娃身体。

活动3　开火车（音乐游戏）

活动目标

1. 能够运用节奏性的语言介绍自己。

2. 随音乐模仿开火车的动作，体验大家共同游戏的快乐。

活动准备

方向盘，人手一个；音乐《火车开了》（匈牙利儿童歌曲，吴静译词，欧阳斌配歌）；基本掌握节奏型短句的表达方法。

活动过程

1. 导入。教师采用节奏性语言向幼儿介绍自己，引发活动兴趣。

☆ 教师：<u>小朋友</u>｜<u>大家 好</u>｜<u>我是 高高的</u>｜<u>×老 师</u>｜

（可替换的形容词：胖、瘦、矮等。）

2. 欣赏感知。幼儿学习游戏"开火车"，并掌握游戏方法。

☆ 教师：今天我们一起开火车去旅行，老师来当火车司机，小朋友们请上车吧！

☆ 教师：你坐的是谁开的火车？哪位小朋友模仿一下开火车的动作？

3. 探索发现。请幼儿参与音乐游戏"开火车"，在游戏中体验节奏的有趣。

（1）第一次游戏：教师扮演小司机，用节奏性的语言介绍自己，带领一组幼儿进行游戏。

☆ 教师：我来当一名小司机，向乘客介绍我自己。

<u>我是 火车</u>｜<u>小司 机</u>｜<u>我的 名字</u>｜<u>叫佳 佳</u>｜

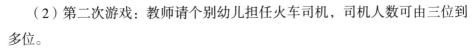

（2）第二次游戏：教师请个别幼儿担任火车司机，司机人数可由三位到多位。

☆ 教师：请每位小司机都按着节奏介绍一下自己。

☆ 教师：你坐的是谁开的火车？

4. 展示表演。幼儿集体表演游戏"开火车"，体验节奏游戏的快乐。

☆ 教师：小朋友们都来当司机开火车，我们互相介绍自己吧。

5. 结束。"开火车"出活动室，活动自然结束。

☆ 教师：让我们一起开着火车到外面去游戏吧。

活动资料

［"开火车"游戏玩法］

将幼儿分成2~3组，每名幼儿都把手搭在前一名幼儿的肩膀上，或者双臂屈肘于体侧，模仿车轮转动。由主班、配班教师分别当每组的火车司机，师幼随音乐节拍模仿开火车。

单元二　一起玩游戏

活动1　我有玩具大家玩（戏剧欣赏活动）

活动目标

1. 愿意欣赏情景剧，能安静欣赏。

2. 知道跟别人分享，初步产生参与表演的愿望。

活动准备

玩具警车；皮球；大班幼儿表演的情景剧《我有玩具大家玩》；有安静观剧的好习惯；歌曲《我有玩具大家玩》（程逸汝词，陈红宇曲）。

活动过程

1. 导入。教师引导幼儿文明观演，培养良好的欣赏习惯。

☆ 教师：小朋友们，今天老师带来了大班哥哥姐姐为我们表演的情景剧《我有玩具大家玩》，请大家安静欣赏吧。

2. 欣赏感知。请幼儿欣赏情景剧，了解剧中角色。

☆ 教师：剧里都有谁呀？

☆ 教师：请剧中的扮演者和小朋友们打个招呼吧。

☆ 教师：开始的时候，小狗和小动物一起玩玩具了吗？为什么？

3. 探索发现。幼儿再次欣赏大班幼儿表演的情景剧，熟悉角色对白，并简单模仿，初步产生参与表演的愿望。

☆ 教师：小猫是怎么说的？请你来学一学。小狗是怎么说的？请你来学一学。

4. 展示表现。请幼儿尝试模仿表演情景剧片段，体验表演的乐趣。

☆ 教师：刚才剧里小动物们还唱了一首好听的歌，我们一起和哥哥姐姐唱一唱、跳一跳吧。

5. 结束。活动自然结束。

☆ 教师：今天大班的哥哥姐姐为我们表演了情景剧，让我们对他们的表演表示感谢。

活动建议

可将情景剧表演延伸到区域活动中，将大班幼儿表演用的道具投放在区域中，在教师的引导下进行角色表演，使幼儿有更多的机会参与表演。

活动资料

[故事]　　　　　　　**我有玩具大家玩**

小狗的爸爸送给它一辆漂亮的玩具警车做生日礼物，警车上面有灯，一开起来响着警笛，灯一闪一闪的，小狗可喜欢了，走到哪儿就带到哪儿。它的邻居小猫看见了，跑过来说："喵——喵——小狗，咱们一起玩好不好？"小狗说："汪汪汪，我有小汽车，才不和你玩。"小鸡玩着球看见了："叽叽叽叽，小狗咱们一起玩好不好？""汪汪汪，我有小汽车，才不和你玩。"小狗抱着汽车跑开了。可是它一个人玩，越来越没意思。

一天，小狗看见小猫和小鸡一起拍皮球，它抱着小汽车，跑到它们身边说："小猫、小鸡，我们一起玩吧！"小猫和小鸡说："好呀！好呀！"它们开着汽车，跑到东跑到西，玩得可开心了。大家一起唱起了歌："来吧，来吧，来吧，亲爱的小伙伴……"（播放歌曲《我有玩具大家玩》）

北京市第一幼儿园/文

活动2　做个玩具大家玩（制作活动）

活动目标

尝试用卷、攥、团、撕等方法进行玩纸游戏，体验与同伴共同游戏的快乐。

活动准备

废旧报纸若干张；手部小肌肉较灵活，能完成卷、攥、团、撕等技能。

活动过程

1. 导入。教师以魔术引入活动，引发幼儿观看兴趣。

☆ 教师：小朋友们，今天老师用报纸来给你们变一个神奇的魔术，请你们睁大眼睛来欣赏吧！

2. 欣赏感知。幼儿观看教师用报纸"变出"的楼梯（或其他物品）。

☆ 教师：请你猜一猜，老师手中的报纸能变成什么？

☆ 教师：请你仔细观察，看看老师手中的报纸是怎样变化的。

☆ 教师用撕、团、折等方法"变魔术"，如楼梯的做法：教师可用长方形的报纸对折、再对折折成一个长条，然后从长条纸的一端开始像折扇子一样正反对折，折出后引导幼儿观察像什么（竖着看可能像楼梯，横过来看可能像手风琴）。又如梯子：教师可用长方形报纸对折后在中间撕出若干长方形空隙，打开后就像梯子。

3. 探索发现。引导幼儿尝试运用卷、攥、团、撕的方法进行玩纸游戏。

（1）教师发掘幼儿操作过程中的创意，带领幼儿探索几个典型的作品。

☆ 教师：请小朋友动脑筋想一想，动手试一试，看看你们手中的报纸会变成什么？

（2）引导幼儿在模仿、交流中感受玩报纸的乐趣。

☆ 教师：快看看，你的望远镜里有谁？（我们来传火炬吧！怎样让金箍棒更结实？比比谁的金箍棒更长？让我们一起倒计时五个数，把小火箭发射上天吧！）

（3）针对幼儿作品，引导幼儿在比较中感受一物多玩的创意。

☆ 教师：你做的是什么球？这些球有什么不一样？

☆ 教师：这些球可以怎样玩？

（4）在操作过程中，针对幼儿自发的制作方法（如撕）进行指导。

☆ 教师：用两只手的拇指和食指捏住纸，朝不同的方向撕，一个往前，一个往后。

☆ 教师：请你试着用正确的撕纸方法把手中的报纸撕成长面条，把面条撕成米粒，把米粒撕成小雪花。

4. 展示表现。让幼儿在相互交流中感受与同伴游戏的快乐。

☆ 教师：你喜欢哪个玩具？为什么？

☆ 教师：大家一起玩纸快乐吗？

5. 结束。教师引导幼儿做"吸尘器"，一起收活动过程中的碎纸片。

☆ 教师：让我们一起做个吸尘器，把小纸片都吸起来吧！

活动建议

1. 活动后提示幼儿认真洗手，养成良好的卫生习惯。

2. 本活动的关键是为幼儿创设宽松的游戏氛围，让幼儿轻松地进行艺术想象。活动中教师不要有生硬的教授，每一次游戏都应来源于幼儿的创意。

活动3 吹泡泡（音乐游戏）

活动目标

尝试用身体动作模仿泡泡的形态变化，能按音乐速度的变化做简单律动，体验共同游戏的乐趣。

活动准备

吹泡泡工具，人手一套；歌曲《泡泡不见了》（诸晶娟词，帆帆曲）；两首不同性质的音乐（舒缓、轻柔的和欢快、有力的）；生活中有吹泡泡的经验；已学会歌曲《泡泡不见了》。

活动过程

1. 导入。教师介绍吹泡泡工具，引发幼儿参与活动的兴趣。

☆教师：小朋友们看，老师手里拿的是什么？它可以做什么？

2. 感知欣赏。教师引导幼儿观察泡泡大小、颜色及变化过程。

☆教师：泡泡的大小一样吗？泡泡有什么颜色？泡泡是怎样变大的？

3. 探索发现。教师通过游戏引导幼儿感受音乐的高低、快慢。

（1）教师运用节奏性儿歌，提示幼儿用形体动作模仿泡泡的变化。

☆教师：请小朋友们按照老师儿歌的要求，做一个动作，把自己变成一个有趣的泡泡。

☆教师： 变 变变 ｜ 变 变变 ｜ 变成 一个 ｜ 大泡 泡 ｜

变变变变 变变变变 ｜ 变成一个 小泡 泡 ｜

（2）教师运用节奏性的儿歌，提示幼儿变成一个"有表情"的泡泡。

☆教师：请小朋友们按照老师儿歌的要求，用一个有趣的表情把自己变成一个可爱的泡泡。

☆教师：变——变——变成一个快乐的泡泡。变变变变，变变变变，变成一个生气的泡泡。变——变变，变——变变，变成一个惊讶的泡泡。

（3）教师依次播放舒缓和欢快的音乐，让幼儿去感受、想象，并用语言

33

表达出来。

☆ 教师：这段音乐给你什么感觉？听到这段音乐你觉得小泡泡会做什么？

（4）教师完整播放舒缓、欢快的两段音乐，请幼儿扮演泡泡，并按音乐节奏变化进行游戏。

☆ 教师：请小朋友们仔细听音乐，根据音乐变化表现不同泡泡。请小朋友们听着音乐一起来跳泡泡舞吧。

4. 展示表现。教师鼓励幼儿用肢体语言表现有趣的泡泡，体验艺术创作和合作游戏的快乐。

（1）师幼合作变出大泡泡。

☆ 教师：你们都是一个个小泡泡，那你们能有什么办法变成一个更大的泡泡吗？

（2）师幼共同演唱《吹泡泡》。

☆ 师幼拉手围成一个大圆圈，一同演唱歌曲《泡泡不见了》，并按照歌词内容尝试与同伴合作用身体动作表现泡泡形态的变化。

5. 结束。幼儿自由吹泡泡。

☆ 教师：小朋友们，老师也给你们准备了许多吹泡泡工具，让我们一起和小泡泡做游戏吧。

单元三　幼儿园里朋友多

活动1　四个好朋友（戏剧欣赏活动）

活动目标

1. 理解剧情，初步掌握表演中的简单对白、动作及表情。

2. 愿意参与戏剧表演活动。

活动准备

猫、狗、鸡、兔头饰各一个；请四位大班小朋友分别准备好扮演猫、狗、鸡、兔，表演《四个好朋友》童话剧；对日常礼貌用语有一定的了解。

活动过程

1．导入。师生交流，引发幼儿观剧兴趣。

☆ 教师：你有好朋友吗？你的好朋友是谁？今天就请大家欣赏哥哥姐姐们带来的表演《四个好朋友》。

2．欣赏感知。请幼儿欣赏情景剧，激发其参与表演的愿望。

（1）幼儿初次欣赏情景剧，了解角色及剧情。

☆ 教师：剧中都有谁？发生了一件什么事？

（2）幼儿再次欣赏情景剧，初步模仿表演中的简单对白。

☆ 教师：小动物都说了些什么？请你学一学。

3．探索发现。幼儿自主选择角色，初步掌握表演中的简单对白、动作及表情。

☆ 教师：请选择你喜欢的小动物，跟着哥哥姐姐学一学它们的话吧！

4．展示表现。幼儿在哥哥姐姐的带领下进行集体表演，体验参与戏剧表演活动的快乐。

☆ 教师：我们一起来演四个好朋友，看看哪个小动物演得最好。

5．结束。活动自然结束。

☆ 教师：今天小朋友表演得真好，在以后的表演角活动中，我们可以继续演一演。

活动资料

［故事］　　　　　　　四个好朋友

早上，天气真好，小花猫、小黄狗、小公鸡都到草地上来玩耍。小白兔蹦蹦跳跳地也来了。它跳呀跳，一不小心，碰了小花猫一下，小白兔连忙说："对不起，对不起！"小花猫说："没关系，没关系。"它们成了好朋友。

小白兔和小花猫一起滚皮球，滚呀，滚呀，皮球"骨碌碌"地滚远了。小花猫忙去捡皮球，一不小心，撞了小黄狗一下，它连忙说："对不起，对不起！"小黄狗摇摇头，说："没关系，没关系。"它们成了好朋友。

小花猫、小白兔和小黄狗一起滚皮球，玩得真高兴，小黄狗跑着追皮球，一不小心，踩了小公鸡的脚，小黄狗连忙说："对不起，对不起！"小公鸡被踩得很疼，眼里含着泪花。小黄狗赶快过去扶着小公鸡说："小公鸡，我踩疼你了吧？你坐下，我给你揉揉。"小公鸡看见小黄狗这样有礼貌，就原谅了它，忍着疼，说："不要紧，不要紧。"小花猫、小白兔也跑过来看望小公鸡。过了一会儿，小公鸡不疼了，和大家一起玩起来，它们成了好朋友。

北京市第一幼儿园/文

活动2　和笔宝宝跳舞（绘画活动）

活动目标

尝试运用点、线，表现对不同性质音乐的感受，体验与笔宝宝游戏的快乐。

活动准备

两种不同性质（欢快跳跃和抒情优美）的音乐；水彩笔；可供3—4名幼儿共同使用的绘画纸若干张；幼儿学会了儿歌《笔宝宝》；幼儿有画点和线条（直线、弧线、波浪线、螺旋线等）的经验。

活动过程

1. 导入。以猜谜的形式引出笔宝宝，引发幼儿参与活动的兴趣。

☆教师：小朋友们，你们都有好朋友吗？他们是谁？

☆教师：今天，老师给你们请到一位好朋友，请小朋友们仔细听听，猜猜它是谁？教师说谜语：小小魔术棒，身穿花衣裳；画出五彩线，纸上把舞跳。

☆教师：笔宝宝可以做什么？

2. 欣赏感知。教师播放不同性质的音乐，引导幼儿充分感受韵律变化。

（1）幼儿欣赏一段欢快、跳跃的音乐，教师鼓励幼儿自由律动，引导幼儿表达自己对音乐的理解。

☆教师：请你跟着音乐跳个舞吧。

☆教师：听完音乐你有什么感觉？

（2）再欣赏一段舒缓、优美的音乐，引导幼儿自由律动，鼓励幼儿表达自己对音乐的感受。

　　☆ 教师：请你跟着音乐跳个舞吧。

　　☆ 教师：请你说说听完音乐有什么感觉？

　　（3）重复播放以上两段音乐，由教师引入绘画环节。

　　☆ 随着情绪的高涨，幼儿动作将更大胆、放松。此时，教师适时地拿起笔，在白板上用点和线记录幼儿的动作。

　　（4）启发幼儿将音乐与绘画联系。

　　☆ 当幼儿好奇地发现白板上的线、点时，由教师适时抓住机会，解答疑惑。

　　☆ 教师：老师用各种点和线条把小朋友的舞蹈记录下来了，你们能找到自己的动作在哪儿吗？

　　☆ 教师：哇，原来小朋友们通过看画，也能感受到不同的音乐呀！

　　3. 探索发现。请幼儿边听音乐边用绘画的形式表达自己的感受。

　　（1）教师与幼儿一边说儿歌，一边拿出水彩笔，随音乐自由作画。

　　☆ 教师：快请出我们的笔宝宝，跟着音乐在纸上一起跳个舞吧！

　　（2）幼儿再次欣赏第一段欢快、跳跃的音乐，引导幼儿用点绘画。

　　☆ 教师：音乐有快有慢，快的时候是怎样点的？慢的时候又是怎样点的呢？

　　（3）幼儿再次欣赏第二段舒缓、优美的音乐，引导幼儿用线条绘画。

　　☆ 教师：请你和彩笔宝宝再听听这段音乐，它像什么？

　　☆ 教师：你们画出这么多好看的线，它们像什么？

　　4. 展示表现。请幼儿听音乐，说一说自己的感受。

　　☆ 在重复播放音乐的过程中，请幼儿向其他同伴介绍自己的绘画作品，尝试描述自己听到音乐时的不同感受。

　　☆ 教师：××小朋友，你和笔宝宝一起跳出这么多的"点点舞"，你觉得这些点像什么？

　　☆ 教师：跟小朋友说说你画的是什么。

　　5. 结束。引导幼儿对笔宝宝说句心中的话。

　　☆ 教师：今天我们和笔宝宝跳了这么多的舞，你想和它说什么呀？

活动资料

[儿歌]　　　　　　　　　　　笔宝宝

彩笔宝宝真有趣，我们一起做游戏，

先把帽子摘一摘，放到手中别丢弃，

一二三指握住它，高高兴兴做游戏。

活动3　我爱我的幼儿园（歌唱活动）

活动目标

1. 理解歌词内容，初步学习用自然的声音愉快地唱歌。

2. 产生结交更多朋友的愿望，体验活动的乐趣。

活动准备

反映幼儿在园内生活的照片若干（幼儿园大门、小朋友做游戏、小朋友唱歌跳舞等）；歌曲《我爱我的幼儿园》（佚名词曲）；幼儿熟悉幼儿园的环境与生活。

活动过程

1. 导入。请幼儿欣赏照片，回顾幼儿园生活。

☆教师：照片上是哪儿？都有谁？他们在干什么？心情怎么样？

2. 欣赏感知。教师演唱，幼儿欣赏歌曲并熟悉歌词内容和旋律。

（1）教师分句演唱，幼儿根据内容选取相应的照片，按歌曲内容顺序排列，帮助幼儿熟悉歌词。

☆教师：听听老师唱的是哪张照片的内容？请你把它找出来。

（2）教师结合照片进行完整示范演唱，帮助幼儿熟悉歌曲内容及旋律。

☆教师：接下来，咱们一起完整欣赏一下这首歌曲。

3. 探索发现。教师引导幼儿学习歌曲。

（1）教师用留白的方式说歌词，引导幼儿有重点地学说，以掌握歌词。

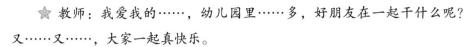

☆教师：我爱我的……，幼儿园里……多，好朋友在一起干什么呢？又……又……，大家一起真快乐。

（2）幼儿跟随教师尝试完整跟说歌词。

☆教师：小朋友，咱们一起来说说歌词吧！

（3）幼儿跟唱歌曲。

☆教师：下面，请小朋友们用你最好听的声音和老师一起唱，不喊唱，听听谁的歌声最好听。

4. 展示表现。师生共同演唱歌曲，让幼儿体验活动的乐趣，产生结交更多朋友的愿望。

☆教师：有朋友真快乐！和你周围的小伙伴们一边唱歌一边亲热地抱抱吧！

5. 结束。活动自然结束，鼓励幼儿与好朋友继续游戏。

☆教师：我看到了小朋友脸上的笑容，相信你们一定能结交更多的好朋友！

活动4 找朋友（集体舞）

活动目标

尝试运用小碎步跟随歌曲内容、节奏做相应的动作，体验与同伴共同舞蹈的快乐。

活动准备

歌曲《找朋友》（佚名词，韩德常曲）；歌曲《碰碰歌》（佚名词曲）；幼儿会演唱并简单表演《找朋友》《碰碰歌》。

活动过程

1. 导入。幼儿跟随歌曲内容做动作，引发幼儿参与活动的兴趣。

（1）教师和幼儿分散站好，师幼共同表演《碰碰歌》，然后根据幼儿的动作表现，教师随机点评，以巩固幼儿的相关动作。

☆ 教师：让我们一起听歌声找朋友。

☆ 教师：找到好朋友以后，请你们用喜欢的方式，跟着歌曲互相碰一碰，打个招呼吧！

（2）复习歌曲《找朋友》，根据歌曲内容表演相关动作。

☆ 教师：歌曲里面的好朋友，互相都做了哪些动作？

2. 欣赏感知。幼儿观看教师表演的邀请舞，激发表演的愿望。

☆ 教师：老师从哪里找到了朋友？每次找几个好朋友一起跳舞？两个人跳完舞后，谁又接着去找新朋友了？

☆ 教师：你和好朋友在一起可以做哪些亲热的动作呢？

3. 探索发现。教师提示讲解邀请舞《找朋友》的跳法（见活动资料），幼儿学习邀请舞的动作。

4. 展示表现。教师和幼儿一起运用小碎步，跟随歌曲内容、节奏做相应动作，体验与同伴共同舞蹈的快乐。

☆ 教师：让我们伴着优美的音乐，一起来找朋友、跳起欢乐的舞蹈吧！

5. 结束。师幼配合进行舞蹈，体验跳邀请舞的快乐。

☆ 教师：我们今天和好朋友跳了一段优美的舞蹈，还学会了好多表示友好的方法，你们开心吗？我们邀请其他班小朋友一起舞蹈吧！

活动建议

1. 为了减少等待时间，教师可以请多名幼儿到圈中做邀请者。另外舞蹈队形也可根据幼儿的能力、水平选择散点站位形式。

2. 在过渡环节或户外活动中可以继续与幼儿开展《找朋友》邀请舞活动，巩固动作的同时，加深同伴游戏的快乐体验。

活动资料

［舞蹈跳法］

幼儿围成圆圈并面向圆心，请数名幼儿站在圈中做邀请者。

［1］—［4］小节：邀请者双手叉腰，在圈内沿顺时针方向小碎步走动，寻找朋友，圈上幼儿随歌曲节拍拍手。当唱到"找到一个好朋友"时，邀请者面向被邀请者站立。

［5］—［8］小节：两人面对面，同时做敬礼、握手的动作，圈上其他幼儿继续做拍手动作。

［9］—［10］小节：两人做相互拥抱或其他表示友好、亲热的动作。

［11］小节：两人挥动右臂表示再见，同时互换位置，邀请人站到圈上，被邀请人站到圈内，舞蹈重新开始。

可爱的小动物

主题概述

　　一提起小动物，孩子们总是有说不完的话题。他们喜欢亲近小动物，喜欢听以小动物为主角的故事，愿意和小动物游戏。乖巧可爱的小兔子、憨态可掬的小乌龟和美丽多彩的小鱼儿，它们美丽可爱的外形、奇特有趣的动作，深深地吸引着孩子们。为此，我们制定了"可爱的小动物"这一主题，并设计了"蹦蹦跳跳的小白兔""慢吞吞的小乌龟""小鱼游游游"三个单元。

　　在"蹦蹦跳跳的小白兔"单元中，我们通过家园活动和艺术欣赏，引导幼儿观察、了解兔子的外形与动态特征，并通过律动、制作、音乐游戏等艺术形式，引导幼儿在动一动、做一做的活动中，模仿小兔子，制作小兔子，表达对小兔子的喜爱之情。在"慢吞吞的小乌龟"与"小鱼游游游"两个单元里，我们通过区域饲养活动，引导幼儿了解、观察小乌龟、小鱼的外形、动态特征及生活习性，感受小乌龟慢吞吞爬行、小鱼欢快游泳的有趣和可爱；通过制作、绘画等活动，鼓励幼儿运用熟悉和喜欢的色彩、图形、材料等大胆地制作他们喜欢的小乌龟和小鱼；在音乐游戏、新歌学唱、角色装扮表演中，尝试用动作模仿表现小乌龟、小鱼的动作，并能用语言、表情、动作表达对乌龟及小鱼的喜爱。

　　在开展此主题时，教师可以同时向幼儿介绍两种动物，比如蹦蹦跳跳的小兔子和慢吞吞的小乌龟，引导孩子们进行对比观察。在律动活动中也可以为幼儿创设故事情境，引导他们在音乐的伴随下，创造性地表现。

主题活动网络图

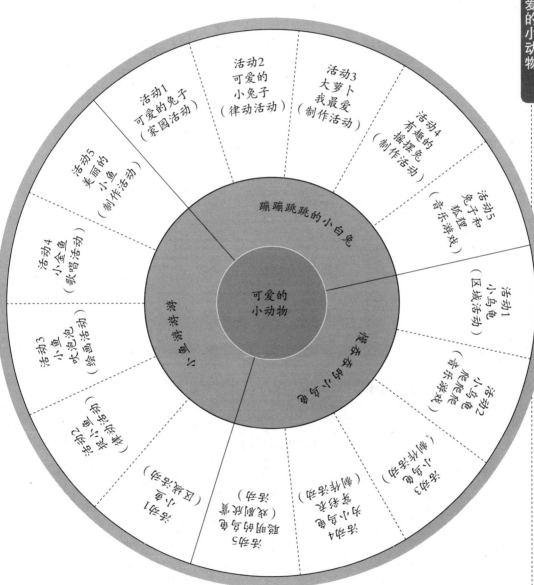

可爱的小动物

蹦蹦跳跳的小白兔

小鱼游游游

爬爬爬爬的小乌龟

活动1
可爱的兔子
（家园活动）

活动2
可爱的
小兔子
（律动活动）

活动3
大萝卜
我最爱
（制作活动）

活动4
有趣的
摇摆兔
（制作活动）

活动5
兔子和
狐狸
（音乐游戏）

活动1
小乌龟
（区域活动）

活动2
小乌龟
爬爬爬
（音乐游戏）

活动3
小乌龟
（制作活动）

活动4
小乌龟
爱游泳
（制作活动）

活动5
能干的乌龟
（绘画活动）

活动1
小鱼
（区域活动）

活动2
捉小鱼
（律动活动）

活动3
小鱼泡泡
（绘画活动）

活动4
小金鱼
（歌唱活动）

活动5
美丽的
小鱼
（制作活动）

43

综合艺术活动

单元一　蹦蹦跳跳的小白兔

活动1　可爱的兔子（家园活动）

活动目标

1. 欣赏用不同材质、不同艺术手段创作的以兔子为主题的艺术作品，初步了解兔子的外形与动态特征，感受兔子的可爱。

2. 能够大胆地向同伴介绍，展示自己收集的艺术作品。

活动准备

不同材质、不同艺术手段创作的以兔子为主题的艺术作品。

活动建议

1. 活动前可与家长沟通，请家长了解活动目标，协助搜集有关兔子的艺术作品及相关资料。

2. 根据家庭及班级的条件，可以与幼儿一起饲养小兔子，有意识地引导幼儿观察兔子的外形与动态特征，并请幼儿运用动作、口头语言表现兔子，感受兔子的可爱，激发幼儿关注、喜爱兔子的情感。

3. 教师与幼儿一起把收集到的关于兔子的文字资料、照片、工艺品等按质地、材料、形式分类，如毛绒类、刺绣类（不同造型的单、双面绣）、泥塑类、陶瓷类、塑胶类、玻璃等，摆放、布置到活动区，建成欣赏角；图片资料可装订成册，投放到图书角或挂在班中的主题墙上，供幼儿取阅；电子文档可制作成演示文稿，拷贝到电脑中，供幼儿欣赏；影像作品可在"艺术欣赏十分钟"等过渡环节进行，让幼儿欣赏。总之，教师要鼓励幼儿向同伴介绍、展示自己的物品，不断积累有关兔子的感性经验。

4. 在过渡环节中进行欣赏活动，教师要抓住艺术要素对幼儿进行引导。如蓝天幼儿艺术团的舞蹈《十二生肖舞》中的《兔子舞》的欣赏重点为：抓住典型的表现兔子的舞蹈动作，鼓励幼儿模仿，提高其欣赏水平，丰富幼儿的相关经验，让幼儿感知兔子的可爱。

活动2 可爱的小兔子（律动活动）

活动目标

初步掌握侧踵步、蹦跳步、小碎步的基本舞步，大胆模仿兔子的动态，体验律动的乐趣。

活动准备

纱巾做的兔子尾巴，即时贴做的兔子胡须，兔子头饰，兔子耳朵；音乐《兔子舞》（网络歌曲）；在表演场地上粘贴小草和蘑菇若干；视频《可爱的小兔子》（表现小兔子生活、进食、嬉戏等内容）；对兔子外形特征的多方面感知。

活动过程

1. 导入。教师装扮成小兔子入场，请幼儿感知兔子的典型特征。

☆ 教师：猜猜我是谁？你是从哪儿看出来的？

2. 欣赏感知。请幼儿欣赏视频，激发其模仿小兔子的兴趣。

☆ 教师：我们一起来看一段视频，看看里面有什么。

3. 探索发现。引导幼儿发现小兔子的动作，尝试进行动作模仿。

☆ 教师使用定格视频的方法引导幼儿观察：你看到了谁？小兔子们在干什么？

☆ 教师：请你来学一学小兔子的动作。

4. 展示表现。幼儿装扮好并随音乐做律动表演，体验律动的乐趣。

（1）幼儿选择典型道具简单地装扮。

☆教师：请你选一件自己喜欢的道具，把自己装扮成一只小兔子。

（2）幼儿律动表演小兔子。

☆第一遍音乐，重点引导幼儿分散自由站位，随音乐做蹦跳步，用动作表现小兔子的可爱。

☆第二遍音乐，重点尝试侧踵步，同蹦跳步、小碎步等结合，丰富幼儿的律动动作，帮助其体验律动的乐趣。

5. 结束。自然结束。

☆教师：小兔子们，今天你们玩得快乐吗？我们一人采一个大蘑菇，跟着兔妈妈回家喽！

活动3　大萝卜我最爱（制作活动）

活动目标

学习泥塑的搓、团技巧，体验泥塑制作的快乐。

活动准备

教室的各个角落事先放好自制的萝卜道具；小白兔头饰；彩泥；垫板；彩笔；牙签；绿色皱纹纸做的萝卜叶子；小筐；实物萝卜若干；歌曲《小兔子》；能运用肢体动作简单模仿小兔子。

活动过程

1. 导入。幼儿扮演小兔子，在歌曲《小兔子》的伴随下即兴进行律动表演。

☆教师：冬天到了，小兔子们要准备许多萝卜过冬，大家一起去找萝卜吧。请幼儿分散到教室的各个角落寻找萝卜。

☆教师：萝卜不够该怎么办呢？

2. 感知欣赏。幼儿观察大萝卜，欣赏教师的作品。

（1）请幼儿观察自制红萝卜和胡萝卜的不同。

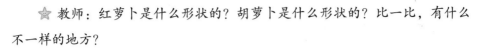

☆ 教师：红萝卜是什么形状的？胡萝卜是什么形状的？比一比，有什么不一样的地方？

（2）教师运用节奏性儿歌，引导幼儿学习用搓、团的方法制作萝卜。

☆ 教师：彩泥放在垫板上，小手盖在彩泥上，手心里面转圈圈，转呀 | 转呀 | 慢慢 转 | 转呀 转呀 | 慢慢 转 | 团成 一个 | 红萝 卜 | 。引导幼儿制作红萝卜。

☆ 教师：彩泥放在垫板上，小手盖在彩泥上，前前后后搓一搓，搓 搓 | 搓搓 搓 | 搓 搓 | 搓搓 搓 | 搓成 一个 | 胡萝 卜 | 。引导幼儿制作胡萝卜。

（3）添加叶子，完成萝卜制作。

☆ 教师：萝卜做好后，将准备好的萝卜叶子用牙签插在萝卜上面，萝卜就做成了。

3. 探索发现。鼓励幼儿使用搓与团的动作尝试自己制作彩泥萝卜。

☆ 幼儿自主制作，教师个别指导。

4. 结束。教师运用儿歌或顺口溜调动幼儿庆丰收的情绪。

☆ 教师：红萝卜、胡萝卜，我们都来运萝卜，吃到嘴里脆又甜，心里快乐，身体健康！

活动建议

活动后，可将萝卜制作方法制作成步骤图示投放到美工区，鼓励幼儿在区角中继续尝试，进一步提高幼儿的团、搓能力。

活动4 有趣的摇摆兔（制作活动）

活动目标

1. 学习圆形对折，巩固使用胶棒的方法。
2. 体验制作活动的乐趣，萌发对小兔子的喜爱之情。

活动准备

画笔；胶棒；半成品材料（圆形的脸与椭圆形的长耳朵）人手一份；摇摆

兔成品；背景音乐《企鹅舞》（网络歌曲"Penguin's game"）；了解兔子的外形。

活动过程

1. 导入。请幼儿观察"摇摆兔"，引发幼儿的兴趣。

☆ 教师：摇摆兔摇来摇去，为什么不倒啊？

2. 感知欣赏。欣赏教师制作的"摇摆兔"，萌发制作愿望。

☆ 教师：圆形对折的方法：从下往上对边折，两条弧线边对齐，一只小手按住纸，另一只手压压平。将弧线的一边摆放在桌子上，轻轻摇动，摇摆兔的身体就做好了。

☆ 教师：将椭圆形的长耳朵粘在刚刚折好的半圆形的直线边上，露出长耳朵。

3. 探索发现。请幼儿探索圆形对折的方法，尝试制作摇摆兔。

（1）引导幼儿自己动手制作摇摆兔。

☆ 教师：你也用桌上圆形的纸与椭圆形的长耳朵制作一只可爱的摇摆兔吧！

（2）引导幼儿为小兔添画五官。

☆ 教师：给你的摇摆兔画上眼睛、鼻子和嘴巴吧。

4. 结束。幼儿摆弄自己的作品，和小兔子说句心里话，萌发对小兔子的喜爱之情。

☆ 教师：请你对自己的摇摆兔说句心里话吧。

活动建议

1. 根据幼儿的实际发展水平，可采用绘画、粘贴、手指点画的方法添加五官。

2. 在幼儿制作过程中，针对幼儿出现的问题、需要、制作亮点，教师可进行随机指导与评价。

3. 此活动的材料可以投放在活动角中，最后的作品可让幼儿作为玩具充分操作、游戏，体验成功的喜悦。

活动资料

［摇摆兔范例］

活动5　兔子和狐狸（音乐游戏）

活动目标

能够听辨故事中的角色音乐，并根据音乐变化做动作，体会集体游戏的快乐。

活动准备

故事《兔子和狐狸》；狐狸的头饰、服装；大树道具（若干）；表现兔子的音乐（欢快活泼的），表现狐狸的音乐（中速稍慢的）；幼儿已掌握歌曲《小兔子》。

活动过程

1. 导入。做兔子律动进教室，引发幼儿参与活动的兴趣。

☆教师：兔宝宝们，今天天气多好呀！跟着妈妈一起到草地上做游戏吧！

☆教师：谁能说说你刚才在做什么？我们一起来学学。

2. 欣赏感知。幼儿欣赏故事，对比感受跳跃欢快的及沉重缓慢的两段音乐的不同。

☆ 教师：请小朋友们欣赏音乐故事《兔子和狐狸》。

☆ 教师：请你仔细听听故事中的两段音乐有什么不同？

3. 探索发现。对比欣赏两段音乐，强化故事角色，能够听辨故事中角色音乐的不同。

☆ 教师：刚才的故事里都有谁呀？这是谁的音乐？

☆ 教师：请你们听音乐来做做动作。当听到小兔音乐时，学学它的样子。当听到狐狸音乐时，赶紧藏好，一动不动。

4. 展示表现。玩师幼互动游戏"兔子和狐狸"，体会集体游戏的快乐。

（1）教师介绍游戏规则。

☆ 教师：当你听到小兔子音乐的时候，可以和兔妈妈一起唱歌、拔萝卜，当狐狸音乐出现的时候，请你们马上藏好，千万不能出声音，不能动，如果你动或出声音了，就会被狐狸抓走了。

（2）第一遍游戏。

☆ 教师：兔宝宝，你们在哪儿呢？让我数一数，怎么少了一只小兔？为什么会被狐狸发现？

（3）第二遍游戏。

☆ 教师：看看哪只小兔藏得最好，能不被狐狸发现。

5. 结束。做兔子律动出教室。

☆ 教师：兔宝宝这次没有被狐狸发现，我们回家喝点水吧。

活动资料

[故事]　　　　　　　　兔子和狐狸

今天，天气可真好，兔妈妈带着兔宝宝们来到了一片绿绿的、大大的草坪上做游戏，它们还高兴地唱起了歌。（播放歌曲《小兔子》）它们在草地上唱呀、跳呀，可真高兴！（播放欢快活泼的兔子音乐）正在它们最高兴的时候，出现了一个坏家伙。（播放中速稍慢的狐狸音乐）原来是一只狡猾的狐狸，瞪着大大的眼睛，伸着长长的嘴巴，说："嗯，好香的兔肉味啊！今天，我可一定要饱饱地美餐一顿了。"兔妈妈带着兔宝宝们躲进了洞里，聪明的小兔子藏了起来，一动也不动，一点声音也没有，狐狸转着圈看了又看，闻了又闻，可是什么也没有发现，狐狸说："今天我可是什么也没抓着啊！"狐狸很是失望，它也没有办法，只好夹着尾巴，灰溜溜地走了。

单元二　慢吞吞的小乌龟

活动1　小乌龟（区域活动）

活动目标

观察了解小乌龟的外形及动态特征，感受小乌龟的有趣和可爱。

活动准备

饲养乌龟的容器；乌龟；龟食等。

活动建议

1. 请幼儿与教师共同饲养乌龟，在饲养的过程中注意引导幼儿观察乌龟的动态特点、外形特征，了解其生活习性。在照顾小乌龟的过程中，萌发对小乌龟的关爱之情。

2. 在观察饲养的初期，可组织幼儿在过渡环节中模仿小乌龟可爱的动态。

活动2　小乌龟爬爬爬（音乐游戏）

活动目标

感受、分辨音乐的快慢变化，大胆尝试用动作模仿、表现小乌龟，体验游戏的乐趣。

活动准备

歌曲《小乌龟上山坡》（佚名词曲）；乌龟（7—8只），水盆4个；幼儿在活动区用废旧材料制作的装扮材料，如乌龟壳、胸卡、头饰等；简单的情景创设，如山、河、草地、房子等；在本活动前已在饲养角饲养小乌龟；已熟悉歌曲《小乌龟上山坡》。

活动过程

1. 导入。师幼共唱歌曲进入活动室，引发幼儿参与活动的兴趣。

☆ 教师：小朋友们，咱们唱着《小乌龟上山坡》的歌曲一起进教室吧！

2. 欣赏感知。观察小乌龟，激发幼儿模仿小乌龟的兴趣。

（1）幼儿整体感知小乌龟的外形特征。

☆ 教师：小朋友们，今天老师给你们请来了新朋友，你们看看它是谁？

☆ 教师：请小朋友看看，小乌龟长得什么样？

（2）教师分组指导幼儿观察小乌龟的细节特点。

☆ 教师：小乌龟长得什么样？头上有什么？有几条腿？背上有什么？摸一摸什么感觉？一动它就会怎么样？

（3）引导幼儿加深对乌龟慢吞吞地"爬"的体验，增加身体表现的趣味。

☆ 教师：小乌龟是怎样爬的？请小朋友学学乌龟爬。

☆ 教师：小乌龟怎样翻身的？请小朋友学学乌龟翻身。

☆ 教师：小乌龟是怎么缩起自己的身体的？请小朋友学学乌龟缩壳。

（4）幼儿扮演小乌龟进行游戏，体验角色的有趣。

☆ 教师：现在小朋友们就是小乌龟了，可以做各种小乌龟的动作。当老师碰到小朋友的身体时，小乌龟就要立刻停止，缩起身体。

☆ 教师：小乌龟累了，要休息了，我们一起对小乌龟说一首儿歌：小小乌龟真有趣，背着房子做游戏。伸伸脖子打个滚，拍拍肚皮踢踢腿。要和伙伴来比赛，看看大家谁最快。

3. 探索发现。幼儿随节奏做动作，体验游戏的乐趣。

（1）请幼儿欣赏《小乌龟上山坡》，熟悉歌曲旋律，为游戏做准备。

☆ 教师：小乌龟累了，要休息了，我们一起再听听刚才的歌曲吧。小朋友跟老师一起唱。

（2）教师有意识地将音乐变快或变慢，请幼儿感受音乐快慢的变化，并引导幼儿根据节奏做动作，跟随音乐的变化爬、走。音乐快时，幼儿快爬；音乐慢时，幼儿慢爬。

☆ 教师：听一听，音乐快的时候小乌龟可以怎样做？音乐慢的时候小乌龟可以怎样做？

4. 展示表现。幼儿感受、分辨音乐的快与慢，大胆尝试用动作表现、模仿小乌龟。

☆ 教师：下面我们接着来玩小乌龟的游戏，小朋友们要注意，这次不仅要模仿小乌龟的动作，还要跟着音乐做动作。

5. 结束。师幼一起随着音乐做动作，结束活动。

☆ 教师：小乌龟真棒，现在我们一起去户外做游戏吧。

活动建议

1. 本活动可以分两次进行。

2. 第一次活动可较为简单，不做自我装扮。在第一次活动结束后，可在区角或家园活动中制作小乌龟装扮物品（提示：不需要幼儿背部的道具，以免影响其活动能力）。第二次活动，建议幼儿自由装扮，在情境中表演。教师可提示一定的情境，如爬山、过河、草地、玩耍等。

活动3 小乌龟（制作活动）

活动目标

学习制作小乌龟，初步学习双面贴的使用方法，感受制作活动的乐趣。

活动准备

纸碗；比纸碗略大的圆形底纸（在底纸边缘上贴好一侧未揭的双面贴）；乌龟四肢、头部、尾巴的拼贴材料；胶棒；涂色装饰好的小乌龟范例；幼儿已了解小乌龟的外形特征。

活动过程

1. 导入。教师运用谜语引出小乌龟，激发幼儿参与活动的兴趣。

☆ 教师：小朋友们，请你们猜猜这是什么动物？身上背着小房子，圆圆的脑袋细尾巴，四条小腿伸出来，走起路来慢慢爬。

2. 欣赏感知。教师出示乌龟玩具，引导幼儿观察小乌龟的外形特征。

☆ 教师：小乌龟长得什么样？是什么颜色的？头上有什么？有几条腿？背上有一个什么？

3. 探索发现。请幼儿猜想、观察制作小乌龟的方法，积累制作经验。

（1）教师"变魔术"，出示底纸，引发幼儿的艺术想象。

☆ 教师：请小朋友看看纸上有什么？这个图形像什么？

（2）教师出示纸碗，把纸碗摆在圆形纸上，请幼儿进一步猜想。

☆ 教师：快看看现在变成什么了？

（3）教师粘贴乌龟的头和四肢。

☆ 教师：看看到底变成了什么？

（4）引导幼儿归纳制作的过程，了解并掌握双面贴的使用。

☆ 教师：小乌龟是怎么变出来的？引导幼儿注意：先摆好位置再粘贴；向幼儿介绍双面贴的使用方法和常规；让幼儿注意头及四肢的粘贴位置及方法。

4. 展示表现。请幼儿自主选材，感受制作活动的乐趣。

☆ 教师重点指导头、四肢与纸碗的连接方法，针对个别幼儿进行指导。

☆ 教师：请小朋友们选择制作小乌龟的材料，想一想刚才的小乌龟是怎么做的，这回小朋友们也来做一个吧。

5. 结束。师幼欣赏教师作品（装饰好的小乌龟），为下一次活动做铺垫。

☆ 教师：老师做的这只乌龟和小朋友们做的有什么不一样？

☆ 教师：穿上彩衣的小乌龟漂亮吗？下次活动，我们也来为自己的小乌龟穿上美丽的彩衣吧。

活动资料

[小乌龟范例]

活动4　为小乌龟穿彩衣（制作活动）

活动目标

　　学习均匀涂色，尝试运用多种色彩装饰小乌龟，体验参与艺术活动的乐趣。

活动准备

　　供幼儿涂色的图画纸（已画好乌龟形象）；未涂色的乌龟手偶；已涂色的小鱼手偶和乌龟手偶；水彩笔；旋转蜡笔；大海的声音（音频）；画有大海的背景板；自编故事《乌龟和小鱼》；已饲养、观察、模仿过小乌龟的形态特征及动作；已掌握游戏"小乌龟"玩法。

活动过程

　　1. 导入。教师手持手偶引入，请幼儿倾听大海的声音，激发幼儿参与活动的兴趣。

⭐ 教师：小朋友，你们仔细听听这是什么声音呀？

2. 欣赏感知。在大海的背景下，教师手持手偶讲述《乌龟和小鱼》的故事，引发幼儿为小乌龟做装饰的愿望。

⭐ 教师：在蔚蓝色的大海里，生活着一只可爱的小乌龟，它每天在水中游来游去，快乐极了！有一天，它遇到了一条小鱼，于是故事就这样开始了。

⭐ 教师：咱们一起来给小乌龟穿上漂亮的衣服吧！

3. 探索发现。引导幼儿学习正确的涂色方法，并大胆尝试运用多种色彩涂色。

⭐ 教师：你觉得什么颜色的衣服最漂亮？小朋友们说了这么多美丽的颜色，这些颜色组合在一起就叫五颜六色。

⭐ 教师：怎样涂色才能给小乌龟穿上好看的衣服？

⭐ 教师：大指二指捏住笔，三四五指托住笔，一笔挨着一笔涂，不出边来不脏手。

4. 展示表现。请幼儿选择涂色工具为小乌龟穿上彩衣，教师随机指导、评价，并将作品布置到班级环境创设中。

⭐ 教师：请小朋友选择一种你喜欢的绘画工具给小乌龟穿上漂亮的新彩衣。

⭐ 教师：小朋友在涂色时要按照一个方向，一笔挨着一笔，按顺序涂色。

⭐ 教师：小乌龟们去大海中游泳了，小乌龟说它可高兴了！

⭐ 教师：你们最喜欢哪只小乌龟呀？为什么呢？

5. 结束。幼儿玩游戏"小乌龟"。

⭐ 教师：咱们一起来玩一个小乌龟的游戏吧。

活动建议

1. 建议将重点放在乌龟形象的表现及涂色的方法上，引导幼儿有意识地将颜色涂得饱满、均匀。

2. 在绘画中，初步引导幼儿的配色兴趣和意识。

3. 建议采用教师的随机评价与幼儿之间的互评方式，肯定幼儿在绘画过程中的表现，增强幼儿在艺术活动中的自信心。

活动资料

1. ［故事］　　　　　　　　乌龟和小鱼

（未涂色的乌龟和小鱼伴随着音乐游到大海的背景之中）

鱼：乌龟小弟，你好！

龟：小鱼姐姐，你好啊！

鱼：今天遇到你真高兴，我们一起来做游戏吧。

龟：好啊好啊。

鱼：乌龟弟弟你为什么不高兴了？

龟：小鱼姐姐，看你穿着五彩的外衣，多美丽呀，而我的衣服一点色彩也没有，多难看啊。

鱼：原来是为这事呀，没关系，我来帮你画件彩衣吧。

龟：你会吗？

鱼：这有什么难的，我知道怎么涂颜色。

鱼（边画边说）：大指二指捏住笔，三四五指托住笔，一笔挨着一笔涂，不出边来不脏手。

龟：谢谢小鱼姐姐！我还想变得更漂亮，你能帮助我吗？

鱼：没问题。我刚才是使用的×色，现在我换一种颜色，接着涂。大指二指捏住笔，三四五指托住笔，一笔挨着一笔涂，不出边来不脏手。你看你是不是变得更漂亮了？

龟：是啊是啊！

鱼：我就这样画呀画，画呀画，（换上画好的彩壳乌龟上场）你看你已经穿上花衣裳啦！

龟：啊，我身上变出了这么多的颜色，好漂亮呀！

鱼：这叫五颜六色，我的龟弟弟。这下你该高兴了吧？

龟：真高兴，真高兴！我还有许多伙伴在那边，小伙伴们，你们快出来啊。

众龟：哎，我们来啦。

龟：我好朋友的衣服上也没有色彩，你能帮助它们也穿上彩衣吗？

鱼：你的好朋友太多了，我一个人可画不过来。

众龟（难过地哭）：那可怎么办啊？

鱼：别着急，别着急，有谁愿意帮助小乌龟的小伙伴吗？（教师引导幼儿积极应答。)

龟：你们会画彩衣吗？你们说说怎么涂颜色。

（教师带领幼儿说一说涂色方法：大指二指捏住笔，三四五指托住笔，一笔挨着一笔涂，不出边来不脏手）

龟：啊，原来你们都会呀。

鱼：小朋友们，咱们一起来给小乌龟穿上漂亮的彩衣吧。

北京市第一幼儿园/文

2. ［"小乌龟"游戏方法］

师幼共同说儿歌《小乌龟》，当说到"轻轻用手碰一碰"时，教师用手碰小朋友的头，幼儿就用双手当作龟壳，挡住自己的头。

3. ［儿歌］

小乌龟，爬呀爬，背上背着大盔甲，轻轻用手碰一碰，脑袋缩进盔甲里。

4. ［小乌龟穿彩衣范例］

活动5 聪明的乌龟（戏剧欣赏活动）

活动目标

尝试运用不同的音色、语气模仿表现乌龟的角色特点，体验帮助伙伴的快乐。

活动准备

动画片《聪明的乌龟》；饲养并观察过小乌龟；有模仿小乌龟的经验。

活动过程

1. 导入。引导幼儿回忆小乌龟的主要特征。

☆ 教师：小乌龟在哪里生活？它走起路来是什么样子的？

☆ 教师：小乌龟走路慢，遇到危险或惊吓时就会把头、尾、四肢都缩进壳里，在水里和陆地都能够生活。

2. 欣赏感知。幼儿观看动画片《聪明的小乌龟》，理解故事情节。

☆ 教师：今天老师请来了一只聪明的小乌龟，咱们一起看一看，发生了什么事？

☆ 教师：故事中有几个小动物？

☆ 教师：故事中讲了一件什么事？

☆ 教师：聪明的小乌龟是如何帮助青蛙战胜狐狸的？

3. 探索发现。幼儿了解并感受角色声音、语气、表情的特点。

（1）教师分析故事的重点情节，引导幼儿初步了解角色对白。

☆ 教师：没有吃到青蛙，乌龟又缩到了硬壳里，狐狸的心情是什么样的？它对乌龟说了些什么？

☆ 教师：狐狸的坏主意让聪明的乌龟害怕了吗？它是如何回答狐狸的？

☆ 教师：乌龟胜利了，它又对狐狸说了什么？

（2）欣赏教师表演，感受、体验角色的声音、语气、表情特点。

☆ 教师：狐狸生气时说话的声音和表情是什么样的？

☆ 教师：乌龟假装开心时说话的声音是什么样的？

☆ 教师：谁能学一学乌龟假装难过时说话的语气？

4. 展示表现。师幼共同模仿、表演故事片段。

☆ 主班教师带领幼儿扮演小乌龟，配班教师扮演狐狸并负责旁白。

☆ 教师：请小朋友和老师一起来扮演小乌龟，试着模仿小乌龟与狐狸的对话情景，看看哪只小乌龟的表情最有趣，哪只小乌龟说话的声音最形象！

5. 结束。

☆ 教师：聪明的小乌龟虽然动作缓慢，但是它们和小动物们都是团结友爱的，所以小朋友们要更加爱护小乌龟。

活动建议

1. 活动过程中，教师要有意识地培养幼儿的角色意识，还要注意培养幼儿的舞台方位意识。

2. 在角色对白模仿环节，教师可采取单一角色模仿的形式，请配班教师扮演反面角色狐狸，全班幼儿跟随教师模仿小乌龟。这样，幼儿在师幼互动、同伴启发的过程中可以相互模仿、相互学习。在这个过程中，教师要注意观察幼儿的表现，并在活动后进行有针对性的评价，不断提升幼儿的表演能力。

3. 在第一次活动的基础上，可以根据幼儿的兴趣来选定片段，以小组形式开展模仿表演活动。在表演过程中，教师可就角色的对白（音色、语气）、动作、表情进行重点指导。

单元三　小鱼游游游

活动1　小鱼（区域活动）

活动目标

了解小鱼的外形特征、动态特征，萌发对小鱼的喜爱之情。

活动准备

饲养小鱼的容器；各种小鱼、鱼食等。

活动建议

1. 请幼儿将家中的小鱼带到幼儿园饲养。

2. 幼儿与教师共同饲养小鱼，在饲养的过程中注重引导幼儿观察小鱼的动态特点、外形特征，了解其生活习性。在照顾小鱼的过程中，萌发对小鱼的喜爱之情。

3. 在观察、饲养的基础上，可组织幼儿在过渡环节中模仿小鱼可爱的动态特征，为后面的艺术活动积累经验。

活动2 捉小鱼（律动活动）

活动目标

尝试运用肢体动作大胆模仿、表现游动的小鱼，体验与同伴共同游戏的乐趣。

活动准备

幼儿每人一个自制的小鱼胸卡；渔翁的道具：草帽、渔网；音乐《潜海姑娘》（郑南填词，王立平曲）；创设小河的情景（水草、气泡等）；过渡环节中学习歌曲《捉小鱼》（佚名词曲）。

活动过程

1. 导入。在事先创设的小池塘场景中，教师与幼儿共同扮演小鱼，在音乐《潜海姑娘》的伴随下自由律动，进入教室。

（1）运用儿歌，引发幼儿大胆表现小鱼游动的姿态，律动入场。

☆ 教师：小鱼宝宝们，我们一起去池塘里游泳吧。看哪条小鱼的动作优美，与音乐合拍。

☆ 教师：小鱼小鱼水里游，摇摇尾巴点点头。一会儿上，一会儿下，游来游去好自由。

（2）幼儿展示并模仿小鱼游的动作，丰富表演经验。

☆ 教师：刚才小鱼在游戏时做了哪些动作？谁来表演一下？

☆ 教师：我们一起来学一学这条小鱼的动作吧。

2. 欣赏感知。教师引导幼儿感知渔翁角色，初步了解游戏规则。

（1）复习歌曲《捉小鱼》，教师根据幼儿的实际歌唱水平进行有针对性的指导，如音准、咬字或整齐的开始等。

☆ 教师：我们还学过一首《捉小鱼》的歌曲，下面我们用好听的声音唱一遍，注意接好前奏。

（2）教师扮演渔翁，手拿渔网出现在幼儿面前，并向幼儿介绍自己的角色。

☆教师：小朋友们好，你们知道我是谁吗？我是做什么的？

☆教师：小鱼看见我会怎么样？

☆教师：如果你是一条聪明的小鱼，怎样才能不被渔翁抓住呢？

☆教师：你们愿意和我一起玩"捉小鱼"的游戏吗？

3. 幼儿熟悉游戏规则，参与角色游戏"捉小鱼"。

☆教师：我们一起和渔翁来玩一个"捉小鱼"的游戏吧。请小鱼们先唱歌做游戏，当唱完"快快捉住"时，渔翁就会出现。小鱼们快快藏起来，不要出声音，否则渔翁就该把你捉走了。

☆教师：在刚才的游戏中，小鱼为什么会被捉走啊？我们一会儿再玩游戏时应该怎样做才能不被渔翁发现？

4. 展示表现。幼儿尝试运用肢体动作大胆模仿、表现小鱼游动的不同姿态，感受与同伴共同游戏的快乐。

☆教师：哪位小朋友想来做渔翁，和老师一起捕鱼啊？

☆教师：我们再玩一次"捉小鱼"的游戏，看看哪条小鱼的歌声最动听，动作最优美。小鱼们注意一定要安静地藏起来，别让渔翁捉走了。

5. 结束。

☆教师：小鱼们跟着妈妈一起游到外面去做游戏吧。

活动建议

活动时，教师选取的渔网不仅可以是实物的，还可以选取其他形式，如：教师双手围起做渔网，教师和幼儿手拉手做渔网等。

活动资料

［"捉小鱼"游戏玩法］

幼儿扮演小鱼，可请教师或1—2名幼儿扮演渔翁，幼儿边唱歌边做小鱼律动，当唱到"快快捉住"时，扮演小鱼的幼儿赶快游到"水草"或"石头"的后面，和鱼妈妈一起躲起来，渔翁出来捉鱼的时候小鱼要静止不动，否则将会被捉住，被捉到的小鱼坐到位子上休息。

活动3 小鱼吹泡泡（绘画活动）

活动目标

学习画圆形，尝试运用多种颜色表现泡泡，产生对小鱼的喜爱之情。

活动准备

各种颜色、大小的小鱼胸卡，人手一份；音乐《潜海姑娘》（郑南填词，王立平曲）；画有小鱼的空白图画纸；彩笔若干；在日常活动中观察过小鱼，对小鱼有初步的了解。

活动过程

1. 导入。请幼儿玩游戏"小鱼找朋友"，引发对小鱼的关注与喜爱之情。

（1）请幼儿自选小鱼胸卡，边听音乐边跟念儿歌，并同时做小鱼游泳的动作。

☆教师：小鱼小鱼水里游，摇摇尾巴点点头，游来游去真快乐，它是我们的好朋友。

（2）音乐停止后，幼儿根据自己佩戴的小鱼胸卡的大小、颜色，找到好朋友。之后，两条小鱼一起做"小鱼找朋友"的游戏。

☆教师：我们一起来玩一个"小鱼找朋友"的游戏吧。

2. 欣赏感知。教师运用儿歌的形式引导幼儿感知画圆的方法。

☆教师：小鱼找到了好朋友，真快乐，于是它们快乐地唱起了歌，歌声唱出来，变成了圆圆的泡泡。

☆教师：泡泡是什么形状的？

☆教师：（运用儿歌示范指导圆形的画法）画圆圈真有趣，一步一步爬上去，爬到顶上看一看，哧溜一下滑到底。

3. 探索发现。幼儿绘画《吹泡泡》，学习画圆的方法。

（1）幼儿跟随儿歌练习徒手画圆。

☆教师：小朋友，伸出食指，让我们跟着儿歌为小鱼画泡泡吧。

（2）幼儿选择自己喜爱的画纸绘画。

☆教师：小鱼小鱼爱唱歌，歌声大、泡泡大，歌声小、泡泡小，小鱼小鱼不停唱，吹出五彩圆泡泡。

4. 展示表现。鼓励幼儿大胆介绍自己的作品，相互欣赏、学习，感受色彩的变化。

☆教师：你的泡泡是什么颜色的？什么形状的？

☆教师：你最喜欢哪条小鱼吐出的泡泡？

5. 结束。幼儿随音乐律动出教室。

☆教师：请小鱼们和我到外面做游戏吧！

活动资料

1. ［"小鱼找朋友"游戏玩法］

幼儿随儿歌进行游戏，念"小鱼小鱼游游游（做小鱼游的动作），找到一个小朋友（面对面自己拍手），拉拉手，点点头［做拉锯状（幼儿面对面、手拉手，前后律动）点头动作］，转个圆圈拍拍手（两人拉手转圈，面对面互相拍手）"。游戏结束后幼儿可交换胸卡，重新开始游戏。此游戏进行两遍即可。

2. ［小鱼吹泡泡范例］

活动4 小金鱼（歌唱活动）

活动目标

初步掌握歌词及旋律，并能够按歌词内容做简单的动作，体验有朋友的快乐。

活动准备

小池塘场景；歌曲《小金鱼》（放平词，瞿希贤曲）；《小金鱼》PPT（与歌曲内容相符的图片内容）；对金鱼游水的动态做过观察。

活动过程

1. 导入。幼儿在歌曲《小金鱼》的伴随下自由舞蹈，熟悉歌曲旋律。

（1）幼儿大胆表现小鱼游动的不同姿态，律动入场。

☆ 教师：小鱼宝宝们，我们一起去池塘里做游戏吧，看哪条小鱼游得最美，动作与音乐合拍。

（2）请幼儿展示模仿，丰富小鱼游的动作经验。

☆ 教师：刚才小鱼们都做了哪些动作？谁来给大家表演一下？

☆ 教师：我们一起来学一学这条小鱼的动作吧。

2. 感知欣赏。教师播放《小金鱼》PPT，引发幼儿对歌词的了解。

（1）欣赏第一张图片，幼儿学说第一段歌词。

☆ 教师：池塘里也有一条小鱼，大家看看它怎么了？

☆ 教师：谁来学一学这条小鱼的表情？

☆ 教师：（按旋律说歌词）我们一起来说一说：一条鱼水里游，孤孤单单在发愁。

☆ 教师：一条鱼非常孤单，我们应该怎样帮助它？

（2）欣赏第二张图片，幼儿学说第二段歌词。

☆ 教师：有条小鱼愿意和它做朋友，两条小鱼在一起会做些什么呢？

☆ 教师：请小朋友来学一学！

☆教师：（按旋律说歌词）我们一起来说一说：两条鱼水里游，摇摇尾巴点点头。

（3）欣赏第三张图片，幼儿学说第三段歌词。

☆教师：另一条小鱼看到两条鱼这么快乐，也来和它们做朋友了。三条小鱼在一起会怎样呢？

☆教师：（按旋律说歌词）我们一起来说一说：三条鱼水里游，快快乐乐做朋友。

3.探索学习。幼儿学说歌词、跟唱歌曲，并用自然的声音演唱。

☆教师：请小朋友们听琴，跟老师一句一句地学说《小金鱼》这首歌的歌词。

☆教师：这段儿歌还有一首好听的歌曲，请小朋友安静欣赏。

☆教师：请小朋友们跟着老师一起来唱一唱这首歌曲，看哪个小朋友的声音最好听，注意接好前奏。

4.展示表现。幼儿能够按歌词内容做动作，体验有朋友的快乐。

☆教师：我们带着动作一起来表演一下这首歌曲吧。

5.结束。幼儿做小鱼律动出教室。

☆教师：每条小鱼都找到了好朋友，我们一起游到外面去做游戏吧。

活动建议

本次活动后，可以继续开展歌表演《小金鱼》，注意引导幼儿体验歌曲表现的情绪、情感，有感情地演唱。

活动5 美丽的小鱼（制作活动）

活动目标

尝试运用三角形拼摆小鱼造型，巩固粘贴的方法，体验创意活动的乐趣。

活动准备

供多名幼儿共同粘贴制作的大白纸若干张（纸上事先粘上一条表情不高兴的小鱼）；水彩笔；不同颜色、大小的等边三角形图片若干；胶棒；幼儿在日常活动中观察过小鱼；熟悉小鱼的外形特征；幼儿已掌握歌曲《小金鱼》及律动。

活动过程

1. 导入。幼儿演唱《小金鱼》并自由律动，引发幼儿对小金鱼的喜爱，激发制作兴趣。

☆教师：小鱼们，让我们一起唱着歌，跟着妈妈做游戏吧。

2. 欣赏感知。教师出示画有不高兴表情的小鱼的大白纸，引导幼儿观察范例，发现小鱼拼摆的方法。

☆教师：今天，小鱼不高兴了，你们猜一猜它为什么不高兴？

☆教师：咱们给小鱼找个好伙伴吧。

☆教师：小鱼长什么样子呢？

3. 探索发现。请幼儿尝试运用三角形拼摆小鱼造型，巩固粘贴的方法。

（1）教师出示三角形、胶棒，请幼儿根据自己的兴趣，自由选择颜色、大小不同的三角形。

☆教师：请小朋友选择你喜爱的三角形图片。

（2）幼儿先拼摆再粘贴，自由组合在大纸上，创造小鱼。

☆教师：三角形像小鱼的什么？（头、身体、尾巴）

☆教师：拼摆小鱼之后，请用胶棒将小鱼粘贴好。

4. 展示表现。幼儿互相欣赏作品，教师进行评价，提升幼儿的技巧。

☆教师：你最喜欢哪条小鱼？它是什么颜色的？猜一猜它正在干什么？

☆教师：你的小鱼真漂亮，你是怎样粘贴的？

5. 结束。活动自然结束。

☆教师：小鱼拥有了这么多的好朋友，它好高兴啊！它跟我说：谢谢小朋友！

活动建议

在幼儿粘贴过程中，教师应适时提醒幼儿使用胶棒的方法及常规。

活动资料

[美丽的小鱼范例]

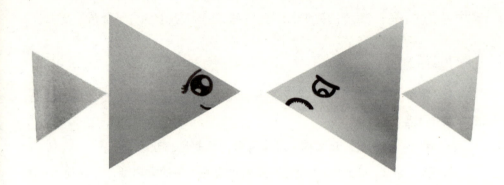

大树妈妈和叶宝宝

主题概述

　　秋天来了，幼儿能够观察到秋天里树上叶子的变化。树叶从绿色慢慢变黄、变红，秋风吹过，一片片落下，恋恋不舍地离开了"大树妈妈"，孩子们更是喜欢追逐、捡拾片片落叶。《幼儿园教育指导纲要（试行）》中艺术领域的目标之一就是"能初步感受并喜爱环境、生活和艺术中的美"。秋天美丽的色彩，秋叶的变化以及叶片生命的轮回，都能为孩子们积累艺术感受、想象与表现的经验。于是，我们设计了"大树妈妈和叶宝宝"这一主题。

　　我们以缤纷飞舞的树叶为主题，设计了"美丽的叶宝宝""大树妈妈和她的叶宝宝"两个单元。在"美丽的叶宝宝"这一单元，主要是引导幼儿在观察秋景、采集落叶的活动中，发现不同形状及颜色的树叶，感受树叶的变化。通过添画摆画、歌唱、表演等活动，引导幼儿通过充分感知树叶，了解秋叶丰富的色彩，多姿的形态，让幼儿从中感受大自然的变化，获得美的感受。"大树妈妈和她的叶宝宝"单元运用配乐故事欣赏、师生互动表演等活动形式，从幼儿的生活感受和情感体验出发，以叶和树的关系为线索，引发幼儿对亲情的体验，对生命的思考。

　　在此主题下，我们还可以组织幼儿开展秋游活动，在户外与大自然亲密接触，寻找秋天的色彩，发现秋天里更多的"秘密"。

主题活动网络图

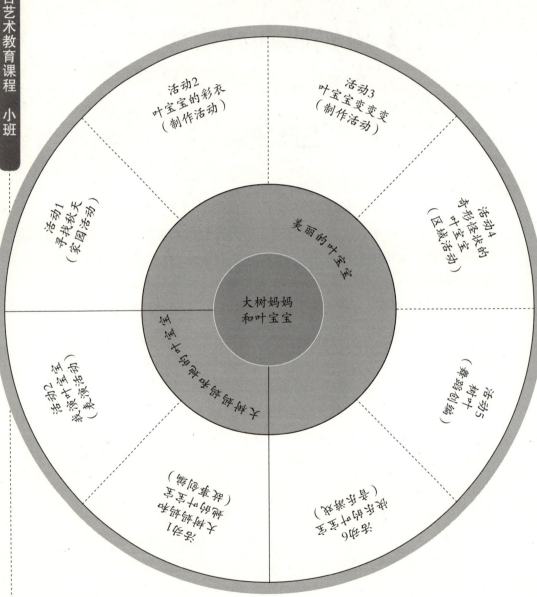

活动2
叶宝宝的彩衣
（制作活动）

活动3
叶宝宝变变变
（制作活动）

活动1
寻找秋天
（家园活动）

活动4
奇形怪状的
叶宝宝
（区域活动）

美丽的叶宝宝

大树妈妈
和叶宝宝

活动2 叶宝宝
扮演叶宝宝
（表演活动）

活动5
树叶
（绘画活动）

活动1
大树妈妈的
绿色叶宝宝
（歌唱活动）

活动6
会飞的叶宝宝
（音乐游戏）

幼儿园综合艺术教育课程 小班

综合艺术活动

单元一　美丽的叶宝宝

活动1　寻找秋天（家园活动）

活动目标

能够发现不同形状及颜色的树叶，感受秋天树叶的变化。

活动准备

塑料袋；摄影器材及捡拾工具；叶宝宝和大树妈妈头饰或胸卡。

活动建议

1. 此活动可分为两次进行。

2. 第一次可以以亲子活动的形式进行，也可由教师组织家长、幼儿共同参与家园活动。在活动前应发放《家长通知书》，请家长了解活动目标，以便在活动中更好地指导幼儿。

3. 可选择秋叶纷飞的时候带领幼儿去植被丰富的公园捡拾落叶，并鼓励幼儿说一说自己收集的树叶的形状及颜色。在捡拾过程中，家长应注意引导幼儿爱护自然环境，初步建立环保意识。

4. 活动中，家长可利用摄影、照相等形式记录幼儿捡拾落叶的过程，也可用文字记录幼儿的捡拾感受。

5. 第二次活动可在园内以集体活动的形式进行。

6. 教师展示幼儿及家长收集的秋叶，并可在活动后布置在班级主题墙饰中。

7. 根据幼儿园所处地理位置和园所树种情况，选择典型的1—2种地区树种进行观察。重点引导幼儿感知树叶的颜色、形状的特点，在描述、表达的过程中丰富幼儿的词汇。幼儿还可以向空中抛洒落叶，感受树叶纷飞、飘落的动态美，并用肢体动作及语言进行表现。

8. 根据小班幼儿的年龄特点，可以进行游戏"树叶宝宝找妈妈"，感受秋叶带来的快乐。

活动资料

［玩法］

两位教师分别佩戴头饰或胸卡，扮演大树妈妈，幼儿在地上拾起两种不同形状、颜色的树叶，分别送到妈妈的身边，看看谁捡起的多、谁找的对。过程中，教师应注重与科学领域相结合，渗透点数、分类、"1和许多"等相关概念。

活动2　叶宝宝的彩衣（制作活动）

活动目标

尝试运用不同绘画工具对树叶进行色彩装饰，对色彩产生兴趣，体验与同伴共同作画的快乐。

活动准备

教师绘画枫树、银杏树、杨树图画，每棵树树冠上都有一片树叶（枫树和杨树只画树冠与树干，在银杏树的树冠内用白色油画棒事先勾勒出银杏叶的叶形与叶脉）；绘画工具：毛笔、海绵刷、颜料、湿布等；杨树叶的叶形纸；与秋天相关的背景音乐（如《秋夜私语》）；初步了解枫树、银杏树、杨树树干及树叶叶形和颜色。

活动过程

1. 导入。教师出示枫树、杨树、银杏树图画，引发幼儿活动的兴趣。

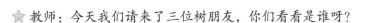

☆教师：今天我们请来了三位树朋友，你们看看是谁呀？

2. 欣赏感知。教师引导幼儿对三棵大树进行观察，引发想象，丰富词汇。

☆教师：请你看看三棵树的树干有什么不一样？（三种大树的树干相比较，枫树树干是细而短，银杏树树干是细而直，杨树树干是粗而高。）

☆教师：它们的叶子是什么形状的？像什么？（枫树叶像手掌，杨树叶像心形，银杏树叶像扇子。）

☆教师：它们的叶子颜色一样吗？（银杏叶黄灿灿，枫树叶红彤彤等。）

3. 探索制作。教师介绍工具，幼儿分组绘画，自由表现秋季的树叶。

（1）教师分别介绍三个小组的绘画工具及使用方法。

第一组：手印绘画组——枫树。

☆教师：用整个小手手掌蘸满颜色，然后盖印在纸上。注意五指分开，全手掌拓印。

第二组：油画棒绘画组——杨树。

☆教师：涂色时要一笔挨一笔地涂，把颜色涂满、涂匀，不能露出白颜色，这样的树叶才漂亮。

第三组：海绵刷绘画组——银杏树。

☆教师：小朋友要将海绵刷蘸满颜料，再在纸上刷。刷过的地方不要用小手碰，这样刷出的小树叶才漂亮。

（2）教师播放背景音乐，幼儿自由分组选择绘画形式，为秋叶穿上彩衣。

☆教师：请小朋友们选择一种自己喜欢的形式为秋叶穿上彩衣。

4. 展示交流。教师将幼儿制作好的树叶粘贴到相应的树上进行展示，并进行交流与评价。

☆教师：小朋友们觉得哪棵树最漂亮？为什么？

5. 结束。教师把绘画好的大树布置到班级的主题墙饰上。

☆教师：我们把大树布置在咱班的墙面上，让咱班变得更漂亮！

活动建议

1. 为了达到艺术效果，在银杏树的树冠中，教师先用白色油画棒画出银杏叶，涂色前是看不出来的，但当幼儿用海绵刷刷出黄色时，由于油水分离，叶子就显现出来，不仅给幼儿带来了惊喜，更给幼儿带来了强烈的视觉冲击，进而感受到色彩的美丽。

2. 还可选择多种为大树穿彩衣的方法，如团纸粘贴、撕纸粘贴等。另外，教师准备的叶形纸要大小适中。如果太大，涂色的时间较长，会使幼儿失去耐心；如果太小，幼儿不能获得成就感。在绘画过程中，教师可运用一些儿歌提高幼儿涂色、粘贴的兴趣，例如《我用蜡笔来涂色》：小手变成小手枪，大哥二弟握住笔，剩下三个好兄弟，握紧拳头顶住笔，大家一起齐努力，涂色一笔挨一笔，图画变得真漂亮，大家都夸我真棒。又如《团纸粘贴歌》：小纸片手中拿，揉揉捏捏团紧它。轻轻抹抹小胶棒，按按贴贴粘牢啦！

活动3　叶宝宝变变变（制作活动）

活动目标

感受不同树叶的形态特点，大胆想象，体会树叶组画的乐趣。

活动准备

布置树叶贴画展览；各种树叶画；各种形状的树叶；欣赏过树叶贴画，知道树叶贴画是由树叶拼贴组合制作而成的。

活动过程

1. 导入。幼儿参观树叶贴画展览，引发参与活动的兴趣。

☆ 教师：你在树叶贴画展览中看到了什么？这些画和我们平时看到的画有什么不同？

2. 欣赏感知。幼儿感受树叶形态特点，充分想象，体会树叶组画的神奇。

（1）教师出示不同叶形的树叶，引导幼儿大胆想象。

☆ 教师：请你看看这是什么树叶？

☆ 教师：细细长长的柳树叶像什么？金黄色的银杏叶像什么？

（2）教师出示一幅较简单的树叶组画（例如：两片银杏叶组成的蝴蝶；两片柳叶组成的小船）。

☆ 教师：银杏叶（柳树叶）变成了什么？

（3）教师出示一幅较复杂的树叶组画（例如：几种树叶拼摆而成的树林、小动物）。

☆ 教师：树叶宝宝一起变魔术了，猜猜变出了什么？是用什么树叶变成的？

3. 探索制作。请幼儿自由选取喜欢的树叶进行拼摆，感受不同形态树叶组合的美感和有趣。教师以照相的形式将幼儿的作品记录下来。

☆ 教师：请你用喜欢的小树叶拼一拼，看看它们能变成什么？

4. 展示表现。教师展示幼儿的作品，引导幼儿进行交流、欣赏与评价。

☆ 教师：请你看一看，小朋友们用什么树叶组成了什么？

5. 结束。教师将树叶投放到美工区，鼓励幼儿在区域中继续游戏。

☆ 教师：老师将树叶投放到美工区中，欢迎小朋友们在区域游戏中继续进行树叶贴画的制作活动。

活动4　奇形怪状的叶宝宝（区域活动）

活动目标

能够大胆想象，尝试运用粘贴、简单添画的方法进行树叶组画，感受小树叶的不同形状。

活动准备

不同形状的树叶（杨树叶、玉兰叶、银杏叶、枫树叶等）；水彩笔；胶棒；各色衬纸。

活动建议

1. 在美工区的环境创设中，投放教师制作的树叶添画作品，引发幼儿的关注和兴趣。

2. 在操作前，教师应让幼儿熟悉各种树叶，对树叶的颜色、形状有一个最直观的认识，并引导幼儿大胆想象：这片树叶像什么？

主题四　大树妈妈和叶宝宝

3．教师向幼儿介绍制作材料的同时，可以用图示的方法展示树叶添画制作的步骤。重点是根据树叶的形象先粘贴，后添画。

4．教师应注意对幼儿的个别指导，对幼儿的奇思妙想给予鼓励与支持。

5．教师可将幼儿的作品展示在墙面上、作品栏中或做成图书，收藏在艺术档案夹中。

活动5　树叶（舞蹈创编）

活动目标

能用自然的声音进行演唱，并愿意根据歌曲内容进行动作创编，体验歌表演的快乐。

活动准备

歌曲《树叶》的变奏曲；枫树叶、杨树叶、银杏树叶头饰各一个，胸卡若干；幼儿已掌握歌曲《树叶》。

活动过程

1．导入。教师弹奏歌曲《树叶》的变奏曲，幼儿佩戴树叶胸卡模仿小树叶，自由律动入场。

☆ 教师：你是哪种树的叶宝宝？

☆ 教师：秋风来了，美丽的叶宝宝们一起随着音乐跳舞吧！

☆ 教师：叶宝宝刚才做了哪些动作？请你为我们表演一下。

2．欣赏感知。幼儿复习歌曲，为表演做准备。

☆ 教师：小朋友都会唱《树叶》这首歌，让我们一起唱一唱吧。

☆ 第一遍：幼儿复习歌曲，教师发现问题。

☆ 第二遍：教师鼓励幼儿用自然的声音进行演唱。

3．探索游戏。在教师的带领下，幼儿分组创编动作并表演。

☆ 教师：小朋友们快看看，谁来了？

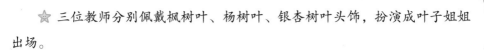

☆ 三位教师分别佩戴枫树叶、杨树叶、银杏树叶头饰，扮演成叶子姐姐出场。

☆ 教师：请你去找和你形状一样的叶子姐姐，一起来做一做小树叶的动作吧。

☆ 教师：我们每组叶宝宝都为这首歌曲创编了自己喜欢的动作，让我们一起来欣赏一下吧。

☆ 教师：你喜欢哪个动作？请你学一学。

4. 展示表现。玩音乐游戏"叶子飞飞"，并能随着音乐速度的变化变换动作。

☆ 教师：我们每组的动作都不一样，你想不想学学其他叶宝宝的舞蹈？现在我们来玩"叶子飞飞"的游戏，你可以选择自己喜欢的一位叶子姐姐，学学她的舞蹈。

☆ 第一遍游戏：幼儿互相学习动作。

☆ 第二遍游戏：幼儿能随音乐速度的变化而变换动作。

5. 结束。

☆ 教师：小树叶，我们一起飘到外面去，看看外面的世界吧！

活动建议

1. 在歌表演《树叶》之前，教师应利用集体活动、过渡环节等时间教授幼儿学习新歌《树叶》。

2. 活动开始时，教师可以采取由歌词内容改编的故事欣赏形式引入，使得幼儿充分理解歌曲的内容，为理解掌握、表现歌曲做铺垫。

3. 由于歌曲简单，幼儿又有前期的欣赏经验，学唱过程中，可主要采用跟唱方法，鼓励幼儿用自然、好听的声音进行演唱。

4. 小班幼儿在演唱时会出现咬字不清晰的现象（如"飘""树"字的读音不准），可以根据本班幼儿的实际情况，提示幼儿唱歌时注意吐字要清楚、嘴唇要用力等要领。

活动6 快乐的叶宝宝（音乐游戏）

活动目标

1. 尝试分辨舒缓的和欢快的两种性质的音乐，并能用简单的肢体动作表现小树叶随风飞舞的动态。

2. 体验参与表演活动的快乐。

活动准备

树叶（杨树、银杏树、枫树）头饰，每人一个；教师自选两段性质不同的音乐（舒缓的与欢快的）；风儿的头饰；三种大树妈妈（杨树、银杏树、枫树）头饰各一个；幼儿已掌握走步、小碎步等舞步。

活动过程

1. 导入。教师创设情境，引发幼儿参与活动的兴趣。

☆ 教师：森林里来了一位客人，它要和树叶宝宝做游戏，请你安静地听一听，到底是谁来了。

☆ 教师：原来是小树叶的好朋友风儿来了。

2. 欣赏感知。教师引导幼儿欣赏两段不同性质的音乐，感知不同的音乐形象。

☆ 教师：今天，风儿为我们带来了两段音乐，请你听一听，这两段音乐一样吗？

☆ 教师：风儿和树叶玩了两个游戏，请小朋友们听一听，第一个游戏和第二个游戏有什么不一样？它们在做什么游戏？

3. 探索发现。教师运用语言为幼儿营造情境，支持幼儿自由表演，体验表演游戏的快乐。

☆ 教师：快听（教师演奏欢快的段落），淘气的风来了，小树叶被吹得高高的，都跳起来啦！

☆ 教师：哎呀（教师演奏舒缓的段落），温柔的风来了，小树叶慢慢落下啦。教师引导幼儿随音乐自由表现。

☆ 教师：风停了，小树叶玩累了，落在地上睡着了。

4. 展示表现。让幼儿体验游戏中的快乐情绪。

（1）幼儿第一次游戏：感知音乐性质，做树叶飞舞动作。

☆ 教师：我们都变成叶子宝宝，让老师来做你们的大树妈妈好吗？

☆ 教师：选一片你最喜欢的叶子头饰戴好，找到你的大树妈妈，我们要和风儿做游戏了！看哪片小树叶的动作最美。

（2）幼儿第二次游戏：能大胆表现，并在游戏结束时做出一个漂亮的亮相动作。

☆ 教师：小树叶们真美丽，我来给你们拍张照片吧。

5. 结束。

☆ 教师：风儿朋友又来了，小树叶飞到外面和风儿一起做游戏吧！

活动资料

［游戏规则］

以舒缓的和欢快的音乐分别表现"温柔的"与"淘气的"风儿，幼儿扮演"小树叶"，认真倾听音乐并自由表现。"淘气的"风儿出现时，"小树叶"轻快、自由、跳跃地舞动；"温柔的"风儿出现时，"小树叶"慢慢飞舞，表现"小树叶"累了；音乐停了，"小树叶"要轻轻飘落到地上睡着了。

单元二　树妈妈和她的叶宝宝

活动1　大树妈妈和她的叶宝宝（故事创编）

活动目标

1. 能够安静地欣赏故事表演，初步理解其内容。

2. 尝试运用动作、语言表现叶宝宝离开大树妈妈时的不舍之情。

活动准备

音乐《树叶》(舒缓的和急促有力的两段体变奏);配乐故事《大树妈妈和她的叶宝宝》;大班幼儿故事表演《大树妈妈和她的叶宝宝》;小树叶挂饰或头饰,人手一个;有过关于树叶律动表演的经验。

活动过程

1. 导入。教师和幼儿做律动进场,引发幼儿参与活动的兴趣。

☆ 教师:秋天到来了,让我们的树叶宝宝们随着音乐一起跳舞吧,看哪个叶宝宝的动作最优美。

☆ 教师:请你说一说,刚才小树叶是怎样飞舞做游戏的?

☆ 教师根据幼儿的回答进行总结:可以根据树叶的不同飘动方法(上下飘动、左右飘动、前后飘动、螺旋式飘动等)进行飞舞;又可根据树叶静止时的不同造型姿态(下蹲、侧卧、入睡等)进行飞舞。

2. 感知欣赏。请幼儿倾听配乐故事《大树妈妈和她的叶宝宝》,引导幼儿安静地欣赏故事,初步理解其内容。

☆ 教师:请小朋友安静地倾听故事《大树妈妈和她的叶宝宝》。

☆ 教师:听听故事里有谁?树叶宝宝想离开大树妈妈吗?

3. 探索发现。幼儿欣赏配乐故事表演《大树妈妈和她的叶宝宝》,熟悉小树叶和大树妈妈的角色对白和表演动作,感受叶宝宝离开大树妈妈时的不舍情感。

☆ 教师:请小朋友们观看大班哥哥姐姐表演的故事《大树妈妈和她的叶宝宝》。

☆ 教师:叶宝宝离开大树妈妈时说了什么?做了什么动作?

4. 展示表现。师生共同表演故事《大树妈妈和她的叶宝宝》,表现叶宝宝抱住大树妈妈时不愿离开的动作及角色对白,感受叶宝宝离开大树妈妈时的不舍心情。

☆ 教师:请小朋友们扮演叶宝宝,老师来扮演大树妈妈,请××老师给我们讲述配乐故事,我们一起来表演,好吗?

5. 结束。幼儿随教师出教室。

☆ 教师:唔——又一阵大风吹来了,小树叶们又开始了一次新的旅程,让我们一起飞舞起来吧。

活动资料

[故事]　　　　　　　　**大树妈妈和她的叶宝宝**

大树妈妈有许多叶宝宝，有黄色的，有红色的，还有绿色的。它们在妈妈的臂弯里摇曳着，一天天地成长。微风一吹，叶宝宝轻轻地晃动着，舒服极了。

秋天来了，天一天一天地凉了，叶宝宝拽着妈妈的叶柄开始有点晃动了，叶宝宝看着大树妈妈说："妈妈，我不想离开您。"又一阵秋风吹来，叶宝宝被吹得使劲摇晃了起来，风吹得更大了，叶宝宝最后终于不情愿地离开了大树妈妈，它们轻声地对大树妈妈说："再见了，妈妈！再见了，妈妈！"它们飘呀，飘呀，有的飘到了草地上，有的飘到了小河边，还有的飘到了小山上，它们静静地躺在地上睡着了，梦见了第二年的春天，又回到了大树妈妈的身边。

北京市第一幼儿园/文

活动2　我演叶宝宝（表演活动）

活动目标

1. 喜欢参与戏剧表演活动，尝试运用角色语言及动作进行表演。
2. 能够体验并初步表现叶宝宝对大树妈妈的依恋之情。

活动准备

杨树、银杏树、枫树三种大树头饰及树叶胸卡，人手一个；运用道具进行山、小河、草地等场景的布置；大班幼儿故事表演《大树妈妈和她的叶宝宝》；背景音乐《树叶》（同活动1）；已欣赏过故事表演并了解其内容。

活动过程

1. 导入。引发幼儿对故事《大树妈妈和她的叶宝宝》的回忆。

☆ 教师：小朋友们，前几天我们一起欣赏了大班哥哥姐姐和老师一起表演的故事，你们还记得是什么吗？

☆ 教师：故事中都有谁？发生了一件什么事？

2. 欣赏感知。教师激发幼儿参与故事表演的欲望。

☆ 教师：今天，请小朋友再次欣赏大班哥哥姐姐与老师一起表演的故事《大树妈妈和她的叶宝宝》。

☆ 教师：请你说一说你最喜欢故事里的谁？为什么？

3. 探索发现。教师引导幼儿回忆叶宝宝在离开大树妈妈时的对话及着急的心情，为互动表演做准备。

☆ 教师：叶宝宝愿意离开妈妈吗？它们对妈妈说了些什么？

☆ 教师：小树叶是怎样离开妈妈的？离开时又说了什么？我们一起学一学。

☆ 教师：小树叶飘到了哪里？

4. 展示表现。体验叶宝宝离开大树妈妈时依依不舍的情感。

（1）幼儿第一次表演，教师抓住幼儿表演中有特点的角色语言、动作及表情进行评价，不断提升幼儿的表演能力。

☆ 教师：请你看看自己是什么颜色的小树叶，找到和你颜色一样的树妈妈，准备表演。

☆ 教师：××在离开大树妈妈时皱起了眉毛，使劲拉着大树妈妈的手，不愿离开。

☆ 教师：××在离开大树妈妈时大声说：再见了，妈妈！再见了，妈妈！

（2）幼儿第二次表演。教师鼓励幼儿进一步用语言、动作等表现叶宝宝。

☆ 教师：我们再来表演一次故事，请你看看自己是什么形状的小树叶，找到和你形状相同的树妈妈。希望你大胆地表演。

5. 结束。教师对幼儿的表演进行评价。

☆ 教师：小朋友们表演得太好了，老师都被你们感动了，快拍拍小手，鼓励鼓励自己。我们都是最棒的小演员。

活动建议

在幼儿自选角色扮演中，教师既要关注幼儿参与戏剧表演的兴趣，还要注重与其他领域的有机渗透，如对颜色、树种的认识。在表演环节中，教师要给幼儿充分、自由的空间，发挥幼儿的主体性。

主题五

快乐的小剧场（上）

主题概述

　　戏剧是一门综合的舞台艺术，具有知识传递、道德教化、群体娱乐、艺术审美等多方面的功能。戏剧与幼儿有一种天然的、和谐的联系，因为幼儿天生喜欢装扮和幻想。对他们而言，将身体和声音作为表达和沟通的工具，尝试扮演不同的角色、想象不同的情境就是体验社会、体验生活。为此，我们设计了"快乐的小剧场"这一系列主题，希望通过戏剧主题活动引导幼儿认识戏剧、喜欢戏剧，感受戏剧带给他们的成长与快乐。

　　根据小班幼儿的年龄特点，本主题设计了"小兔乖乖""拔萝卜""雪孩子"三个单元。"小兔乖乖"单元是以手偶故事《小兔乖乖》为载体开展的系列活动，通过欣赏、歌唱、美工制作、角色扮演等艺术手段，激发幼儿对欣赏、戏剧表演活动的兴趣。在活动中，教师要鼓励幼儿大胆尝试运用角色语言、适宜的音色、肢体动作和表情进行扮演，体验表演活动的乐趣。"拔萝卜"单元通过故事欣赏、歌唱表演、道具制作、角色扮演等艺术手段，引导幼儿尝试运用简单的动作、表情、重复性的角色对话等进行模仿、表现，培养幼儿乐于助人的良好品质。"雪孩子"单元以动画片《雪孩子》来开启单元活动，通过动画片的欣赏，引导幼儿感受生动的角色造型、美丽的画面和生动的故事情节，及冬景的美、雪孩子的可爱及善良勇敢的品质，萌发幼儿关爱他人的情感。

　　在"快乐的小剧场"主题中，我们希望能最大限度地发挥戏剧的"游戏性"，充分挖掘戏剧主题的艺术及人文教育价值，让幼儿在赏戏、"学"戏、演戏的过程中喜欢上戏剧，充分发挥他们的主体性及想象力，在快乐的戏剧活动中更好地认识自己、了解社会。

主题活动网络图

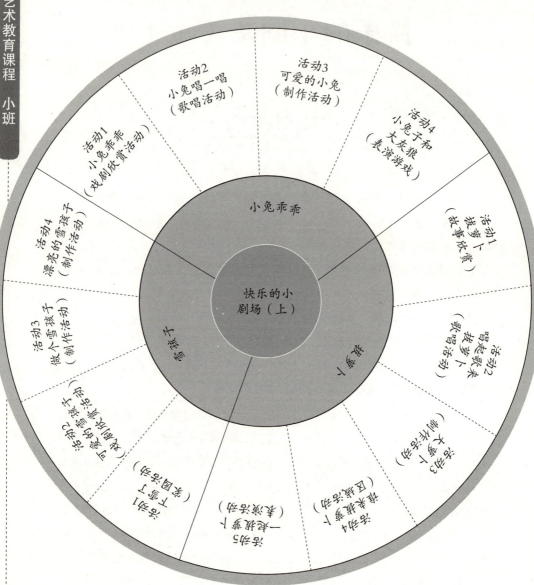

快乐的小剧场（上）

小兔乖乖

活动1
小兔乖乖
（戏剧欣赏活动）

活动2
小兔唱一唱
（歌唱活动）

活动3
可爱的小兔
（制作活动）

活动4
小兔子和
大灰狼
（表演游戏）

拔萝卜

活动1
拔萝卜
（故事欣赏）

活动2
拔萝卜
（歌唱活动）

活动3
大萝卜
（制作活动）

活动4
拔萝卜
（戏剧表演）

活动5
一起拔萝卜
（美术活动）

雪孩子

活动1
雪孩子
（戏剧欣赏活动）

活动2
漂亮的雪孩子
（戏剧表演活动）

活动3
做个雪孩子
（制作活动）

活动4
漂亮的雪孩子
（制作活动）

综合艺术活动

单元一　小兔乖乖

活动1　小兔乖乖（戏剧欣赏活动）

活动目标

1. 初步了解手偶剧的表演形式，萌发欣赏手偶剧的兴趣。
2. 理解故事的主要情节，尝试运用声音来模仿不同的角色。

活动准备

手偶（兔妈妈、三只小兔、大灰狼）；手偶剧背景（房子、大树等）；手偶剧舞台；教师表演手偶剧《小兔乖乖》；有观看戏剧的经验，能安静地欣赏。

活动过程

1. 导入。教师出示并介绍手偶，引发幼儿参与的兴趣。

☆ 教师：今天，老师给小朋友带来一个特别有趣的玩具，大家看看它是什么？

☆ 教师：这个小玩具的名字叫手偶，我们将手偶套在手上，手指头一动，手偶就会跟着动起来。

2. 欣赏感知。幼儿欣赏教师表演的手偶剧《小兔乖乖》，初步了解手偶剧的表演形式及简单的故事情节。

（1）教师利用手偶，用不同角色的声音，对剧中角色进行介绍。

☆ 教师：请你看一看老师带来了哪些手偶小动物？

☆ 教师（扮作长耳朵）：我是小兔子，因为我有一对长长的耳朵，大家都叫我长耳朵。

☆ 教师（扮作兔妈妈）：我是兔妈妈，带着三个兔宝宝住在大森林里。

☆ 教师（扮作大灰狼）：我是大灰狼，森林里的小动物都怕我，哈哈哈！

（2）教师进行手偶剧表演，请幼儿专注欣赏。

☆ 教师：下面请欣赏手偶剧《小兔乖乖》。

（3）教师提问，帮助幼儿回忆故事情节。

☆ 教师：故事里都有谁？讲了一个什么故事？

3. 探索发现。幼儿尝试运用声音模仿不同角色，感受角色扮演的有趣。

（1）教师表演小兔子与大灰狼的对话和对唱部分，请幼儿仔细倾听。

☆ 教师：你最喜欢哪个角色？它们的声音是什么样子的？

（2）引导幼儿发现小兔子和大灰狼不同的声音特点，并尝试运用自己的声音进行角色模仿。

☆ 教师：请你学一学小兔子（大灰狼）是如何说话的？

4. 展示表现。幼儿自选手偶，初步学习控制手偶的方法。

☆ 教师：这里还有许多可爱的小手偶，小朋友们快来试一试，让他们也动起来吧！

☆ 教师：操作手偶时，食指和中指并拢伸到手偶的头部，大拇指、无名指和小拇指分别控制手偶的两臂。

5. 结束。师幼一起操作手偶并进行拟人化的交流，让幼儿充分体验手偶戏的乐趣。

☆ 教师：我是兔妈妈，谁是我的宝宝？快来和我亲亲吧！

☆ 教师：我是小粉猪，谁和我做朋友，快来和我抱抱吧！

活动资料

［剧本］ **小 兔 乖 乖**

（根据故事《小兔乖乖》改编）

第一幕 小兔子家。

旁白：兔妈妈有三个孩子，一个叫红眼睛，一个叫长耳朵，一个叫短尾巴。有一天，兔妈妈对孩子们说……

兔妈妈：妈妈要到地里去拔红萝卜，你们好好儿看着家，把门关得紧紧的，谁来叫门都不开，等妈妈回来了才开。

旁白：兔妈妈说完话，就拎了篮子，到地里去了。

第二幕　小兔子家门口。

旁白：小兔子记住妈妈的话，把门关得紧紧的。过了一会儿，大灰狼来了，他想拿小兔子当点心吃呢，可是小兔子把门关得紧紧的，进不去呀！大灰狼坐在小兔子家门口，眯着眼睛，正在想坏主意，看见兔妈妈回来了，连忙跑到一棵大树后面躲起来。兔妈妈走到家门口，推了推门，门关得紧紧的，就一边敲门，一边唱歌。

兔妈妈（唱）：小兔子乖乖，把门儿开开！快点儿开开，我要进来。

旁白：小兔子一听是妈妈的声音，一齐叫起来。

小兔子们：妈妈回来了，妈妈回来了！

旁白：它们抢着帮妈妈拎篮子，嗬，妈妈拔了这么多红萝卜回来。兔妈妈亲亲红眼睛，亲亲长耳朵，又亲亲短尾巴，夸它们是好孩子。那只大灰狼呢？躲在大树背后，偷偷地把兔妈妈唱的歌学会了。它想……

大灰狼：哼，我有办法了，我有办法了。明天我再来。

旁白：于是，大灰狼就回它的老窝去了。

第三幕　小兔子家门口。

旁白：第二天，兔妈妈要去树林里采蘑菇，小兔子把门关得紧紧的。过了一会儿，大灰狼又来了。一边敲门，一边用那又粗又哑的声音唱歌。

大灰狼：小兔子乖乖，把门儿开开！快点儿开开，我要进来。

旁白：红眼睛一听，以为妈妈回来了。

红眼睛：妈妈回来了，妈妈回来了！

短尾巴：快给妈妈开门呦，快给妈妈开门呦！

长耳朵：（长耳朵一听，拉住红眼睛和短尾巴）不对，不对！这不是妈妈的声音。

红眼睛和短尾巴：（红眼睛和短尾巴往门缝里一看）不对，不对！不是妈妈，是大灰狼！

小兔子们（齐唱）：不开，不开，我不开！妈妈不回来，谁来也不开。

大灰狼：（着急）我是你们的妈妈，我是你们的妈妈！

小兔子们：我们不信，我们不信！要不，你把尾巴伸进来让我们瞧一瞧。

大灰狼：好嘞，我就把尾巴伸进来，让你们瞧一瞧。

旁白：小兔子把门打开一点，大灰狼就把自己的尾巴伸了进去，嘿，一条毛茸茸的大尾巴。一，二，三，嘭——小兔子们一使劲，把门关得紧紧的，把大灰狼的尾巴给夹住了。

大灰狼：（痛得哇哇叫）哎哟，哎哟，痛死我了……放了我，放了我！

旁白：这时候，兔妈妈回来了，她放下篮子，捡起一根木棍，朝着大灰狼的脑袋狠狠地打。大灰狼受不了啦，使劲一拉，把尾巴拉断了。他扔下一大段尾巴，逃到山里去了。兔妈妈这才松了一口气，扔了木棍，捡起篮子，一边敲门，一边唱歌。

兔妈妈：小兔子乖乖，把门儿开开！快点儿开开，我要进来。

旁白：小兔子听见妈妈的声音，抢着给妈妈开门，抢着帮妈妈拎篮子，兔妈妈高兴地说。

兔妈妈：你们真是好孩子。

北京市第一幼儿园/改编

活动2　小兔唱一唱（歌唱活动）

活动目标

1. 掌握歌曲的旋律及歌词，学唱歌曲。

2. 初步感受不同角色演唱时的音色变化，并尝试模仿。

活动准备

歌曲《小兔乖乖》（陈镒康词，冯奇曲）；狼和兔子头饰；场景布置：大门、大树等；欣赏过老师表演的手偶剧《小兔乖乖》。

活动过程

1. 导入。幼儿回忆已有经验，引出活动主题。

☆ 教师：小朋友们，上次我们欣赏了手偶剧表演《小兔乖乖》，兔妈妈和大灰狼在敲门的时候都唱了一首歌，你还记得吗？

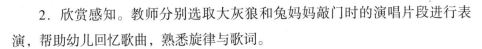

2．欣赏感知。教师分别选取大灰狼和兔妈妈敲门时的演唱片段进行表演，帮助幼儿回忆歌曲，熟悉旋律与歌词。

☆教师：歌曲里唱了什么？

3．探索发现。教师引导幼儿倾听两个角色的歌唱，感知音色的差别。

（1）引导幼儿倾听两段歌词的相同之处。

☆教师：兔妈妈和大灰狼唱的歌一样吗？哪里一样？

☆教师：它们都唱了"小兔子乖乖，把门儿开开！快点儿开开，我要进来"。

（2）引导幼儿倾听两段歌词的不同之处。

☆教师：小兔子回答兔妈妈和大灰狼的歌曲一样吗？哪里不一样？

（3）引导幼儿感受温柔与粗哑的声音的差别，并鼓励幼儿尝试模仿。

☆教师：小兔子怎么知道是兔妈妈还是大灰狼来了？

☆教师：兔妈妈的声音是什么样的？大灰狼的声音是什么样的？

☆教师：我们来学学兔妈妈温柔的声音，再学学大灰狼粗哑的声音。

4．展示表现。幼儿学习歌曲，并尝试按角色表演。

（1）教师运用集体跟唱的方法引导幼儿学唱歌曲，掌握歌曲旋律及歌词。

☆教师：我们一起来唱一唱《小兔乖乖》这首歌，听听谁的声音最好听。

（2）请幼儿尝试运用不同声音表现兔子和大灰狼。

☆教师：听一听，谁的声音最像温柔的兔妈妈？谁像凶恶的大灰狼？我们来试一试。

☆教师：现在男孩模仿大灰狼、女孩模仿兔妈妈，我们再一起唱一唱。

（3）幼儿自选角色头饰，尝试以角色身份进行表演。

☆教师：我们一起来表演吧！喜欢扮演大灰狼的小朋友找×老师，扮演小兔子的小朋友找×老师，我们一起来演《小兔乖乖》。

5．结束。将活动延伸至表演角。

☆教师：小朋友们今天学会了好听的歌曲，以后在表演角中我们一起来表演《小兔乖乖》好吗？

活动3 可爱的小兔（制作活动）

活动目标

尝试运用信封和辅助材料制作小兔子，巩固双面贴的方法，体验运用信封偶表演的快乐。

活动准备

在信封两侧幼儿伸出大、小拇指的位置各剪出一个半圆形的小口，人手一个；辅助材料若干（皱纹纸、卡纸、即时贴、毛线、笔帽、木棍、夹子、药盒、双面胶、胶水、水彩笔等）；做好的兔子手偶一个；音乐《兔子舞》（网络歌曲）；在日常活动中观察过兔子，熟悉兔子的外形特征。

活动过程

1. 导入。教师出示小兔信封偶，引发幼儿制作的兴趣。

☆ 教师：请小朋友们看看，这只小兔子是用什么做的？

2. 欣赏感知。引导幼儿发现小兔信封偶的制作方法，认识多种辅助材料。

☆ 教师：小兔子的耳朵粘在信封的什么地方？

☆ 教师：小兔子的眼睛用什么做的？还可以用什么做？它是怎样粘上去的？尾巴呢？

3. 探索发现。尝试运用信封和多种辅助材料制作小兔子，巩固双面贴的使用方法。

☆ 教师：老师为小朋友们准备了许多辅助材料，你可以选择合适的物品用双面胶贴在信封上，制作成你喜欢的小兔子。

4. 展示表现。幼儿手持小兔信封偶进行律动，体验运用信封偶表演的快乐。

☆ 教师：小兔信封偶真可爱，让我们一起跟随音乐跳舞吧！

5. 结束。教师引导幼儿交流欣赏，体验活动的有趣。

☆ 教师：今天小朋友们自己制作了一只小兔子，你们的小手真能干！

活动建议

在活动的第三个环节幼儿探索制作信封偶时，教师可鼓励幼儿用不同方式制作小兔子。例如：可使用教师剪好的形状进行粘贴；也可用彩笔绘画；还可鼓励幼儿用辅助材料制作，如用皱纹纸团成球做尾巴，用扣子做眼睛等。此时，教师应针对幼儿活动中出现的问题进行个别辅导，如各部件的粘贴位置、双面贴的使用方法、辅助材料的选择及运用等。

活动资料

［小兔子信封偶范例］

活动4 小兔子和大灰狼（表演游戏）

活动目标

尝试运用声音模仿角色进行表演，初步体验参与戏剧表演的快乐。

活动准备

小兔家的场景；大灰狼、兔妈妈的装扮道具（如头饰、兔耳朵发卡、兔帽、兔尾巴、狼帽子、狼尾巴、黑手套等）；音乐《小兔子》；大班教师和幼儿表演童话剧《小兔乖乖》；幼儿已掌握歌曲《小兔乖乖》并了解《小兔乖乖》的故事内容。

活动过程

1. 导入。幼儿随音乐《小兔子》做兔子律动进教室，引发活动兴趣。

☆教师：兔宝宝们，我们一起到树林里去玩吧？

2. 欣赏感知。幼儿欣赏童话剧《小兔乖乖》，再次熟悉剧情及角色。

☆教师：今天请小朋友们欣赏一部童话剧《小兔乖乖》，请大家安静欣赏。

3. 探索发现。请幼儿模仿其中的片段，尝试用不同的声音、动作表现各个角色。

（1）师幼交流讨论。

☆教师：童话剧中都有谁？

（2）请幼儿模仿兔妈妈唱歌、敲门的声音及小兔的对唱。

☆教师：兔妈妈敲门、唱歌的声音是什么样的？小兔是怎样回答的？

☆教师：我们跟着兔妈妈和小兔学学吧。

☆幼儿在钢琴伴奏及角色带领下集体跟唱。

（3）请幼儿模仿大灰狼唱歌、敲门的声音及小兔对唱。

☆教师：大灰狼敲门、唱歌的声音是什么样的？小兔是怎样回答的？

☆教师：我们跟着大灰狼和小兔学学吧。

☆幼儿在钢琴伴奏及角色带领下集体跟唱。

4. 展示表现。请幼儿尝试运用动作、表情、声音模仿剧中人物，装扮表演"敲门对唱"片段，体会参与戏剧表演的乐趣。

☆教师：你想扮演谁？快快把自己装扮起来吧！

☆教师：你喜欢谁的表演？为什么？

5. 结束。幼儿随音乐做兔子律动出教室。

☆教师：让我们学着小兔子蹦蹦跳跳地走出教室吧。

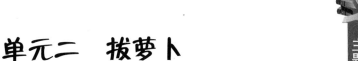

单元二 拔萝卜

活动1 拔萝卜（故事欣赏）

活动目标

熟悉故事主要内容，初步尝试运用角色对话、形体动作表演故事，喜欢参与表演。

活动准备

故事《拔萝卜》；故事围裙（见活动资料）；故事中各角色（老公公、老婆婆、小姑娘、小花狗、小花猫、小老鼠）胸卡若干；有安静欣赏故事的经验。

活动过程

1. 导入。教师出示故事围裙，引发幼儿参与活动的兴趣。

☆教师：今天，老师给你们带来了一条神奇的围裙，它会讲故事，你们想听吗？

☆教师：请小朋友们欣赏故事《拔萝卜》。

2. 欣赏感知。教师利用围裙讲述童话故事《拔萝卜》，引导幼儿了解故事主要内容，熟悉角色对白。

☆教师：故事里有谁？他们在干什么？大萝卜拔出来了吗？

☆教师：故事中的人物是怎样请别人帮忙的？

3. 探索发现。幼儿玩游戏"猜猜这是谁"，了解不同角色在动作、声音上的不同特征。

☆教师：小朋友猜猜××模仿的是哪个人物？为什么是他？他说了些什么？请你也来学一学吧。

4. 展示表现。师幼共同讲述故事《拔萝卜》，萌发幼儿参与表演的兴趣。

☆教师：请小朋友和老师一起讲《拔萝卜》的故事，也可以跟着故事进行表演。

☆教师：最后，大萝卜是怎么拔出来的？引导幼儿感受人多力量大的道理。

5. 结束。教师带领幼儿模仿扛（抱）萝卜的动作离开教室。

☆教师：哦，大萝卜拔出来了！我们一起回家吃萝卜去喽。

活动资料

1. ["猜猜这是谁"游戏玩法]

教师或幼儿模仿角色的形体动作或对话，请其他幼儿根据特点猜测。在形体动作中，可模仿老公公拄拐杖走路，或者捋捋胡子，也可以模仿小姑娘活泼可爱的样子，可拉着小裙子高兴地蹦跳等。

2. [故事围裙]

活动2　唱起歌来拔萝卜（歌唱活动）

活动目标

1. 掌握歌词、歌曲的旋律及节奏，学习附点音符的演唱。

2. 尝试运用动作配合歌曲节奏进行演唱，体验与同伴共同游戏的快乐。

活动准备

配乐故事《拔萝卜》；故事中角色的胸卡若干；歌曲《拔萝卜》（包恩珠词曲）；幼儿听过歌曲《拔萝卜》。

活动过程

1. 导入。教师讲述配乐故事《拔萝卜》，并将《拔萝卜》的情节用歌唱的形式表现出来。

☆ 教师：今天老师为你们带来一个好听的故事《拔萝卜》，请你们听听今天的故事与以前欣赏到的故事有什么不同。

2. 欣赏感知。教师范唱歌曲《拔萝卜》，并表演与之相适应的动作。

☆ 教师：请你来听听老师唱了什么。

☆ 教师：在歌唱的过程中，老师做了什么动作？老师在干什么呢？

3. 探索发现。幼儿学唱歌曲《拔萝卜》，感受表演歌曲的有趣。

（1）教师引导幼儿按歌曲节奏说歌词。

☆ 教师：故事里的歌是怎样唱的？你来学一学。

（2）幼儿听琴完整跟唱第一遍，掌握歌曲内容、旋律。

☆ 教师：我们听琴一起唱一唱《拔萝卜》。

（3）教师用歌表演的方法帮助幼儿掌握"拔.萝卜"的附点节奏，完整跟唱第二遍。

☆ 教师：小朋友的声音很好听，接下来我们加上拔萝卜的动作，再来唱一唱。

☆ 教师：我们唱歌的时候一起用力，当唱到"拔"的时候身体前倾，当唱到"萝卜"的时候身体后倾，大家齐心合力，这样大萝卜才拔得出来。

（4）幼儿分角色演唱第三遍歌曲。

☆ 教师：请小朋友自己选择喜欢的角色胸卡，我们一起来唱一唱、演一演。

☆ 教师：请小朋友听琴，咱们按故事角色的出场顺序进行演唱。轮到谁唱谁就来演唱，看哪位小朋友记得最清楚。

4. 展示表现。师幼共同参与角色表演，体会集体表演的快乐。

☆ 教师：老师和几个小朋友一起来表演，请大家当小观众，一起来欣赏。

5. 结束。教师鼓励参与表演的幼儿和安静观看的小观众，活动自然结束。

⭐ 教师：小朋友表演得非常好，我们掌声鼓励，谢谢大家！

活动3 大萝卜（制作活动）

活动目标

大胆尝试运用团纸粘贴的方法制作萝卜，体验成功感及与同伴一起制作的快乐。

活动准备

直径30cm左右的白纸制作的圆形萝卜，每组1个（萝卜叶子涂好色）；胶棒；红色皱纹纸（团后直径1cm为宜）；背景音乐（自选一首与萝卜或小兔有关的舒缓乐曲）；熟悉、了解萝卜的外形和生长环境。

活动过程

1. 导入。师幼共同歌唱、表演《拔萝卜》。

⭐ 教师：小朋友们，我们一起去拔萝卜吧！

2. 欣赏感知。教师出示白色大萝卜，引发幼儿制作萝卜的兴趣。

⭐ 教师：请小朋友们看看，老师拔出了一个什么颜色的萝卜？

⭐ 教师：老公公告诉我说，红红的萝卜最好吃！你们能帮我把它变成红颜色吗？

3. 探索发现。幼儿尝试运用团纸的方法制作萝卜，体验合作创作的快乐。

（1）教师展示材料，引导幼儿探索制作方法。

⭐ 教师：小朋友们看一看，老师为你们准备了哪些材料？我们怎么用这些材料制作萝卜呢？

（2）幼儿随团纸儿歌徒手练习团纸。

⭐ 教师：小红纸，手中攥，放在手心团呀团，团呀团，团呀团，团成一个小圆球。

（3）教师播放背景音乐，幼儿分组制作大萝卜，体验与同伴共同制作的乐趣。

☆教师：我们一起来制作一个大萝卜送给老公公好吗？

4. 展示表现。幼儿欣赏各小组作品，体验成功感，教师给予肯定和鼓励。

☆教师：请小朋友欣赏一下其他组制作的萝卜，看看哪组小朋友做的萝卜最漂亮！

5. 结束。幼儿听《拔萝卜》音乐出教室，活动自然结束。

☆教师：小朋友们自己动手制作了漂亮的萝卜，我们一起到外面做拔萝卜游戏吧！

活动4　谁来拔萝卜（区域活动）

活动目标

寻找适合故事人物的典型道具，尝试进行自我装扮，体验装扮游戏的乐趣。

活动准备

环保身体彩绘颜料；各种纸张、装饰辅料等。

活动建议

1. 活动前，教师与家长沟通交流，以便取得家长的支持与配合。

2. 将幼儿与家长共同收集的角色扮演道具投放在活动区后，教师可组织幼儿进行展示和讨论，例如眼镜、头巾、中式衣服、毛背心、花裙子、拐杖、假发、面具等，哪件物品适合故事中的哪个角色。幼儿自由装扮进行游戏，请大家猜一猜故事中的谁来了。

3. 在区域活动中，教师可以引导幼儿在美工角自己制作道具，将各区域活动联动起来，不断丰富幼儿的表演道具。

4. 教师还可提供彩绘棒，供幼儿进行装扮。可用颜料在脸上进行造型，例如老爷爷的皱纹、小花猫的脸等，提高表演的趣味性。

活动5　一起拔萝卜（表演活动）

活动目标

掌握故事主要情节与对话，尝试有语气、有表情地表演故事，体验与同伴共同表演的快乐。

活动准备

主要角色胸卡；幼儿制作的大萝卜；录音机；小舞台简单场景；故事《拔萝卜》录音；在以往的活动中有初步的表演经验。

活动过程

1. 导入。教师引导幼儿认真倾听故事，巩固欣赏常规。

☆教师：今天我们再来听一听《拔萝卜》的故事，请小朋友们安静欣赏。

2. 欣赏感知。幼儿倾听故事录音，回忆主要情节。

（1）教师以出示胸卡的方式，依次表现人物出场顺序。

☆教师：故事里是谁最先帮助老爷爷拔萝卜的？后来谁来了？再往后谁又来了？

（2）教师引导幼儿对角色的主要对白进行回忆。

☆教师：拔萝卜的时候，他们是怎样叫别人帮忙的？唱了什么？别人是怎样回答的？

3. 探索发现。师幼共同分析各角色特点，感受各角色的不同表现。

（1）教师指导幼儿对不同角色的声音逐一进行分析。

☆教师：老公公、老奶奶和小姑娘的声音一样吗？有什么不一样？猜猜这是谁的声音？

☆教师：小狗、小猫、小老鼠都是小动物，我们要怎样表演才能更像呢？

（2）教师指导幼儿对角色表演的动作逐一进行分析。

☆教师：老公公、老奶奶和小姑娘的走路方式一样吗？有什么不一样？

猜猜这是谁走来了？

☆ 教师：小狗、小猫、小老鼠都是小动物，要怎样出场才能更像呢？

☆ 教师：怎样拔萝卜才能拔出来？我们一起学一学使劲拔的动作。

4. 展示表现。教师引导幼儿运用不同语气和动作，模仿故事中的角色进行表演。

（1）幼儿自选角色，简单装扮。

☆ 教师：想一想，你愿意扮演谁？戴上胸卡我们一起来表演！

（2）师幼共同表演，幼儿分享经验。

☆ 教师：谁想和老师一起表演《拔萝卜》？其他小朋友当观众来欣赏。

☆ 教师：小演员们演得好吗？哪里演得好？

（3）幼儿分组同时进行表演，共同体验表演的快乐。

☆ 教师：全班小朋友分组来一起演一演，看看哪组的小朋友声音最好听，动作最到位，就像真的小演员一样。

5. 结束。教师对幼儿的表演给予正面评价，引导幼儿在区域中继续表演，活动自然结束。

☆ 教师：今天小演员都演得特别棒，老师会把这些道具放到小剧场里，以后在我们班的小剧场里可以继续表演！

单元三　雪孩子

活动1　下雪了（家园活动）

活动目标

调动多种感官欣赏、感受雪景的美丽，体验雪中游戏的乐趣。

活动准备

玩雪工具；摄影设备。

活动建议

1. 此活动可采用亲子活动或家园活动的形式来进行，在活动中应调动幼儿多种感官来体验冬天的乐趣。

（1）父母和孩子一同接雪花、摸雪，感受雪的温度与质地。

（2）踩雪：听一听踩雪的声音，比一比宝宝和爸爸、妈妈或老师、同伴的脚印大小。

（3）玩雪：打雪仗、堆雪人，感受雪中游戏的乐趣。

（4）观察自己、父母或小伙伴的手、脸都冻成什么样子了。

（5）与幼儿一同扫雪，扫出一条道路，供大家行走。

2. 在活动中，可采用随机评价的方式，使幼儿了解雪的特征，体验冰雪游戏的快乐。

3. 活动中家长应鼓励幼儿不怕寒冷，积极参与冬季户外活动。

4. 成人可利用摄像、照相的形式记录幼儿玩雪的过程，也可用文字记录幼儿的感受。

5. 活动后，成人与幼儿共同收集雪花、雪景的图片、艺术作品，丰富到班级的环境创设中。

活动2　可爱的雪孩子（戏剧欣赏活动）

活动目标

理解动画片的主要情节，感受配乐的优美，雪孩子形象的可爱，感知雪孩子善良、勇敢的品德。

活动准备

动画片《雪孩子》；动画片节选片段（雪孩子和小兔在雪地嬉戏的片段）和音乐；自选两段配乐（舒缓的与欢快的）；幼儿完整欣赏过动画片《雪孩子》。

活动过程

1. 导入。幼儿欣赏动画片《雪孩子》片段，感知雪孩子动画形象的可爱及善良、勇敢的品德。

☆ 教师：动画片里都有谁？你最喜欢谁？为什么？

☆ 教师：雪孩子长得什么样？

2. 欣赏感知。教师从所欣赏的片段内容中选择两段配乐进行欣赏，感受不同音乐的特点。

☆ 教师：让我们听一段音乐，说一说这段音乐给你什么感觉。

☆ 教师：听了第二段音乐，你又有什么感觉呢？

3. 探索发现。在音乐的伴随下，幼儿做律动，表现雪孩子的动作或故事情节（如用舒缓的音乐表现滑雪；用欢快的音乐表现与小兔子游戏等）。

☆ 教师：听一听这段音乐，雪孩子在做什么？用动作告诉我。

4. 展示表现。在音乐伴随下，幼儿与同伴共同表演雪孩子与小兔子游戏的故事情节。

☆ 教师：两位小朋友为一组，一人扮演雪孩子，一人扮演小兔子，两人手拉手，我们一起听音乐表演吧。

5. 结束。引出下次活动，本次活动自然结束。

☆ 教师：咱们和雪孩子做朋友吧！下次我们一起制作一个雪孩子！

活动3　做个雪孩子（制作活动）

活动目标

探索用拼、摆、粘的方法制作雪孩子，并尝试运用简单的线条添画表情、雪景。

活动准备

胶棒；油画棒；蓝色画纸；雪娃娃的粘贴部件（大圆、小圆、梯形），人手一份；歌曲《堆雪人》（熊芳琳词，韩德常曲）；有使用胶棒、油画棒的经验。

活动过程

1. 导入。回忆雪人的可爱形象，激发幼儿制作欲望。

☆ 教师：你还记得动画片中的雪孩子吗？你想不想有一个自己的雪孩子呢？我们来做一个吧。

2. 欣赏感知。请幼儿倾听歌曲《堆雪人》，感知雪人的外形特点。

☆ 教师：请你听一听歌曲《堆雪人》，说一说雪人长什么样子？

3. 探索发现。幼儿探索制作雪人的方法并添画装饰，感受创作的快乐。

（1）教师以提问的方式指导幼儿运用不同纸型拼摆雪人。

☆ 教师：大圆形可以当雪人的什么？小圆形可以当雪人的什么？梯形可以做什么？摆在哪里更合适？

（2）幼儿按照拼摆后的位置进行粘贴。

☆ 教师：请你按照拼摆好的位置用胶棒把雪人的头、身体、帽子粘贴好吧。

（3）幼儿尝试运用简单的线条添画表情、雪景。

☆ 教师：雪人有头和身体了，你看看它还缺少了什么？你还可以添画些什么让它变得更漂亮呢？

4. 展示表现。教师引导幼儿互相欣赏作品，感受雪人的可爱。

☆ 教师：请给你身边的小伙伴看看你的雪人，两个雪人哪里不一样？

5. 结束。引导幼儿对自己做的雪人说句心里话，教师帮助记录。

☆ 教师：你想对雪人说什么？悄悄告诉它吧！

活动建议

1. 活动组织中，可提供幼儿多种制作方式的选择，例如图形、泥塑、粘贴添画等。

2. 活动中教师可运用过程评价与作品评价相结合的方式进行评价。

3. 教师可布置一个雪人展览，展出幼儿制作的作品，进一步欣赏、交流。还可将幼儿的作品拍照，用照片的形式进行展览。

［雪孩子范例］

活动4　漂亮的雪孩子（制作活动）

活动目标

能够大胆运用辅助材料为雪孩子进行装饰，体验装扮的乐趣。

活动准备

自制雪孩子三个（分别用大皮球、小皮球和大柚子、小胡柚组合制作。用皮球制作的可以先在外面包上白绒布，用柚子制作的可以由幼儿团白色纸球贴在外面）；装饰雪孩子的辅助材料（皮球做的雪孩子可用即时贴剪贴的眼睛、鼻子、嘴巴进行装饰；柚子做的雪孩子可用水果蔬菜，如辣椒、圣女果、枣等进行装饰）；围巾；动画片《雪孩子》片段（小兔子和妈妈一起堆雪人的片段）；完整欣赏过动画片；有用废旧物制作的经验；会使用双面胶。

活动过程

1. 导入。倾听《雪孩子》中小兔和妈妈堆雪人的音乐片段，引导幼儿回忆自己堆雪人的情景。

☆ 教师：这是一段什么样的音乐？音乐中讲了什么事情？

☆ 教师：你堆过雪人吗？你堆的雪人是什么样子的？

2. 欣赏感知。幼儿欣赏《雪孩子》中小兔和妈妈一起堆雪人的片段，感知雪孩子的可爱形象。

☆ 教师：小兔子和兔妈妈是怎样堆雪人的？

☆ 教师：雪孩子哪儿最漂亮？为什么？

3. 探索制作。幼儿自由分成三组为雪孩子装扮，引导幼儿大胆运用辅助材料进行装饰，体验为雪孩子装扮的乐趣。

☆ 教师：这里有三个雪孩子，可是都还不够漂亮，你们看看它还少些什么？

☆ 教师：我们一起把雪孩子打扮得漂亮一些吧！

4. 结束。幼儿伴随音乐片段自由律动，结束活动。

☆ 教师：我们围着雪孩子，和它一起跳个舞吧！

活动建议

1. 教师应根据班级幼儿的人数制作相应数量的雪孩子，让每个幼儿都能充分参与。

2. 教师可以发挥想象，充分利用雪孩子进行活动。例如一个皮球的正反两面可以都做成雪孩子的脸，成为双面雪孩子。如果雪孩子足够大，可以将雪孩子分成三面，组成一个多面雪孩子。

热热闹闹过新年

主题概述

农历新年即春节，是我们中国人最为重要的传统节日。在节日里，我们有丰富的民俗活动：贴窗花、放鞭炮、吃团圆饭、拍全家福……这些都承载着中华民族上下五千年的古老文化。对于活泼好动的孩子来说，节日里的一切都充满了乐趣。

我们设计了"欢欢喜喜迎新年""敲锣打鼓扭秧歌""过年喽"三个单元。在"欢欢喜喜迎新年"单元里，把新年里传统的儿歌《新年好》、代表喜庆的灯笼以及代表祝福的新年贺卡设计成了音乐活动和美术制作活动，引导幼儿体验新年热闹、快乐的气氛，表达、传递自己对新年的盼望之情。"敲锣打鼓扭秧歌"单元通过器乐欣赏、演奏、舞蹈律动等艺术手段，激发幼儿对民族文化和打击乐的兴趣，体验热闹过年的喜庆气氛。"过年喽"单元引导幼儿在亲子活动、家园活动中，体验与家人一起做团圆饭的乐趣，体验欢乐的节日气氛。通过美工制作、角色扮演等活动，引导幼儿了解新年习俗，感受过年时热闹、红火的气氛，体会新年所蕴含的团圆、吉祥的寓意。

在开展本主题活动的过程中，可以调查班中幼儿的家乡，让他们回家与爸爸妈妈一起讨论、整理家乡春节的风俗、美食等，教师也可以向幼儿介绍世界上不同国家庆祝新年的方式，引导幼儿感受文化的多样性。

主题活动网络图

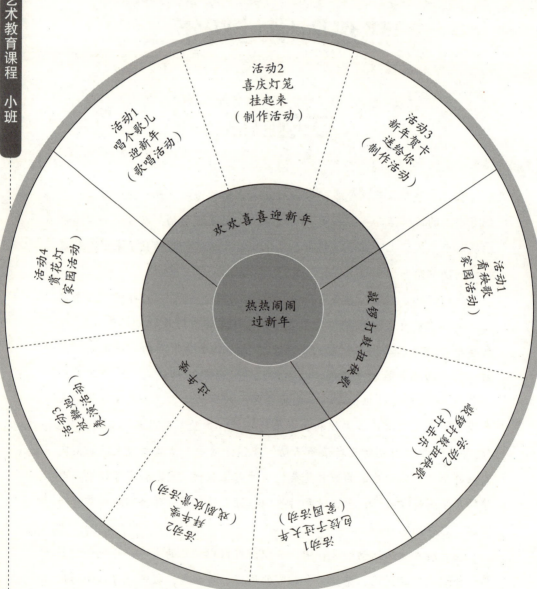

活动2
喜庆灯笼
挂起来
（制作活动）

活动1
唱个歌儿
迎新年
（歌唱活动）

活动3
新年贺卡
送给你
（制作活动）

活动4
赏花灯
（家园活动）

欢欢喜喜迎新年

活动1
看秧歌
（家园活动）

热热闹闹
过新年

敲锣打鼓扭秧歌

活动3
我们闹元宵
（表演活动）

活动2
快乐的舞龙
（打击乐）

活动2
挂春联
（美劳活动）

活动1
包饺子过大年
（美劳活动）

综合艺术活动

单元一　欢欢喜喜迎新年

活动1　唱个歌儿迎新年（歌唱活动）

活动目标

1. 能声音自然、吐字清晰地演唱，并正确地开始与结束歌曲。
2. 体验新年时的欢快、热烈气氛。

活动准备

音乐《新年好》（英国儿歌，杨世明译配）；红绸子、手巾花；班级新年环境创设：班级门口贴对联、门笺、福字等；已有拍手打稳定节拍的经验。

活动过程

1. 导入。在歌曲《新年好》的伴随下，师幼共同欣赏环境，体验过新年的快乐氛围，引发幼儿学习歌曲的兴趣。

☆教师：小朋友们，看看我们班门口有什么变化？为什么要贴福字呢？

☆教师：你想到了什么？

2. 欣赏感知。教师引导幼儿感知音乐的旋律及稳定的 $\frac{3}{4}$ 拍。

（1）伴随《新年好》歌曲，教师引领幼儿随歌曲的节拍拍手走进教室。

☆教师：我们一起听着《新年好》的歌曲，迎接新年的到来吧！

☆教师：仔细听，歌曲里唱了什么？

（2）教师引导幼儿掌握歌词，能吐字清晰地说歌词。

☆教师：歌曲中唱到祝贺大家什么？

☆教师：我们怎样来庆祝新年？

107

☆ 教师：我们也学着歌曲，一起来说一说，好吗？教师可运用拍手打节拍的方式，稳定幼儿的拍感。

3. 探索发现。教师鼓励幼儿运用自然的声音演唱歌曲。

（1）幼儿第一次歌唱。

☆ 教师：小朋友们在唱歌的时候要用好听的声音唱，不要喊，把每个字唱清楚，让大家能听懂。

（2）幼儿第二次歌唱。

☆ 教师：小朋友们要仔细听音乐，一起开始唱，结束时不拖长声。

4. 展示表现。鼓励幼儿自选道具，共同舞蹈，体验新年来到的快乐心情。

☆ 教师：请你选择一件喜欢的物品，让我们唱歌、跳舞，一起庆祝新年吧!

5. 结束。教师鼓励幼儿大胆表达自己的快乐心情。

☆ 教师：小朋友们，喜欢大家一起唱歌、跳舞吗？过新年时，你回家给爸爸妈妈唱《新年好》的歌曲，好吗？

活动2　喜庆灯笼挂起来（制作活动）

活动目标

尝试运用折、剪、粘的方法制作灯笼，感受欢乐的节日气氛。

活动准备

班级新年环境布置：各类灯笼（宫灯、红灯笼、彩灯、自制的灯笼等）；教师穿着红色喜庆的服装；已画好直线的正方形彩纸，每人一张；用来做灯笼提手的纸条，每人一条；胶棒和剪刀，人手一份；背景音乐《春节序曲》；幼儿已掌握对边折；会使用胶棒、剪子。

活动过程

1. 导入。教师播放《春节序曲》音乐，为幼儿营造喜庆的节日气氛。

☆ 教师：小朋友们，今天老师穿的衣服漂亮吗？是什么颜色的？

☆ 教师：为什么老师们都穿红色的衣服？

☆ 教师：要过新年了，老师带小朋友去看灯笼展览吧！

2. 欣赏感知。师幼共同观赏花灯。

（1）教师带领幼儿欣赏各种灯笼，从灯笼的色、形等不同方面，引导幼儿细致观察。

☆ 教师：看看这些灯笼是什么颜色的？有什么形状？

☆ 教师：你最喜欢哪个灯笼？为什么？

（2）引导幼儿感受节日氛围。

☆ 教师：看到这么多的灯笼，你有什么感觉？

☆ 教师：我们也来做一个小灯笼，把它串起来挂在大门上吧！

3. 探索发现。幼儿探索灯笼的制作方法。

（1）教师介绍工具材料。

☆ 教师：请小朋友们猜一猜，小灯笼是用什么工具制作而成的？

（2）教师示范灯笼做法。

☆ 教师：这是什么形状的纸？对边折要怎样折才能折得整齐？

☆ 教师：小剪刀要从哪边剪？剪到哪里？

（剪刀用法：大拇哥进山洞，二指三指进山洞，打开嘴巴咬一口，一口一口吃到头。）

☆ 教师：用什么工具可以把灯笼的两边粘起来？

☆ 教师：灯笼的提手贴在哪里合适？

☆ 教师：老师的小灯笼做好了，漂亮吗？大家都来试一试。

4. 展示表现。幼儿动手制作，教师进行指导。

（1）幼儿自由选择纸张，尝试灯笼制作。

☆ 教师：请小朋友找一张自己喜欢的彩纸，快来做一个新年灯笼吧！

（2）教师对幼儿进行随机指导。

☆ 教师：你遇到什么问题了？我来帮帮你吧！

☆ 教师：哪个小朋友可以帮帮小伙伴？

5. 结束。在《春节序曲》的伴随下，教师与幼儿共同将做好的灯笼布置在班级教室、楼道里，并与小伙伴进行交流欣赏。

☆ 教师：我们把灯笼挂起来吧！看一看哪个灯笼最漂亮？

活动建议

教师可根据班级幼儿的实际水平，提供不同层次的操作材料，如：折好的正方形纸，画好剪刀指示线的半成品等，使处于不同发展水平的幼儿均能获得能力的提高。

活动资料

[灯笼制作方法]

用一张正方形的纸，边对边折，从闭口边向开口边剪直线，剪到离纸边约两厘米处停下；打开纸，将纸的A、B两侧粘起来，在纸张上方粘上提手即可。

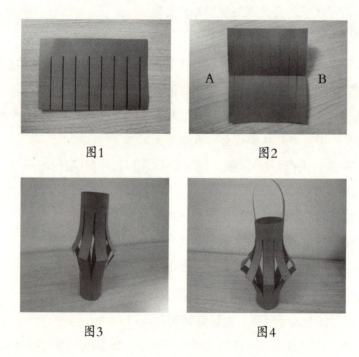

图1　　　　　　　　　　图2

图3　　　　　　　　　　图4

活动3　新年贺卡送给你（制作活动）

活动目标

1. 尝试运用不同制作方法制作新年贺卡。

2. 了解新年贺卡是传递祝福的一种方式，感受传递情意的温暖。

活动准备

各种制作材料（水彩笔、油画棒、广告色、棉签、毛笔、印章、彩色卡纸、皱纹纸、压花器，剪好的花、叶子、小图案等）；乐曲《喜洋洋》；教师与幼儿共同收集的各式贺卡；以往活动所积累的有关新年的知识；幼儿已参与过新年活动室的布置。

活动过程

1. 导入。引导幼儿充分表达自己的过年经验，感受新年所带来的喜悦之情。

☆ 教师：小朋友们，马上就要过新年了，你们知道什么是新年吗？

☆ 教师：新年就是新的一年的开始，意味着我们都长大一岁了。

☆ 教师：新年时，大家会互赠礼物，表达新年祝福，老师就收到了礼物，是一张新年贺卡。

2. 欣赏感知。教师带领幼儿欣赏贺卡，激发幼儿参与活动的兴趣。

（1）教师通过展示自己收到的贺卡，介绍贺卡的基本组成要素。

☆ 教师：这张贺卡好看吗？你最喜欢贺卡的哪个地方？

☆ 教师：这是一个小朋友送给我的，上面写着祝老师新年快乐、身体健康，收到贺卡我真开心！

☆ 教师：我们发现了贺卡是一种祝福卡片，它包括喜庆的图案和祝福的话。

（2）教师引导幼儿欣赏各式贺卡，着重发现不同贺卡在样式、色彩、图案上的差别，积累制作经验。

☆ 教师：这里有许多小朋友收集的贺卡，快去看看，都有什么样子的？

☆ 教师：请你挑一张最喜欢的贺卡，说说为什么喜欢。

☆ 教师：快过新年了，我们来做一张新年贺卡送给自己最喜欢的人吧！

3. 探索发现。教师引导幼儿探索贺卡的制作方法。

（1）幼儿观察范例，探索贺卡的纸张用法与构图要素。

☆ 教师：贺卡是用什么形状的纸做的？怎样折起来？

☆ 教师：贺卡上都有什么？是用什么方法添上去的？可以画在哪里？

☆ 教师：除了有图案，还要有什么？别忘了要留出写祝福语的地方哟！

（2）教师介绍各组绘画材料，并提出具体的使用要求。

☆ 第一组：棉签的使用方法。教师：怎样用棉签，颜色才不会混起来？

☆ 第二组：压花器的使用方法。教师：把纸塞进压花器的大嘴巴，使劲按一下，小花就出来了。

☆ 第三组：印章的使用方法。教师：小印章和印泥的颜色能混在一起吗？怎样做就不会混了？引导幼儿发现印章和印泥的颜色要一样。

☆ 教师：怎样让小印章印出的图案更清楚？

4. 展示表现。幼儿尝试运用不同方法分组制作新年贺卡，并传递祝福。

（1）教师播放《喜洋洋》，鼓励幼儿自由选组，大胆创意，制作富有个性的贺卡。

☆ 教师：看看谁的贺卡做得漂亮，和别人的不一样？

（2）教师帮助幼儿写祝福语，传递情意，体会浓浓的亲情与友情。

☆ 教师：你想对小朋友（或其他人）说什么祝福的话？

5. 结束。师幼、幼儿之间互送贺卡，感受传递情意的温暖。

☆ 教师：把贺卡送给你喜欢的人吧！

活动建议

教师可根据本班幼儿的实际能力，灵活安排课时，该活动可分为两个活动课时完成。

单元二　敲锣打鼓扭秧歌

活动1　看秧歌（家园活动）

活动目标

1. 与家人共同感受节日热烈喜庆的氛围，增进亲子感情。

2. 知道扭秧歌是中国北方传统喜庆节日不可缺少的一项民俗活动。

活动建议

1. 在活动前，教师可发出家长信，向家长介绍这次亲子活动的目的及活动意义。

2. 在条件允许的情况下，幼儿园也可发动社区，邀请社区民俗舞蹈队进园为幼儿表演。教师可引导幼儿观察扭秧歌人的表情、动作、步伐、服装、道具等，为下一个活动《敲锣打鼓扭秧歌》积累动作经验，提高幼儿的艺术观察力。

3. 将收集来的资料收藏到幼儿的艺术档案夹内，作为继续教育的资源。

活动资料

[家长信]

家 长 信

亲爱的家长朋友们：

新年好！

农历新年即春节，是中国人最重要的节日。在节日里，我们有着许多富有生活情趣的民俗活动：敲锣打鼓扭秧歌，热热闹闹放鞭炮，包饺子过大年等，节日里欢乐的笑声、新年的礼物、吉祥的话语，对于活泼好动的孩子来说，都充满乐趣，也可让孩子们体验到浓浓的亲情与友情。为此，在这欢乐的日子里，我们开展了"热热闹闹过新年"主题活动。

在过年期间，请您与孩子一起体验节日的快乐：（1）观赏或参与社区节日舞蹈活动，如扭秧歌，感受节日热闹喜庆的氛围，鼓励幼儿与您共同尝试随着鼓乐声做简单的秧歌模仿动作，大胆表现自己的愉快情绪。（2）学习和实践节日礼仪：学习向亲人、长辈拜年的礼仪，学说祝福语和吉祥话，用吉祥话来传达美好的节日祝愿，感受吉祥话为人们带来的喜庆气氛。（3）将自己与家人过年时难忘有趣的时刻记录下来，并带到幼儿园与小朋友共同分享，交流自己的感受。

愿孩子们能够体验到新年热闹的气氛，感受到与家人共赏、共演的乐趣。

×× 班 ×× 老师

活动2　敲锣打鼓扭秧歌（打击乐）

活动目标

1. 认识并尝试演奏打击乐器锣、鼓、镲，能够随秧歌鼓点做简单律动。

2. 感受喜庆、欢快的节日气氛。

活动准备

锣、鼓、镲三种乐器各若干；红绸；幼儿自制的彩条，每人两条；歌曲《好日子》；歌曲《什么乐器在歌唱》（李晋瑗词曲）；已经欣赏与交流过看秧歌的感受；知道扭秧歌是春节中不可缺少的一项民俗活动；幼儿已掌握歌曲《什么乐器在歌唱》。

活动过程

1. 导入。幼儿欣赏教师表演，认识打击乐器锣、鼓、镲。

☆ 教师：今天老师请小朋友们欣赏一段打击乐，这段打击乐里都用到了哪些乐器？它们长得什么样？

☆ 教师：锣、鼓、镲都是中国传统的打击乐器，都要通过敲敲打打才能发出好听的声音。

☆ 教师：听了这段打击乐，你们想到了什么？

☆ 教师：我们中国人一到过节的日子，就会敲起锣、打起鼓、扭起大秧歌来庆祝，大家可高兴了。

2. 欣赏感知。和幼儿玩游戏"什么乐器在歌唱"，通过听声音、猜乐器，引导幼儿进一步感知锣、鼓、镲的不同音色。

（1）教师用遮挡物将锣、鼓、镲遮挡起来。

☆ 教师：我们已经认识锣、鼓、镲了，咱们和新朋友来玩个"什么乐器在歌唱"的游戏吧，那我们先让锣、鼓、镲藏起来。

（2）幼儿演唱《什么乐器在歌唱》后，教师根据不同乐器的特点设计不同的节奏型，发出声音。

☆ 教师：仔细听，猜一猜这是什么乐器在歌唱？我们也来学一学它的声音。

3. 探索发现。幼儿自选一件喜欢的乐器，并按乐器分成三组，尝试打击锣、鼓、镲，教师个别指导。

☆ 教师：今天老师带来了许多的锣、鼓、镲朋友，请选择一件你喜欢的乐器。

☆ 教师：请你试一试用自己的小手让它们发出好听的声音。锣、鼓、镲应怎样敲打才能发出好听的声音？

☆ 教师：请你试一试按照老师的方法敲击简单的节奏。

4. 展示表现。教师播放乐曲《好日子》，幼儿随鼓点做简单律动表演，感受喜庆、欢快的节日气氛。

☆ 教师：锣、鼓、镲是我们中国传统的打击乐器，在人们高兴的时候，都会敲起锣、打起鼓、扭起大秧歌来庆祝。我们也来扭起秧歌庆新年吧！

5. 结束。承上启下为下次活动做铺垫。

☆ 教师：新年到了，大家要去拜大年，过几天我们一同给大家拜年去！

单元三 过年喽

活动1 包饺子过大年（家园活动）

活动目标

尝试运用团、压、捏的方法制作饺子，体验与家人一起做团圆饭的乐趣。

活动准备

包饺子所用的工具、原料。

活动建议

1. 活动前，教师应开展家长工作，让家长了解活动的目标与意义。引导幼儿在家中和父母共同包饺子，并把参与活动时留下的照片带到幼儿园来进行交流。

2．将有趣的照片挑选出来，布置在"包饺子、过大年"主题墙饰中，让幼儿简单叙述照片中的趣事，并与大家共同分享。

3．在包饺子的过程中，家长可以将饺子的来历与传说讲给幼儿听，使幼儿对中国传统饮食文化有初步的了解。

4．包饺子时，家长可运用儿歌让幼儿了解制作方法，激发体验的兴趣。

活动资料

［儿歌］   **包 饺 子**

小面团，团圆圆，再用手掌压压扁，爸爸妈妈来帮忙，先擀皮来再放馅，两边对齐捏捏紧，捏成一个小月牙。

活动2 拜年喽（戏剧欣赏活动）

活动目标

1．知道过新年是传达人与人之间美好祝愿的节日。

2．学说吉祥话，体验吉祥话为人们带来的温暖、快乐的感受。

活动准备

装扮道具，如扮演老爷爷用的拐棍和白胡子，扮演小姑娘用的蝴蝶结等；教师情景表演《大拜年》；收集以往过年时的照片、视频等；有拜年的经历。

活动过程

1．导入。引导幼儿回忆拜年场景，引发幼儿对拜年的关注。

☆教师：你去拜过年吗？拜年时人们都会说什么话？

2．欣赏感知。请幼儿欣赏教师的情景表演《大拜年》，感受人们传递美好祝愿时的快乐情绪。

☆教师：人们都说了哪些吉祥话？是怎样说的？

3．探索发现。请幼儿尝试表达祝福语，并讨论如何用恰当的方式说出祝福语。

☆ 教师：对爷爷奶奶应该说什么吉祥话？对爸爸妈妈呢？对哥哥姐姐呢？

4. 展示表现。幼儿自选角色进行装扮，表演送祝福。

（1）幼儿自选角色进行简单装扮。

☆ 教师：你想扮演谁？选择合适的道具，把自己装扮起来吧！

（2）幼儿根据不同角色尝试说出合适的祝福语。

☆ 教师：猜猜他扮演的是谁？你想跟他说什么祝福的话语？

（3）教师鼓励幼儿大胆表达，学说吉祥话，体验吉祥话为人们带来的温暖、快乐的感受。

☆ 教师：找找你身边的人，看看他是谁，你想跟他说什么祝福语？

5. 结束。将活动延伸到生活当中。

☆ 教师：小朋友们都把自己喜欢的吉祥话记住，回家后说给你的家人和朋友听。

活动建议

此活动可在表演区中继续进行，教师应提供不同的人物道具供幼儿表演。并可将表演以摄像或照片的形式记录下来，在区角评价时与伙伴们一同分享，共同交流学习。

活动3 放鞭炮（表演活动）

活动目标

尝试模仿放鞭炮的动态和声音，感受放鞭炮时热闹、喜庆的节日气氛。

活动准备

动画片《除夕的故事》（中国水墨动画光盘）；《放鞭炮》PPT（各种鞭炮声音及放鞭炮年画）；废旧材料制作的二踢脚；知道过年有放鞭炮的习俗，听到过一些鞭炮声。

活动过程

1. 导入。播放鞭炮声，引发幼儿对放鞭炮的兴趣。

☆教师：这是什么声音？

☆教师：什么时候会放鞭炮？

2. 欣赏感知。幼儿欣赏动画片《除夕的故事》，了解放鞭炮的来历。

☆教师：为什么过年要放鞭炮呢？请小朋友们欣赏一个动画片《除夕的故事》，它将告诉你们答案。

3. 探索发现。教师播放不同强弱、节奏、速度的鞭炮声音，让幼儿感受不同的鞭炮声并尝试模仿，为游戏做铺垫。

☆教师：你听到过什么样的鞭炮声？谁来学一学？

4. 展示表现。幼儿角色扮演"放鞭炮"，体验放鞭炮的动作与心情。

（1）教师播放《放鞭炮》PPT（图片和声音），创设游戏情境，让幼儿了解鞭炮的造型特点，想象放鞭炮的情景。

☆教师：现在请小朋友们欣赏一幅年画，名字叫《放鞭炮》，看看他们在干什么？你是从哪里看出来的？

（2）师幼玩游戏"放鞭炮"，教师引导幼儿从动作和声音上模仿鞭炮爆炸时的声音，感受放鞭炮时热闹、喜庆的节日气氛。

☆教师：你们都是一个小鞭炮，老师点到谁谁就爆炸，看哪个鞭炮发出的声音和别人的不一样。准备好了吗？我们一起放鞭炮吧。

5. 结束。自然结束。

☆教师：放了许多鞭炮，你们高兴吗？让我们休息一会儿吧！

活动建议

1. 放鞭炮这一活动是动觉、视觉、听觉等多种感官共同参与的活动。如果本班大多数幼儿没有放鞭炮的经历，视频资料就显得尤为重要。它可以形象地让幼儿感受放鞭炮的过程。

2. 动画片《除夕的故事》时间较长。为了使动画片更加合理地融入活动，可进行剪辑、重组，使视频资料既能满足目标需要，又符合活动时间的要求。

活动资料

［"放鞭炮"游戏规则］

每个幼儿都扮演一个鞭炮，并伸起一根手指当导火线。当教师拿着"火种"去点燃"导火线"的时候，"鞭炮"应随即爆炸，并发出不同的炸响声。

活动4　赏花灯（家园活动）

活动目标

1. 知道赏花灯是中国传统节日——春节的典型活动之一。
2. 感受花灯造型、图案、色彩的艺术美，体验欢乐的节日气氛。

活动建议

1. 活动前期可与幼儿共同收集各式花灯，引发幼儿对花灯的关注。

2. 活动中，教师应建议家长从造型、图案、色彩等方面引导幼儿有目的地进行观察，欣赏多彩的花灯。

3. 活动中家长可以为幼儿拍照、摄像留念，并将其丰富到活动室的单元墙饰中，与伙伴共同分享交流，体验欢乐的节日气氛。

4. 家长可教授幼儿1—2个他们感兴趣的谜语，并鼓励幼儿在日常生活中与他人互动，共猜谜语。

下学期

妈妈爱我

主题概述

妈妈的爱是最真挚、无私的，这浓浓的爱将伴随着孩子一天一天地成长。通过引导幼儿对妈妈的关注，可以让他们从小学会感恩，学会感受爱、表达爱。

在本主题中，我们设计了"小时候的故事""妈妈的眼睛会说话""妈妈的礼物"三个单元活动。在"小时候的故事"这一单元里，我们通过家园活动，引导幼儿讲述自己与妈妈之间的故事，分享与妈妈之间发生的爱的故事。眼睛是心灵的窗户，在"妈妈的眼睛会说话"单元里，我们引导幼儿关注妈妈的眼睛和表情，发现妈妈的与众不同（如眼睛的形状、神情等），从妈妈慈爱的眼神、温柔的表情中，感受妈妈的爱，通过交流分享、歌曲学唱等活动，尝试运用语言、歌曲表达自己对妈妈的爱，体验母子间的亲密情感。在"妈妈的礼物"单元中，我们鼓励幼儿运用绘画、制作、歌唱表演、欣赏交流等艺术手段，为妈妈送上爱的礼物和祝福。

本主题可以结合妇女节或者母亲节开展，引导幼儿更好地感受爱与被爱的幸福。而对于母爱，也可以引申到祖父母的关爱甚至是动物世界中的母子亲情。但是，对于单亲或重组家庭，教师要给予特别的关注与引导。

主题活动网络图

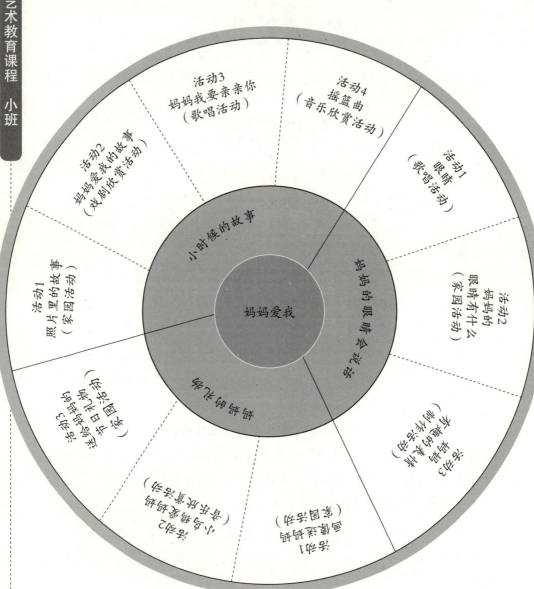

活动3
妈妈我要亲亲你
（歌唱活动）

活动4
摇篮曲
（音乐欣赏活动）

活动2
妈妈爱我的故事
（戏剧欣赏活动）

活动1
眼睛
（歌唱活动）

活动1
照片里的故事
（家园活动）

活动2
妈妈的
眼睛有什么
（家园活动）

小时候的故事

妈妈的眼睛会说话

妈妈爱我

活动3
送给妈妈的
生日礼物
（家园活动）

妈妈的礼物

活动3
亲亲热热的家
（家园活动）

活动2
小乌鸦爱妈妈
（音乐欣赏活动）

活动1
我帮妈妈做家务
（家园活动）

综合艺术活动

单元一 小时候的故事

活动1 照片里的故事（家园活动）

活动目标

能够和妈妈一起讲述照片里发生的故事，体会妈妈对宝宝的爱。

活动准备

每名幼儿带两张和妈妈的合影；妈妈为合影写几句话或录音。

活动建议

1. 活动前教师应使家长了解此次家园活动的目标，以便家长能更好地计划和开展交流活动。

2. 请家长协助幼儿收集两张自己和妈妈的合影，一起讲述照片上发生的故事，讲完后可以将故事以文字或音频的形式记录下来，并带到班里。

3. 在园内开展的幼儿交流过程中，教师应鼓励幼儿大胆表现，将自己与妈妈的故事讲述给小朋友听。教师也可以把"妈妈的话"朗诵（或播放）给幼儿听，体会妈妈对宝宝的爱。

4. 活动后，教师可以和幼儿一起把照片布置在班里的主题展示墙上，方便幼儿继续欣赏、交流。

5. 在语言区中投放家长的录音，鼓励幼儿认真倾听，说一说妈妈对我们说了什么话，感受妈妈对宝宝的关爱。

活动2　妈妈爱我的故事（戏剧欣赏活动）

活动目标

尝试讲述自己与妈妈的故事，并运用语言表达自己对妈妈的爱，感受亲情的温暖。

活动准备

"妈妈和我"的合影；抒情音乐；幼儿已与妈妈交流过小时候妈妈爱宝宝的故事；请两位妈妈与幼儿准备好情景表演的小故事。

活动过程

1. 导入。请幼儿欣赏妈妈讲述的故事，引发参与活动的兴趣。

☆ 教师：今天我们班来了两位神秘的客人，看看她们是谁？

☆ 教师：这两位妈妈给我们带来了感人的故事，我们一起来看一看。

2. 欣赏感知。在背景音乐的伴随下，观看妈妈和幼儿共同表演的情景剧，引导幼儿感受妈妈的爱。

（1）情境1：宝宝发烧了，妈妈非常着急，背着孩子去医院。

☆ 教师：宝宝生病的时候，妈妈的心情是怎样的？你从哪里看出来妈妈非常着急？

（2）情境2：孩子喜欢吃炖鸡翅，妈妈亲自下厨房做菜做饭，一不小心手上烫了个水泡……美食终于做好了，妈妈将好吃的鸡翅喂给了宝宝。

☆ 教师：妈妈手上烫了泡，宝宝是怎样心疼妈妈的？是怎样帮妈妈吹伤口的？

3. 展示表现。请幼儿讲述自己和妈妈的故事，感受与妈妈之间的亲情。

☆ 教师：墙上的照片里有许多宝宝和妈妈的故事，请你找一找，哪张是你家的照片？请将自己与妈妈的故事讲给大家听。

4. 讨论交流。启发幼儿运用语言表达对妈妈的爱。

☆ 教师：听了小朋友与妈妈之间的故事，你有什么感受？

☆教师：妈妈这么爱我们，我们应该怎样对待妈妈呢？

5. 结束。鼓励幼儿继续在区角游戏中讲述自己和妈妈的故事。

☆教师：在今后的语言角活动中，你可以继续讲述和妈妈的故事，老师帮你把它录下来，播放给小朋友们听。

活动建议

1. 幼儿讲述、交流的内容可以是孩子和妈妈的一张合影，也可以是因一个玩具而引发出的故事，抑或非常有纪念意义的物品，如手印、脚印、胎毛笔等，帮助幼儿感知、体会妈妈深深的爱意。

2. 此活动也可在家长开放日进行，请家长参与讲述活动，在妈妈与孩子的共同讲述交流中，加深和丰富幼儿对母爱的感受。

3. 教师也可以讲述自己小时候的故事，带动幼儿更深切地了解妈妈给予孩子的爱。

活动3　妈妈我要亲亲你（歌唱活动）

活动目标

1. 感受歌曲的韵律，能用自然的声音演唱歌曲。
2. 尝试运用简单的动作表现歌曲，体验宝宝与妈妈之间的亲密情感。

活动准备

歌曲《妈妈我要亲亲你》（彭野词曲）；与歌词内容相匹配的三张图片（妈妈的额头上、鼻子上、嘴巴上分别有红唇印）；在日常生活中，幼儿欣赏过歌曲《妈妈我要亲亲你》。

活动过程

1. 导入。师生交流，引发活动内容。

☆教师：在家中你最喜欢谁？为什么？

☆ 教师：你喜欢妈妈的时候会怎样表示？

2. 欣赏感知。教师第一遍演唱歌曲，请幼儿欣赏，感受歌曲的优美。

☆ 教师：今天老师为小朋友们带来了一首关于妈妈的歌曲，名字叫《妈妈我要亲亲你》，请小朋友听一听歌曲中唱了些什么。

☆ 教师：歌曲里都有谁？

☆ 教师：宝宝和妈妈在做什么？为什么要亲亲妈妈？

3. 探索发现。教师第二遍演唱歌曲，幼儿听歌曲并根据图片记忆歌词。

☆ 教师：歌曲里小朋友先亲了妈妈的哪里？之后做了什么？再亲了哪里？做了什么？最后亲了哪里？做了什么？

☆ 教师：宝宝是用哪里亲妈妈的？请你来学一学。

4. 展示表现。在教师的带领下完整跟唱歌曲。

☆ 教师：请小朋友们当妈妈，用小手做宝宝的小嘴巴，跟着老师一起做动作唱歌。

☆ 教师：小朋友们最喜欢妈妈了，所以在唱歌的时候要轻柔一点，这样妈妈也会更喜欢我们。

5. 结束。教师带领幼儿运用简单动作表现歌曲内容，体验宝宝与妈妈之间的亲密情感。

☆ 教师：请你找到你的好朋友，一人当妈妈，一人当宝宝，我们一起边唱边演。

☆ 教师：小朋友们交换角色，再次表演这首歌，用轻柔的动作表现对妈妈的爱。

活动4　摇篮曲（音乐欣赏活动）

活动目标

能安静欣赏歌曲，感知摇篮曲的特点，感受、体验妈妈对孩子的爱。

活动准备

妈妈哄宝宝睡觉的录像（教师自备）；摇篮曲（能体现妈妈哄宝宝睡觉情景的摇篮曲，例如《舒伯特摇篮曲》《勃拉姆斯摇篮曲》）；动物毛绒玩具，人手一个；有过让妈妈哄自己睡觉的经历。

活动过程

1. 导入。请幼儿观看录像，感受妈妈对宝宝的爱。

☆ 教师：请小朋友安静观看一段录像，说一说录像上有谁。

2. 欣赏感知。师幼互动交流，幼儿回忆自己的经历。

（1）教师引导幼儿通过对人物动作、姿态的观察，结合亲身感受，体会妈妈的爱。

☆ 教师：在录像中宝宝在干什么？妈妈在干什么？

（2）引导幼儿回忆亲身经历，感受妈妈对宝宝的爱。

☆ 教师：妈妈哄你睡觉时是什么样子的？让你有什么感觉？

3. 探索发现。幼儿感受摇篮曲优美、舒缓的特点，体会妈妈的爱。

☆ 教师：在这段录像里你听到了什么？

☆ 教师：歌曲演唱是快还是慢？声音是大还是小？

☆ 教师：妈妈为什么要这么唱？

☆ 教师：妈妈哄宝宝睡觉时唱的，优美、舒缓、轻柔的歌曲叫摇篮曲。

4. 展示表现。教师清唱摇篮曲，幼儿扮演妈妈，进一步体会妈妈对宝宝的爱。

（1）教师清唱《舒伯特摇篮曲》或《勃拉姆斯摇篮曲》，请幼儿体会摇篮曲的特点，体会妈妈对宝宝的爱。

☆ 教师：老师也为小朋友们带来了一首歌曲，请你听一听它是摇篮曲吗？

（2）教师引导幼儿即兴扮演妈妈，感受妈妈对宝宝的爱。

☆ 教师：我告诉小朋友一个秘密，咱们班的小动物宝宝玩了一早上了，困得直打哈欠，谁愿意扮演它们的妈妈，哄它们睡觉呀？

（3）幼儿分组取毛绒玩具。

☆ 教师：快去把你的小动物宝宝轻轻地抱起来吧！

（4）教师第二次清唱摇篮曲，请幼儿即兴表演。

☆ 教师：快听，摇篮曲唱起来了，宝宝打着哈欠，闭上了眼睛。

5. 结束。幼儿在摇篮曲营造的安静环境中休息，活动自然结束。

☆ 教师：宝宝睡着了，轻轻把它放到小床上，妈妈去休息了。

单元二　妈妈的眼睛会说话

活动1　眼睛（歌唱活动）

活动目标

1. 理解歌曲内容，能用自然的声音演唱歌曲。
2. 感受妈妈眼睛所传递出来的浓浓爱意。

活动准备

一张没有粘贴眼睛的妈妈或爸爸画像；两双眼睛；胶棒；歌曲《眼睛》（吴德福词，李翰章曲）；观察过妈妈的眼睛；在日常生活中，幼儿欣赏过歌曲《眼睛》。

活动过程

1. 导入。教师朗诵歌词，幼儿理解内容，体会妈妈对宝宝的爱。

☆ 教师：老师为小朋友们带来了一首好听的儿歌，请你听听里面唱了什么。

☆ 教师：天上的星星，妈妈的眼睛，一闪一闪亮晶晶，照亮我的心。池塘的星星，爸爸的眼睛，一波一波亮晶晶，情系我的心。

2. 欣赏感知。教师边为妈妈、爸爸的画像粘贴眼睛，边清唱歌曲，幼儿熟悉歌词和曲调。

☆ 教师：快看看，妈妈爸爸的画像里缺了什么？

☆ 教师：老师能用刚才的儿歌唱出一首好听的歌曲，为爸爸妈妈的画像添上眼睛。

3. 探索发现。幼儿学唱歌曲《眼睛》，并能用自然的声音演唱。

（1）教师引导幼儿用自然的声音完整跟唱。

☆ 教师：看看谁能用好听的声音把《眼睛》这首歌曲唱出来。

（2）教师提示幼儿注意歌唱技巧，幼儿第二次完整跟唱。

☆ 教师：歌唱的时候，要注意吐字应清楚，嘴唇要用劲，特别要注意"妈""亮""池"这几个字要唱清楚。咱们再来集体唱一遍。

4. 展示表现。请幼儿创编简单的动作，与教师交流表演唱。

☆ 教师：请你试一试为这首歌曲加上喜欢的动作。

☆ 教师：让我们一边表演一边歌唱吧！

5. 结束。

☆ 教师：小朋友们唱得真好听，回家后把这首歌唱给爸爸妈妈听吧！

活动2　妈妈的眼睛有什么（家园活动）

活动目标

发现妈妈的表情变化，能够运用语言简单描述妈妈高兴、生气时眼睛形态的变化，体验其中的情绪，从中感受母爱。

活动准备

镜子。

活动建议

1. 在活动前，教师应让家长了解活动目标，并指导幼儿对妈妈的眼睛进行重点观察，了解妈妈丰富的眼部表情，理解眼睛中传达出的情绪情感，例如：妈妈高兴时眼睛是笑眯眯的，妈妈生气时眼睛瞪得大大的。

2. 在观察过程中，家长应引导幼儿发现眼睛可以传情，它传达了妈妈的喜、怒、哀、乐，蕴含着对孩子的期望、关爱。

3. 家长可利用小镜子与孩子开展"照镜子"游戏，引导幼儿对着镜子学一学妈妈表情的变化。

活动3 妈妈有趣的表情（制作活动）

活动目标

能运用粘贴的方法表现妈妈的面部表情，体会妈妈透过表情反映的不同心情，体验参与美工活动的乐趣。

活动准备

妈妈的表情（哭、笑、生气）图片三张（脸型、发型可不同）；妈妈的空白脸型图片若干；粘贴材料（画有上弧线、下弧线的纸片）若干；胶棒；幼儿观察过妈妈的面部表情；在亲子活动中已观察过妈妈的眼睛；已了解眼睛可传情。

活动过程

1. 导入。引导幼儿回忆已有经验，引发活动兴趣。

☆ 教师：小朋友们，我们每天都和妈妈生活在一起，你们能说一说或者学一学妈妈高兴、伤心或者生气时的表情吗？

2. 欣赏感知。教师出示妈妈的表情图片，请幼儿感受妈妈表情的变化。

☆ 教师：请小朋友们看一看，图片上妈妈的表情是什么样的？你从哪里看出来的？

☆ 教师：请你仔细观察，三位妈妈除了表情不同，还有哪里不同？

3. 探索发现。引导幼儿感受表情可以传情达意。

（1）请幼儿观察、模仿妈妈的不同表情，引导幼儿发现眼睛和嘴的不同变化会使表情不同。

☆ 教师：妈妈在哭（笑、生气）的时候是什么表情？眼睛和嘴是什么样子的？请你学一学。

（2）教师示范粘贴妈妈的表情。

☆ 教师：老师也很爱自己的妈妈，当老师下班回家后，我的妈妈会给我做一顿香喷喷的饭菜。今天我把我的妈妈也请来了，老师要给妈妈贴上她最喜欢的表情。

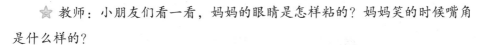

☆ 教师：小朋友们看一看，妈妈的眼睛是怎样粘的？妈妈笑的时候嘴角是什么样的？

4. 展示表现。请幼儿尝试粘贴有趣的表情，体验参与活动的乐趣。

（1）请幼儿自选脸型纸，粘贴表情。

☆ 教师：你的妈妈是什么脸型和发型？请你选择一张最像妈妈的脸型纸，在上面粘贴眼睛和嘴。

☆ 教师：想一想妈妈的表情是什么样的？眼睛和嘴应该怎样粘贴？

（2）幼儿互相交流、欣赏。

☆ 教师：请×××说说，你粘贴的妈妈是什么表情？妈妈为什么会有这种表情呢？

5. 结束。延伸活动。

☆ 教师：回家后小朋友们可以让自己的妈妈当模特，再粘贴一幅妈妈的表情画，带到班上来让大家欣赏。

活动建议

在操作方式上，教师可根据本班幼儿的实际水平进行调整，除了粘贴外也可采用添画眼睛、眉毛的方式，组织绘画活动，并可运用"看看妈妈怎么了""说说画得像不像"等指导语引导幼儿互评，或由教师进行评价，以提升幼儿的绘画技能。

活动资料

［妈妈的表情］

单元三　妈妈的礼物

活动1　画像送妈妈（家园活动）

活动目标

初步学习运用线条进行绘画，感受以物传情的艺术表达方式，表达对妈妈的爱。

活动准备

妈妈的画像；《世上只有妈妈好》音乐伴奏。

活动建议

1. 活动可配合有关节日进行，邀请小朋友们的妈妈亲临现场。

2. 在活动开始之初，可以请个别家长讲述自己与孩子之间的故事，讲述完毕，教师可适时、适度点评，使幼儿了解妈妈对宝宝深切的爱。

3. 在《世上只有妈妈好》的音乐伴奏下，鼓励幼儿在观察妈妈五官的基础上，以绘画形式表现自己的妈妈，例如：波浪线表现妈妈的卷发，上弧线表现妈妈的笑眼，三角形表现妈妈的鼻子等。教师提示幼儿：看到什么就画什么，妈妈长什么样就画成什么样子。

4. 活动后，鼓励幼儿将画像送给妈妈，并对妈妈说上一句悄悄话，用语言表达对妈妈的爱。

5. 活动后教师可对家长进行采访，让妈妈谈一谈收到画像后的心情，加深母子亲情。

6. 教师可以将活动的过程以录像或拍照的形式记录下来，布置展览或存放于幼儿档案夹中。

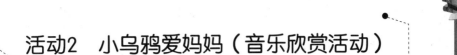

活动2 小乌鸦爱妈妈（音乐欣赏活动）

活动目标

1. 理解歌曲内容，感受歌曲表达的亲情。
2. 尝试运用肢体动作表现小乌鸦与妈妈之间的情感，感受妈妈的爱。

活动准备

歌曲《小乌鸦爱妈妈》（何英词曲）；乌鸦反哺的图片或动画短片；乌鸦妈妈和小乌鸦头饰若干；幼儿已熟悉歌曲《小乌鸦爱妈妈》的曲调。

活动过程

1. 导入。请幼儿欣赏乌鸦反哺的图片或动画短片，引出活动。

☆ 教师：请小朋友们看一看，图片上有什么？它们在干什么？

2. 欣赏感知。引导幼儿理解歌曲的含义。

（1）教师清唱，幼儿欣赏歌曲。

☆ 教师：请小朋友们欣赏歌曲《小乌鸦爱妈妈》。

☆ 教师：请你说一说，歌曲中都唱到了什么？

（2）教师将歌曲以故事的形式讲述给幼儿，引导幼儿理解歌曲内容。

☆ 教师：在秋日的一天，路旁的野菊花美丽地绽放着。这时从遥远的地方飞来了一只小乌鸦，它既不吵闹也不玩耍，急急忙忙地向家里飞去……

3. 探索发现。请幼儿熟悉曲调，尝试创编动作。

（1）教师跟随伴奏演唱，引导幼儿感受乐曲舒缓优美的风格特点。

☆ 教师：这首歌曲给你什么样的感觉？你想到了什么？

（2）请幼儿尝试创编动作。

☆ 教师：听到这首优美的歌曲，你想做什么动作？请你跟着音乐做一做。

4. 展示表现。幼儿扮演乌鸦妈妈或小乌鸦，在教师带领下进行互动表演。

（1）幼儿自选角色进行装扮，随音乐即兴表演并分享动作。

☆ 教师：请小朋友们选择自己喜欢的角色，戴好头饰，听着歌曲进行表演。

☆ 教师：×××，你刚才在×××句歌词时是怎么做的？请你做一做，我们一起来学一学吧。

（2）请幼儿再次在音乐的伴奏下即兴表演，教师鼓励幼儿根据歌词内容大胆创编动作。

☆ 教师：乌鸦妈妈和小乌鸦之间要有动作上的交流，看看哪只小乌鸦能用动作表达对妈妈的爱，哪只乌鸦妈妈能更加疼爱自己的孩子。请小朋友再听一听歌曲，随着音乐表演一遍吧。

5. 结束。幼儿随音乐做动作出教室。

☆ 教师：《小乌鸦爱妈妈》这首歌唱出了小乌鸦对妈妈的关心和照顾。其实我们自己的妈妈每天工作也很辛苦，小朋友们可以回家后做一件关心妈妈的事，表达对妈妈的爱。

活动3　送给妈妈的节日礼物（家园活动）

活动目标

学习利用歌唱、舞蹈、儿歌等多种艺术形式表达对妈妈的爱。

活动准备

幼儿已制作好赠送给妈妈的礼物；已经学会相关歌曲、舞蹈、儿歌。

活动建议

1. 活动开展前，教师应与家长进行沟通，告知家长活动的目标及内容，以便家长有目的地配合活动的开展。

2. 此活动的组织形式可以灵活变化，既可以是亲子活动，也可以利用半日开放活动向家长展示。

3. 在活动中，鼓励幼儿运用多种艺术形式向妈妈传情达意，如演唱歌曲、表演舞蹈、绘画、儿歌朗诵等。

4. 活动后教师可鼓励幼儿运用肢体语言或口头语言表达对妈妈的感谢之

幼儿园综合艺术教育课程　小班

情，例如拥抱、亲吻、说感谢的话语等。

5. 活动的评价可将教师评价与同伴评价相结合，并用随机评价、集体评价做补充。

6. 在"妇女节""母亲节"到来之际，教师亦可启发幼儿为妈妈送上亲手制作的艺术作品或亲自表演的小节目，祝妈妈节日快乐。

有趣的声音

主题概述

　　声音是世界的重要部分，更是听觉艺术的载体。幼儿的音乐活动应该包括很多探索声音的机会，如噪音、乐音和环境中的声音，以及来自收音机、电视、DVD等的音乐。有趣的声音能引发幼儿对声音的关注和探索兴趣，更能够丰富幼儿对声音艺术要素（音高、音色、节奏、速度等）的感知与体验，提高幼儿对声音的敏感性。于是，我们设计了"有趣的声音"这一主题。

　　我们设计了"声音在哪里""有趣的声音游戏"和"发声小乐器"三个单元。"声音在哪里"单元通过家园活动，引导孩子寻找、记录生活中有趣的声音，运用音乐游戏，引导幼儿倾听不同的声音，猜想声音的归属。在活动中幼儿也能感受噪音与乐音、安静与热闹的不同，感受探索声音带来的乐趣。"有趣的声音游戏"单元运用艺术游戏，让幼儿倾听、对比感知不同乐器的音色特点，并能将自己对声音的感受用动作和语言描述等方法自由、大胆地表现出来，鼓励幼儿尝试把身体中的某个部位或嗓音、舌头当成小乐器，拍打节奏或节拍，感受声音、节奏的和谐美妙。"发声小乐器"单元，在自制乐器及歌唱演奏活动中，引导幼儿认识各种打击乐器（如锣、鼓、镲或木鱼、响板、撞钟、手铃等），想象并听辨声音，尝试有节奏地敲打乐器来为歌唱伴奏。

　　通过这个主题的学习，希望幼儿在生活中继续保持对各种声音及乐器的探索兴趣。

主题活动网络图

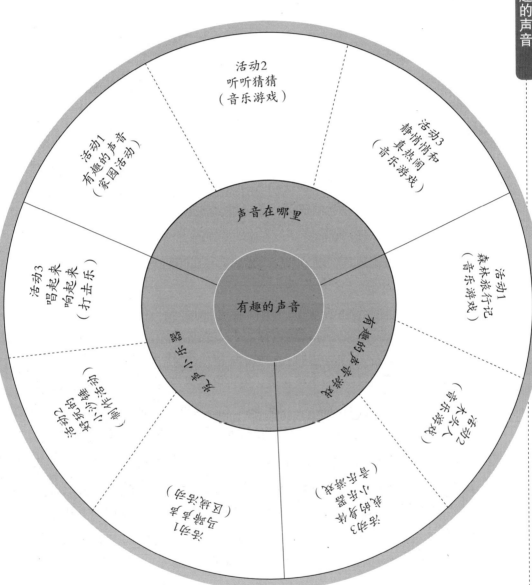

声音在哪里

有趣的声音

活动2
听听猜猜
（音乐游戏）

活动1
有趣的声音
（家园活动）

活动3
静悄悄和真热闹
（音乐游戏）

活动1
森林旅行记
（音乐游戏）

活动3
唱起来
响起来
（打击乐）

有趣的小乐器

有趣的音乐活动

活动2
好玩的小沙锤
（制作活动）

活动2
会唱歌了
（音乐欣赏）

活动1
分辨乐器
（欣赏活动）

活动3
来的身体
小乐器
（音乐欣赏）

综合艺术活动

单元一　声音在哪里

活动1　有趣的声音（家园活动）

活动目标

能够寻找、发现生活中和大自然中的声音并进行记录，感受声音的不同和变化，对探索声音感兴趣。

活动准备

录音设备。

活动建议

1. 活动前教师应与家长沟通，告知此次活动的目的和要求。

2. 家长可以带领幼儿亲近大自然，发现自然界中的奇妙声音，例如小溪潺潺的声音、高山流水的声音、山谷间的回音、鸟虫鸣叫的声音等。

3. 家长亦可从身边熟悉的事物开始帮助幼儿了解声音，例如妈妈温柔的话语声、汽车响亮的鸣笛声、节日热闹的爆竹声、门铃声、电话声、马桶的冲水声、爸爸的打鼾声、奶奶用筷子搅碎鸡蛋的声音等。

4. 寻找、倾听之后，家长可和幼儿一起收集声音，用不同的方法记录声音。例如：可以通过幼儿对声音的感受进行绘画（如涂色，画点、线、形等），或者运用语言描述、人声模仿、录音回放等收集、记录声音。

5. 教师可以将收集后的声音记录投放在活动区，丰富艺术教育资源，引导幼儿感受声音的不同与变化。

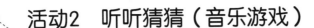

活动2　听听猜猜（音乐游戏）

活动目标

　　乐于寻找、感受自然界和生活中丰富多变的声音并尝试模仿，感受声音的有趣。

活动准备

　　各种能发声的物品（如积木、响板、木鱼、筷子、易拉罐、瓶子、杯子、风铃等）；各种声音的录音；课前寻找、发现、欣赏各种生活中的声音（如汽车的声音、下雨的声音、大海的声音、刮风的声音、钟表的声音、小朋友的笑声、切菜声等）。

活动过程

　　1. 导入。请幼儿猜谜语，引发对声音的关注。

　　☆教师：今天，老师给小朋友们带来一个谜语，请你们猜一猜，它是什么？圆圆脑袋一座山，兄弟两人住两边，各种声音能听见，从小到老不见面。（谜底：耳朵）

　　☆教师：我们的耳朵有什么用？你的耳朵听到过哪些声音？

　　2. 欣赏感知。教师播放各种声音的录音，请幼儿倾听分辨，感受声音的丰富多变。

　　☆教师：让我们听听生活中的各种声音，猜猜这是什么声音？

　　3. 探索发现。请幼儿尝试用不同的方法制造声音。

　　（1）请幼儿玩游戏《声音制造师》。

　　☆教师：小朋友们，我们来当个声音制造师，请你在我们的教室中找一找，什么东西能发出声音？什么方法可以让它发出声音呢？

　　（2）请幼儿展示自己寻找到的和制造出的声音。

　　☆教师：你制造了什么声音？请你做一做给大家听一下。

　　4. 展示表现。引导幼儿学习用象声词来模仿自己喜欢的声音。

☆ 教师：你最喜欢什么声音？请你来学一学。

5. 结束。教师总结。

☆ 教师：我们生活在一个有声的世界里，小朋友们要用你们灵敏的耳朵去聆听各种声音，下次活动的时候，咱们大家再来一起分享。

活动3　静悄悄和真热闹（音乐游戏）

活动目标

1. 对比感受有声与无声、噪声与乐声。

2. 能用形体动作、面部表情、语言描述等表现对不同声音环境的感受。

活动准备

已欣赏过歌曲《幸福拍手歌》（木村利人词，有田怜曲，陈永连译配）；各种能发声的玩具；不同质地的物品（如积木、报纸、塑料袋等）若干；前期活动积累的关于声音的经验。

活动过程

1. 导入。教师带领幼儿进入无声的教室，引发幼儿的好奇心。

☆ 教师：今天，老师带领你们进入一间神奇的教室，请你一定保持安静，不说话，轻轻地坐在座位上。

2. 欣赏感知。教师有意识地不出任何声音（40～50秒），请幼儿感受无声的环境。

☆ 教师：刚才教室里怎么了？

☆ 教师：你想做什么？有什么感觉？

☆ 教师：什么时候是静悄悄的？

3. 探索发现。请幼儿感受无声与有声、乐音与噪声的不同效果。

（1）教师与幼儿一起制造有声环境，对比感受有声与噪声。

☆ 教师：刚才那么安静，你们现在想干什么？

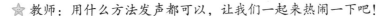

☆ 教师：用什么方法发声都可以，让我们一起来热闹一下吧！

☆ 教师：声音太响，声音太乱了就成了噪音。我们小朋友都受不了了，怎么办？（根据幼儿反应，适时地提出此问题。）

（2）幼儿第一次玩游戏"静悄悄和真热闹"。

☆ 教师：我们一起玩一个游戏"静悄悄和真热闹"。当我说"静悄悄"时小朋友们要安静，不出声音。当我说"真热闹"时，你可以用身体发出声音。

（3）幼儿第二次玩游戏。

☆ 教师：我们再玩一次游戏"静悄悄和真热闹"。当我说"静悄悄"时，小朋友们不能出声。当我说"真热闹"时，请你可以用身边的各种玩具、物品发出声音。

（4）根据幼儿发出的声音，提醒幼儿噪声具有危害。

☆ 教师：在生活中，噪音会损伤我们的耳朵，也会打扰别人，所以请不要发出尖锐的、刺耳的、难听的声音。

4. 展示表现。在歌曲《幸福拍手歌》的背景中，幼儿自由即兴地做动作表现快乐的情绪。

☆ 教师：好听的声音可以唱出优美的歌曲，让我们在一起随着歌曲快乐地表演吧。

5. 结束。活动延伸。

☆ 教师：今天小朋友们玩得很高兴。以后，你们在生活中发现了什么有趣的声音，就模仿出来或录下来，请大家一起听一听、猜一猜好吗？

活动建议

1. 这个活动是从声音环境的对比感受引入的。除此以外，教师还可以选择用其他对比方式引入活动，例如：对比声音的大小——对比大喇叭与小喇叭、大鼓与小鼓；音色的对比——老牛与小羊等。教师可以根据声音的艺术要素（快慢、长短、音色等）去设计，让幼儿对比感受。

2. 对声音的感受除了用动作、表情、语言描述等方式进行表现外，还可以尝试运用线条、色彩来表现。

单元二　有趣的声音游戏

活动1　森林旅行记（音乐游戏）

活动目标

1. 喜欢倾听不同音色、不同节奏的声音并模仿。
2. 尝试寻找声源，提高对声音的敏感度。

活动准备

教师用废旧材料制作各种树，布置在活动室内，模拟森林的情境；小动物头饰人手一个，如布谷鸟、老虎、鸭子等，活动前请幼儿自由选择并佩戴好；眼罩，每人一个；欢快的乐曲一首；打击乐器若干（摇铃、铃鼓、撞钟或锣、鼓、镲等）；幼儿认识摇铃、铃鼓、撞钟等打击乐器；三名大班幼儿装扮成三种动物——布谷鸟、小老虎、小野鸭。

活动过程

1. 导入。引领幼儿即兴律动进入"森林"。

☆ 教师：今天是动物幼儿园的小动物们旅游的日子，我是黄莺老师，我们要到森林里去游玩，小动物们一定要跟好老师，千万不要走丢了。

2. 欣赏感知。玩游戏"听声音找伙伴"。

（1）请三个大班幼儿装扮成三种动物，并模仿动物的叫声，分别藏在"森林"中隐蔽的地方。

（2）游戏方法：教师呼唤走失的小动物，此时扮演成动物的大班幼儿根据教师的召唤用有节奏的叫声回应，其余幼儿尝试寻找声源，找回失散的动物伙伴。

☆ 教师：走了这么长的路，大家歇歇吧！黄莺老师要点名了。（教师点名后）咦！怎么少了三个小伙伴呢？它们是一只布谷鸟、一只小老虎和一只小野鸭，怎么办呢？

☆ 教师：快听，布谷鸟（小老虎、小野鸭）也在找我们呢！

☆ 教师：声音是从哪里传来的？我们快找一找吧！

3. 探索发现。玩游戏"辨声引路"。

☆ 游戏方法：幼儿闭眼或戴眼罩，专心倾听、寻找、靠近声源。教师扮演小仙女在不同方位敲打打击乐器，以声响引领幼儿，直到走出游戏区域。

☆ 教师（扮黄莺老师）：森林的美景我们欣赏完了，失散的伙伴也找到了。天黑了，该回家了，可是家在哪呢？我找不到了，怎么办呢？

☆ 教师（扮小仙女）：大家别着急，我是森林中的小仙女，我会用乐器的敲打声带领你们回家。请小动物们蒙上眼罩，竖起你们的小耳朵，仔细听我敲打乐器的声音方向，慢慢走过来，然后告诉我是什么乐器发出的声音。如果说对了，我就继续在新的地方敲响，猜对三次后，我就能带领你们回家了，如果猜错了也不要紧，我还会再敲给你们听，直到你们说对。

4. 结束。教师运用提问延伸活动。

☆ 教师：今天动物幼儿园里的小动物们在黄莺老师的带领下，做了一次快乐的森林旅行。小动物们听声音的本领可真棒，还能闭眼听声找到家。

☆ 教师：今天的游戏就玩到这里，我想提一个问题，你们知道动物里谁的耳朵最灵吗？谁知道了，就告诉老师，有时间给我们大家说一说、演一演好吗？

活动建议

1. 大班幼儿做动物叫声模仿时应注意节奏、音色、强弱等的变化，使幼儿更容易融入情境之中，例如：

布谷鸟：$\underline{×}$ ×. ｜用象声词"布谷"表现；

老虎：×— ｜用象声词"嗷"来表现；

小野鸭：×× ｜$\underline{×}$ $\underline{×}$ × ｜用象声词"嘎"来表现。

2. 打击乐器可选择"热热闹闹过新年"单元中认识的民族打击乐器，如锣、鼓、镲等；也可选择具有不同音色、音高的乐器。

3. 若参与活动的儿童人数过多或场地较小，为防止游戏中的相互碰撞等问题出现，可分小组进行。

活动2　木头人（音乐游戏）

活动目标

能够运用身体姿态和动作，感受、表现音乐的进行与休止，体验参与游戏的快乐。

活动准备

四肢可活动的木头人玩具一个；一首欢快的、节奏鲜明的乐曲，如《小星星》；幼儿有用身体动作欣赏、感知音乐的经验。

活动过程

1. 导入。请幼儿观察木头人玩具，了解木头人的特点，引发对木头人的兴趣。

☆ 教师：请你仔细看，他是谁？

☆ 教师：木头人和我们有什么不一样？

2. 欣赏感知。请幼儿模仿木头人，感知木头人的特点。

☆ 教师：请你来学一学木头人的动作。

3. 探索发现。教师鼓励幼儿大胆参与音乐游戏，运用身体、动作表现音乐的进行与休止。

（1）幼儿第一次游戏。

☆ 教师：咱们玩个木头人的游戏，好吗？我数"1、2、3"，你们就变成木头人！

☆ 教师：木头人要听着音乐做动作，当音乐停止时，你就要停下来，音乐响起，再继续做动作。

（2）幼儿第二次游戏。

☆ 教师：请木头人们认真听，应该在哪里静止不动？哪里重新开始？

4. 展示表现。鼓励幼儿变换动作、表情进行游戏。

☆ 教师：怎样才能确保在音乐停止的时候，动作也马上停止？

☆ 教师：在停止的时候要选择什么样的动作才能保证像木头人一样一动不动？

☆ 教师：木头人也可以有各种各样的表情，在音乐停止时，你能像木头人一样做出不同的表情吗？

5. 结束。

活动资料

［游戏方法］

播放音乐，请幼儿根据自己的感受即兴做动作，进行表现。当音乐休止时，幼儿应立即像"木头人"一样静止在一个姿态上不动。动了的小朋友要接受惩罚。

活动3　我的身体小乐器（音乐游戏）

活动目标

尝试拍打身体发出不同的声音，体验用身体做小乐器的乐趣。

活动准备

教师自备一首在节奏、强弱、速度上有鲜明变化的乐曲；幼儿已掌握基本身体部位的名称，已感受过音乐节奏和声音强弱的变化。

活动过程

1. 导入。教师引出活动内容，引发幼儿参与的愿望。

☆ 教师：你的身体能做什么？今天，老师请你和自己的身体做个好玩的游戏。

2. 欣赏感知。教师有节奏地拍手或跺脚，引发幼儿感知身体乐器的有趣。

☆ 教师：你们的身体会唱歌吗？听，我的身体会唱歌。

3. 探索发现。鼓励幼儿大胆探索身体乐器，感受节奏的变化。

（1）鼓励幼儿运用身体的不同部位，采用不同方法制造声音，体验探索的乐趣。

☆教师：请小朋友们试一试，怎样才能用自己的身体发出声音？

☆教师：快来说一说，你用了什么方法？

（2）教师带领幼儿有节奏地拍打身体的不同部位，感受身体乐器的多样。

如：拍腿 拍腿｜拍拍 腿｜

　　小脚 嗒嗒｜快快快快 快｜

　　轻点 拍｜轻点 拍｜我是 小猫｜咪 —｜

☆教师总结：拍腿、拍肩、拍脸、踩脚、弹舌等动作都可以发出声音。

4. 展示表现。鼓励幼儿运用身体动作发出不同的声音，感受声音的强弱与速度的快慢。

☆教师：音乐快起来，动作快快快；音乐变慢了，我们慢慢慢；音乐静悄悄，我们静悄悄，动作轻又轻，就像小花猫。

☆教师：我们用身体小乐器跟随音乐一起表演吧！

5. 结束。拓展幼儿对身体乐器的兴趣。

☆教师：小朋友们今天玩得高兴吗？请你把今天的小游戏告诉爸爸妈妈，让他们也来和身体乐器一起做游戏吧。

单元三　发声小乐器

活动1　马蹄声声（区域活动）

活动目标

1. 认识木鱼、双响筒，感受它们的音色特点。
2. 尝试演奏乐器，大胆表现马蹄声。

活动准备

木鱼、双响筒、串铃（或手铃）；有关马的乐曲；幼儿前期已对各种打击乐器的声音和用法有了初步的了解与感受。

活动建议

1. 区域活动时，请幼儿先聆听教师用木鱼、双响筒、手铃模仿马儿奔跑的声音。教师在模仿中可以从马蹄的远声、慢声逐渐过渡到近声、快声，丰富幼儿的感受。

2. 在倾听后，可请幼儿猜一猜：这是从哪里传来的声音？是什么声音？是用什么乐器发出的声音？你能学一学、演一演吗？

3. 教师介绍木鱼和双响筒。让幼儿从已认识的乐器中挑选出这两种乐器，并尝试演奏，探索这两种乐器的演奏方法。请幼儿学习正确的演奏方法。

4. 请幼儿自选打击乐器，尝试在有关马的乐曲中，运用基本节奏如"×× ×× |"模仿马蹄声，进行伴奏。

活动2　好玩的小沙锤（制作活动）

活动目标

1. 能够运用生活中的废旧材料制作能发声的小沙锤。
2. 尝试用自制沙锤发出有趣的声音和简单的节奏，为自己的说唱伴奏。

活动准备

用不同材料自制的沙锤（如易拉罐、矿泉水瓶等，里面可放置好小石子、沙子、豆子等）；各种瓶罐和不同填充物（如沙子、石子、豆子或植物果实等）；胶条、彩笔等美工用具；儿童歌曲《哈巴狗》；幼儿对沙锤已有初步认知；幼儿已欣赏过歌曲《哈巴狗》。

活动过程

1. 导入。教师用自制沙锤为歌曲《哈巴狗》伴奏，引发幼儿对沙锤的关注。

☆ 教师：老师今天的表演和平时的表演有什么不一样？

2. 欣赏感知。请幼儿欣赏发声小乐器，了解沙锤的制作方法。

（1）幼儿欣赏自制乐器。

☆ 教师：今天老师带来的小乐器名叫沙锤。我的小沙锤漂亮吗？是用什么材料做的？

（2）教师完整示范沙锤制作流程，请幼儿观察。

☆ 制作流程：选容器→装入填充物→封口（如矿泉水瓶直接拧盖即可）→外观装饰（简单粘贴）→摇动发声。

☆ 教师：瓶子里装的东西不能太多，也不能太少。里面装的东西不同，发出的声响也会不同。

3. 探索发现。请幼儿制作小乐器，体验动手制作的快乐。

（1）教师介绍制作材料及注意事项。

☆ 教师：每组小朋友的桌面上都有不同的瓶罐和各种填充物，大家用刚才的方法，每人做一个自己喜欢的小乐器。

（2）幼儿自选材料制作乐器。

☆ 教师：先选一个你喜欢的小瓶罐，再选一种能发出声响的材料装进瓶罐里，拧紧瓶盖，最后给小乐器穿上漂亮的外衣。

4. 展示表现。请幼儿用自制的沙锤为《哈巴狗》伴奏，体验成功后的快乐。

（1）请幼儿尝试运用小沙锤为节奏性儿歌伴奏。

☆ 教师：小沙锤，沙沙响，摇摇摆摆发声忙；上面摇，下面摇，大家一起快快摇。

（2）在教师的带领下，尝试用沙锤为歌曲进行伴奏。

☆ 教师：我们用小沙锤为歌曲《哈巴狗》来伴奏吧。

5. 结束。鼓励幼儿与家长分享制作的快乐，获得成就感与自信。

☆ 教师：小朋友们可以把今天学到的本领教给爸爸妈妈，组成一个家庭小乐队，一起为歌曲伴奏。

活动资料

[自制沙锤]

活动3 唱起来 响起来（打击乐）

活动目标

尝试运用打击乐器（成品或自制）敲击稳定的二分节奏，为 $\frac{2}{4}$ 拍歌曲伴奏，感受打击乐器带来的快乐。

活动准备

各种打击乐器，如木鱼、双响筒、手铃、铃鼓、撞钟及自制沙锤；歌曲《什么乐器在歌唱》（李晋瑗词曲）；幼儿已会唱歌曲《什么乐器在歌唱》。

活动建议

1. 教师选择歌曲《什么乐器在歌唱》进行游戏，一方面可以巩固幼儿对这些乐器的认知（例如名称、音色），另一方面也可以让幼儿掌握一定的演奏方法。

2. 活动中，教师应先请幼儿运用徒手律动（拍打身体不同部位的身体律动）的方法为歌曲伴奏，感受和再现 $\frac{2}{4}$ 拍的强弱特点。

3. 徒手练习后，让幼儿自主选择打击乐器，为 $\frac{2}{4}$ 拍歌曲《什么乐器在歌唱》进行伴奏。伴奏后可请幼儿说一说：你使用的是什么乐器？学一学这种乐器发出的声音。

4. 在区域游戏中，教师可引导能力强的幼儿自由表演，亦可对能力较弱的幼儿进行个别指导，帮助幼儿建立对艺术学习的信心。

5. 在歌曲的选择上，除了《什么乐器在歌唱》外，教师还可根据本班幼儿的喜好和能力水平，选择他们熟悉的、朗朗上口的或欣赏过的儿童歌曲、乐曲进行伴奏。

可爱的小动物

主题概述

　　一提起小动物，孩子们总是有说不完的话题。他们喜欢亲近小动物，喜欢听以小动物为主角的故事，愿意和小动物游戏。勤劳的小蚂蚁、调皮的小猴子、美丽的花蝴蝶，这些小动物奇特有趣的动态、美丽可爱的外形，深深地吸引着孩子们。为此，我们设计了"可爱的小动物"这一主题。

　　我们设计了"团结互助的小蚂蚁""淘气的小猴子""美丽的花蝴蝶"三个单元。在三个单元中，主要是引导幼儿通过观察、模仿、绘画、游戏等活动了解小蚂蚁、小猴子、蝴蝶三种动物的外形特征、动作特点，发现动物的美丽与可爱，同时，引导幼儿了解动物们的生活习性与性格特点。歌曲《蚂蚁搬豆》引导幼儿感受小蚂蚁的勤劳、团结；《单线绘画小猴子》引导幼儿把小猴的机灵、好动，用肢体动作模仿出来，再用画笔表现出来；通过《对称印花》等活动，幼儿能充分感受到花蝴蝶的对称美。本主题通过多种形式的活动，进一步激发幼儿对小动物的喜爱与关爱之情。

　　在开展此主题时，教师可以开展相关律动活动，并为幼儿创设故事情境，引导幼儿在音乐的伴随下，扮演某种小动物，自由大胆地进行表现、创造。

主题活动网络图

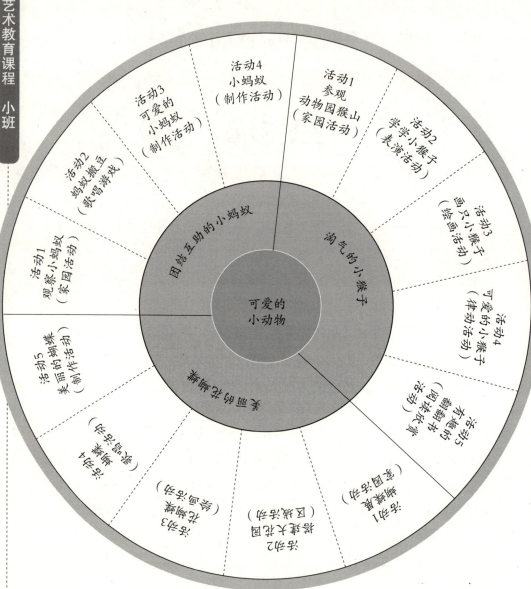

幼儿园综合艺术教育课程 小班

活动4
小蚂蚁
（制作活动）

活动3
可爱的
小蚂蚁
（制作活动）

活动2
蚂蚁搬豆
（歌唱游戏）

活动1
观察小蚂蚁
（家园活动）

团结互助的小蚂蚁

活动5
美丽的蝴蝶
（制作活动）

美丽的花蝴蝶

活动1
参观
动物园猴山
（家园活动）

活动2
学学小猴子
（表演活动）

活动3
画只小猴子
（绘画活动）

可爱的
小动物

淘气的小猴子

活动4
可爱的小猴子
（律动活动）

活动5
有趣的
蹦蹦床
（体育活动）

活动1
蝴蝶飞舞
（美术活动）

活动2
花蝴蝶
（区域活动）

活动3
花蝴蝶
（音乐活动）

活动4
蝴蝶飞舞
（游戏活动）

综合艺术活动

单元一　团结互助的小蚂蚁

活动1　观察小蚂蚁（家园活动）

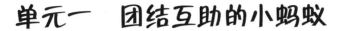

活动目标

1．感知小蚂蚁的可爱与勤劳，愿意将自己的观察结果与同伴交流分享。

2．萌发对小蚂蚁的喜爱。

活动准备

蚂蚁图片；有关蚂蚁的墙面设计。

活动建议

1．活动前应与家长进行沟通，号召家长与幼儿共同在自己的身边（公园、草地、树下等）寻找蚂蚁、观察蚂蚁，培养幼儿的观察能力，引发幼儿对蚂蚁的关注，增进亲子感情。

2．在寻找和观察过程中，爸爸妈妈要和孩子一同寻找，家长可以提问的形式引发幼儿的主动寻找，如：我们能在哪里找到蚂蚁？蚂蚁的家是什么样子的？蚂蚁长得什么样儿？它们吃什么呢？它们怎样交朋友呢？家长要引导幼儿观察、发现、了解小蚂蚁的外形特点、生活习性，及它们特有的交流方式。

3．请爸爸妈妈帮助幼儿，尝试用录音、拍照、绘画、摄像、文字记录等方式，将观察的内容记录下来，带到幼儿园与老师、小朋友们共同分享。

4．如有条件，可以在幼儿园用专用蚂蚁饲养箱饲养蚂蚁，供孩子们观察。

5．在幼儿园环境创设上，教师可以设计一些有关小蚂蚁的游戏，如：用不同质地的桶状物做成粗细不同的蚂蚁洞，教师与幼儿一起用废旧物做成大小不同的蚂蚁，并在"蚂蚁"的身体上别好曲别针，在幼儿游戏时，可用磁铁吸着"小蚂蚁"来钻洞，教师也可以创编其他适合本班孩子的游戏。

活动2　蚂蚁搬豆（歌唱游戏）

活动目标

能够运用肢体动作，大胆表现歌曲内容，在活动中感受与同伴合作表演的快乐。

活动准备

大豆子道具（可用废报纸团成球）若干，布置于教室地上；蚂蚁头饰若干；《蚂蚁》（佚名词曲）歌曲伴奏和歌曲录音；大班幼儿事先练习歌表演《蚂蚁》；对蚂蚁的外形及生活习性有一定的认识；能熟练演唱歌曲《蚂蚁》。

活动过程

1. 导入。教师钢琴伴奏，幼儿复习歌曲《蚂蚁》。

☆ 教师：小朋友们都会演唱《蚂蚁》这首歌，那现在我们一起来唱一遍好吗？听听哪个小朋友的声音最好听。

2. 欣赏感知。请幼儿欣赏大班幼儿的歌表演，激发表演兴趣，积累表演经验。

（1）幼儿欣赏歌表演《蚂蚁》。

☆ 教师：这首好听的歌曲还能进行表演呢，下面就请小朋友们欣赏大班哥哥姐姐为我们带来的歌表演《蚂蚁》。

（2）师生交流，幼儿进行模仿。

☆ 教师：小蚂蚁看到豆子时是什么样子的？小蚂蚁用力搬豆子时，是什么样的动作和表情？为什么会用这个动作和表情？请你也来学一学小蚂蚁搬东西的样子吧。

☆ 教师：小蚂蚁想办法时，是怎样做的？请你做一做。

☆ 教师：小蚂蚁是怎样和朋友一起搬豆子的？请你和旁边的小朋友表演一下吧。

3. 探索发现。幼儿初次尝试歌表演《蚂蚁》。

（1）请幼儿佩戴蚂蚁头饰，尝试进行歌表演。

☆ 教师：你们看，地上有许多的大豆，我们也来做小蚂蚁，把这些豆子搬回家吧。

（2）引导幼儿大胆想象，用不同的动作表现歌词内容。

☆ 教师：如果你是小蚂蚁，你还可以用什么动作表示很高兴？请你做一做。

☆ 教师：还可以有什么动作表示搬东西很重、很累的样子？请你做一做。

4. 展示表现。教师引导幼儿再次进行歌表演，鼓励幼儿将自己想的新动作运用到表演中。

☆ 教师：我们再来表演一次，别忘了把刚才想的新动作加进去，看看哪只小蚂蚁表演得最像。

5. 结束。教师以游戏的情节引导幼儿结束活动，感受活动的有趣。

☆ 教师：我们小蚂蚁团结在一起搬了这么多的豆子，真能干！现在我们就把这些豆子搬回家吧。

活动建议

1. 可将活动延伸到表演角的区域活动中，结合小班幼儿的生活经验，用开放性的问题，如：如果你是小蚂蚁，还可能遇到什么事情？你会怎样做？引发幼儿的艺术想象，并创编简单的情节，使幼儿后面的表演内容更为丰富。

2. 建议将幼儿做出的有创意的律动用声像方式保留下来，存入艺术档案夹。

活动3　可爱的小蚂蚁（制作活动）

活动目标

尝试运用多种自然物粘贴制作小蚂蚁，体验制作活动的快乐。

活动准备

用豆子制作的蚂蚁画范例；蚂蚁图片；各种豆子（如芸豆、蚕豆、蓖麻子等）；干果壳、瓜子皮等废旧物；双面胶；水彩笔；绘画纸；了解蚂蚁的外形特征；会使用双面胶；认识各种豆子。

活动过程

1. 导入。教师出示蚂蚁图片，引发幼儿的兴趣。

☆ 教师：小朋友们好，今天我为大家请来了一位小客人，它是蚂蚁王国的新成员，名叫豆豆。

2. 欣赏感知。教师出示范例，引导幼儿进行观察。

（1）教师引导幼儿观察蚂蚁豆画，感知蚂蚁的外形特征（全身分为头、胸、腹三部分，共有六条腿，两个触角）。

☆ 教师：蚂蚁豆豆长得什么样子？它是用什么做的？一共用了几颗豆子？

☆ 教师：小蚂蚁的头部、胸部和腹部都是用豆子做的，还有一对小触角和六条腿是用笔画的。

（2）激发幼儿用自然物粘贴制作小蚂蚁的兴趣。

☆ 教师：蚂蚁豆豆说它自己太孤单了，它为小朋友们带来许多豆豆和果壳，咱们一起为它制作好朋友吧！

3. 探索发现。教师请幼儿观察制作材料，并鼓励幼儿自选材料进行制作。

（1）教师带领幼儿一起认识各种制作材料。

☆ 教师：这些制作材料都是我们生活中经常见到的东西，你能说一说它们是什么吗？

（2）教师引导幼儿选择制作材料，在纸上或桌面上进行试摆。

☆ 教师：你想用什么材料制作小蚂蚁呢？想一想你需要几个材料？怎么拼摆才能变成小蚂蚁呢？请你试一试。

（3）教师进行总结，提示幼儿制作方法。

☆ 教师：小朋友选择的三个材料要并列摆放；摆放时注意三个材料要挨在一起，不能分开。用双面胶将摆放好的小蚂蚁粘贴在纸上，再添画触角和腿。

4. 展示表现。幼儿创作并展示作品，体会制作活动的乐趣。

（1）幼儿自由创作，教师巡视指导。

☆ 教师：请小朋友在纸上自由创作，注意材料要摆放紧密，粘贴美观，看看谁能粘贴出不同姿态的蚂蚁。

（2）展示、欣赏幼儿作品。

☆ 教师：请你说一说，你粘贴的小蚂蚁在干什么？给它起个名字好吗？

5. 结束。教师将幼儿的作品丰富到主题墙饰中。

☆ 教师：让豆豆和他的小伙伴们回到温暖的家吧！

活动建议

根据小班幼儿的年龄特点，所选择的豆子最好是大一些的，方便幼儿操作。

活动资料

［可爱的小蚂蚁范例］

活动4　小蚂蚁（制作活动）

活动目标

尝试运用团、压的方法制作小蚂蚁，喜欢参加泥塑活动，感受蚂蚁的可爱。

活动准备

泥工作品范例；各种颜色的橡皮泥；垫板；绘画纸；水彩笔；熟悉小蚂蚁的形象；初步掌握团的基本技能。

活动过程

1. 导入。教师出示范例，引出活动主题。

☆教师：小朋友们都喜欢小蚂蚁吗？今天老师为小朋友们带来了一幅小蚂蚁的画，请你们看看，画上的小蚂蚁在干什么？

2. 欣赏感知。幼儿欣赏教师作品，观察制作材料，激发制作兴趣。

☆教师：这幅画上的小蚂蚁与我们以前见到的蚂蚁有什么不同？今天的小蚂蚁是用什么制作的呢？

3. 探索发现。幼儿学习制作泥工蚂蚁。

（1）引导幼儿观察蚂蚁身体各部位的形状，学习用泥工制作圆球的方法。

☆教师：我们一起看一看，小蚂蚁的头、胸、腹是什么形状的？

☆教师：我们用什么方法可以把彩泥变成圆球？该怎样团呢？请你用手比一下。

（2）教师总结幼儿的回答，边示范边介绍团泥的方法。

☆教师：团泥的时候要先取一小块彩泥，放在手掌心，然后用两只小手的掌心把泥夹住，夹好泥后小手要一起转几下。转的时候别着急，向着一个方向转圈圈，再打开看看，彩泥是不是变得又圆又光滑了，如果还不圆就再合上小手，转几下，直到把彩泥变圆。

☆教师：这样的小圆球我们需要做几个呢？

（3）教师将圆球摆在纸上，请幼儿探索制作蚂蚁的方法。

☆教师：怎样摆这三个圆球才能变成小蚂蚁呢？（要紧紧地挨在一起）

☆教师：怎样把小泥球粘在纸上呢？（压泥）

☆教师：（压泥的方法）手掌伸平盖住泥，使劲用力往下压。

（4）教师对小蚂蚁进行添画，并引导幼儿探索制作不同动态的小蚂蚁。

☆教师：小蚂蚁的身体做好了，还缺少什么呢？我们用彩笔为它添画上吧。

☆教师：看看，这只小蚂蚁在做什么？怎样做一只直立着的小蚂蚁呢？

（圆点竖着摆）

4. 展示表现。幼儿制作泥工小蚂蚁，教师巡视指导。

☆教师：请小朋友试一试，用彩泥制作出可爱的小蚂蚁吧。

5. 结束。教师可将幼儿的作品布置到主题墙饰上，引导幼儿相互评价、欣赏。

☆教师：让我们一起送小蚂蚁到草地上玩一玩吧。

活动建议

教师可将活动延伸到美工角的区域游戏中。当幼儿制作熟练后，也可以在区域中引导幼儿做立体的泥工蚂蚁，并鼓励幼儿探索运用辅助材料将泥球与泥球进行连接。

活动资料

［小蚂蚁范例］

单元二　淘气的小猴子

活动1　参观动物园猴山（家园活动）

活动目标

形成良好的观察习惯，萌发对小猴子的喜爱之情。

活动准备

活动倡议书；照相机；录像机。

活动建议

1. 此活动可由教师、家长、幼儿一同到动物园开展，教师应事先到景区踩点，安排参观路线。

2. 活动前发出活动倡议书，写清活动的目的、时间、地点、活动安排、安全事项、幼儿着装建议、家长配合内容等，以保证活动顺利进行。

3. 在观察小猴子前，教师应把要观察的内容与家长进行沟通，让家长了解观察重点。

4. 在幼儿观察猴子的过程中，教师应建议家长用语言引导幼儿观察猴子的形象、神情、动作等，例如：猴子长得什么样子？猴子都有什么表情？猴子都有什么动作？你喜欢哪只小猴子？为什么？请家长运用语言帮助幼儿观察、记忆和表达自己看到的猴子，发展幼儿的语言表达能力。还可以运用动作来表现看到的小猴子，例如：你来学一学小猴子的动作、表情。锻炼幼儿的观察能力和模仿能力，为以后的表演、绘画活动积累经验。

5. 提示家长可以用录像、拍照、语言记录等方式记录幼儿的观察过程和观察结果，并带到幼儿园中与小朋友们分享。

6. 活动结束后，班里可以举行《可爱的猴子》摄影展，请幼儿欣赏在动物园拍到的猴子，促进幼儿之间的交流，并使幼儿对摄影产生初步的兴趣。

7. 如无法参观动物园，可以欣赏猴子动画片或有关猴子的影像资料。

活动2 学学小猴子（表演活动）

活动目标

愿意用动作、表情模仿小猴子，表现其机灵可爱的特点，萌发对猴子的关注与喜爱之情。

活动准备

电视剧《西游记》中"大闹蟠桃会"片段；桃子、金箍棒等表演道具；对猴子的外貌、生活习性有一定的了解；有观赏有关猴子的影视作品的经验（如动画片《猴子捞月》《猴子钓鱼》《孙悟空三打白骨精》等，或由六小龄童主演的电视剧《西游记》等）。

活动过程

1. 导入。教师出示桃子，引发幼儿的兴趣。

☆教师：小朋友们看，我手里拿的是什么？什么动物最喜欢吃桃子？

2. 欣赏感知。请幼儿观看电视剧《西游记》中偷吃蟠桃片段，并引发讨论。

☆教师：在蟠桃会上孙悟空最喜欢吃什么？

☆教师：孙悟空的金箍棒放在哪里？

3. 探索尝试。请幼儿用动作模仿孙悟空。

☆教师：孙悟空吃桃子时是什么样子的？孙悟空的金箍棒是怎样变出来的？你最喜欢孙悟空的哪个动作？请你来学一学。

4. 展示表现。教师表演孙悟空在蟠桃会中的动作（吃桃或喝酒），请幼儿观看、猜测。

☆教师：现在老师就是孙悟空，请小朋友们来看一看我在干什么？你是怎么看出来的？

☆教师：谁能模仿孙悟空做个不一样的动作？让我们猜猜你这只猴子在做什么。

5. 结束。教师引导幼儿感受模仿角色的有趣，活动自然结束。

☆教师：我们每位小朋友都是孙悟空，让我们去外面继续游戏吧。

活动建议

1. 教师提供给幼儿欣赏的作品，可以根据需要进行选择，如《猴子捞月》《西游记》等。

2. 在欣赏时，教师应重点指导幼儿观察猴子的动作，并运用语言进行引导，如：猴子在吃什么？怎样吃的？小猴子互相在身上找什么呢？怎么找的？孙悟空的金箍棒放在哪里？怎样变出来的？猴子喝了酒，它的脸变成什么颜色? 什么表情?

3. 欣赏后，教师可引导幼儿进行讨论，说一说自己最喜欢小猴子的哪个姿态；鼓励幼儿把刚刚看到的喜欢的动作或表情模仿出来，并给予道具支持。

4. 幼儿对这种活动是非常感兴趣的，因此在活动延伸中可以尝试排演简单的小话剧，以小猴子为主角，满足幼儿的兴趣。

活动3　画只小猴子（绘画活动）

活动目标

尝试运用单线条表现小猴子的身体、四肢、尾巴，感受猴子活泼、伶俐的特点，进一步萌发对小猴子的喜爱之情。

活动准备

猴山背景图；猴子手偶；教师自制四肢可活动的猴子教具，人手一个；单线猴范画；已画好猴头的绘画纸；水彩笔；参观过猴山或看过相关录像。

活动过程

1. 引入。教师出示自制的猴子教具，引发幼儿参与活动的兴趣。

☆教师：今天我们班来了一位新客人，它的名字叫皮皮，我们一起欢迎它!

☆教师：（操纵自制教具）小朋友们看，小猴子皮皮还为大家敬礼呢! 小猴子说，它的本领可大了，能做各种各样的动作，现在你来下达命令，皮皮来做动作。

2. 欣赏感知。请幼儿欣赏单线猴范画，发现用单线条表现小猴子身体结构的特点。

（1）教师出示范画，幼儿欣赏单线猴。

☆教师：皮皮为大家带来了它的好朋友，我们一起来看一看它的朋友在干什么? 你是怎么看出来的?

（2）教师总结绘画方法。

☆教师：画中小猴子的身体、四肢、尾巴是用什么表现的?

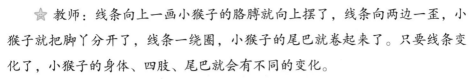

☆ 教师：线条向上一画小猴子的胳膊就向上摆了，线条向两边一歪，小猴子就把脚丫分开了，线条一绕圈，小猴子的尾巴就卷起来了。只要线条变化了，小猴子的身体、四肢、尾巴就会有不同的变化。

3. 探索尝试。幼儿尝试运用单线条表现小猴子的身体结构，感受猴子活泼、伶俐的特点。

（1）教师出示自制四肢可活动的猴子，幼儿随意摆弄。

☆ 教师：皮皮拔了一根猴毛，变成了许多许多的小猴子。请你试一试，小猴子能怎样动？能摆出什么样的动作？

（2）出示猴山背景图，鼓励幼儿运用单线条表现小猴子，教师巡视指导。

☆ 教师：皮皮说，请小朋友们将这些小猴子用单线条画出来，它们要在猴山上安家。

4. 展示表现。师幼互动评价，进一步激发幼儿对小猴子的喜爱之情。

☆ 教师：说一说你最喜欢谁画的小猴子？猜一猜这只小猴子在干什么？

5. 结束。运用幼儿作品装饰墙面"猴山"背景，感受集体创作的快乐。

☆ 教师：这下猴山就热闹了，皮皮谢谢小朋友们帮助它和好朋友们找到了新家。

活动建议

在活动开始时，教师也可以请幼儿欣赏影片，在观察的基础上，带幼儿模仿猴子的样子。引导幼儿发现：小猴子的动作是什么样的？这些线条分别是小猴子的哪部分？之后请幼儿运用单线条绘画小猴子。

活动资料

1. ［猴子教具］

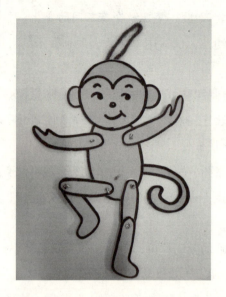

2. ［单线猴范画］

活动4 可爱的小猴子（律动活动）

活动目标

尝试使用肢体动作表现猴子的动态特征，感受其活泼可爱的特点。

活动准备

表现猴子动态特征的图片；欢快活泼的背景音乐；观察过猴子，并对猴子的外貌、生活习性有一定的了解。

活动过程

1. 导入。教师说谜语，激发幼儿参与活动的兴趣。

☆ 教师：活泼又可爱，浑身都是毛，上蹿又下跳，爱吃水蜜桃。（谜底：猴子）

2. 欣赏感知。请幼儿观看猴子图片，引发对猴子动态特征的关注。

☆ 教师：图片上是谁？它在干什么？

3. 探索尝试。请幼儿模仿表现小猴子的动作，感受猴子活泼可爱的特点。

☆ 教师：请你学一学小猴子的动作。

☆ 教师：小猴子还喜欢做什么事情？请小朋友用肢体动作表现出来。

☆ 教师：小猴子活泼可爱，它最喜欢模仿别人的动作。现在老师当大猴子，小朋友当小猴子，我们一起玩一个"猴子学样"的小游戏。大猴子做什么，小猴子就学什么，看谁学得又快又像。

4. 展示表现。在背景音乐的伴随下，教师引导幼儿做律动模仿"猴子吃桃"。

☆ 教师：小猴子们，刚才我们玩了半天了，我都有点饿了，我们一起去摘桃子吃吧。

☆ 教师：猴子们游戏了一天，都有些饿了。吃点什么好呢？我们一起向远处看看，这边没有能吃的食物。那边呢？哎，远处有一片桃林，我们去那里摘桃子吃吧。我们一起翻过高山，越过小河，拨开灌木丛，跃到桃树上。桃子可真大啊，猴子们看到了真欢喜，摘一个桃子，大口地吃吧。吃了一个还不饱，又吃第二个、第三个……终于吃饱了，好开心！但是桃子上有细小的绒毛，扎得我们好难受，上挠挠，下挠挠，左挠挠，右挠挠，这挠挠，那挠挠……终于舒服了，小猴子们快乐地跳了起来。

5. 结束。自然结束。

☆ 教师：小猴子们，你们刚才吃了那么多的桃子，休息一下吧。

活动建议

1. 在第三环节玩"猴子学样"游戏过程中，教师可带领幼儿重点模仿律动中将会使用的动作，例如手搭凉棚、极目远眺、抓耳挠腮、上蹿下跳等。

2. 猴子的动作与人类的动作有许多相似之处，幼儿较易观察模仿。但猴子生性活泼，爱玩好动，在模仿过程中，教师要指导幼儿体会猴子机灵可爱的特点。在动作表现上，猴子抓痒时与人类不同，例如：大臂向上挠，小臂向下挠，大腿向上挠，小腿向下挠……教师应指导幼儿掌握猴子的典型动作特点。

3. 除了模仿"猴子吃桃"以外，教师还可根据幼儿的兴趣，模仿表现小猴子，例如小猴之间抓虱子、做鬼脸、挠痒、嬉戏等，丰富表演内容。

活动5 有趣的翻翻书（阅读欣赏活动）

活动目标

能积极地与老师问答、交流，感受翻翻书的有趣，体会阅读的快乐。

活动准备

《乐乐趣猜猜看》图书（陕西旅游出版社，2008年12月第6次印刷）；简单地认识、了解过某些常见小动物；已掌握与书中小动物有关的歌表演、手指游戏等。

活动过程

1. 导入。教师出示图书，引发幼儿阅读的兴趣。

☆ 教师：请你看看书的封面，猜一猜这是什么动物？

2. 欣赏感知。幼儿逐页翻看图书，并以游戏的形式学学、说说小动物。

☆ 教师：请小朋友猜个谜语，猜一猜书中的小动物是谁？教师说该种动物的谜语，幼儿猜测答案。

☆ 教师：你为什么猜是××呢？教师引导幼儿根据谜语的谜面内容寻找该动物的主要特征。

☆ 教师：请你看一看，你猜得对吗？教师将书翻至画有该种动物的页面，共同验证答案。

☆ 教师：小朋友们猜得真好，请你来学一学、说一说这种动物。引导幼儿结合已掌握的儿歌、歌曲、小游戏等，模仿动物的主要动态特征。

☆ 教师：请你猜一猜，××变成了什么？幼儿自由回答，猜测下一个出现的动物。

☆ 教师重复上述指导语，直至阅读完整本书。

3. 探索发现。再次阅读图书，探索发现书中的变化。

☆ 教师：我们来看一看，翻翻书中的小动物是怎样变化的？谁的××变成了谁的××？谁的××又变成了谁的××？（例如：大象的鼻子变成了老鼠的尾巴，老鼠的尾巴变成了鳄鱼的身体，鳄鱼的身体变成了变色龙的舌头。）

4. 再次阅读。幼儿第三次阅读图书，并分别从正反两面阅读图书，感受新颖的阅读方式，体会阅读图书的快乐。

☆ 教师：小动物一个一个地变走了，它们去哪里了？翻翻书的背面又有什么呢？

5. 结束。引发幼儿继续阅读的兴趣。

☆ 教师：这真是一本有趣的翻翻书，今后老师会把翻翻书放到图书角，区域活动的时候欢迎小朋友们来阅读。

单元三 美丽的花蝴蝶

活动1 蝴蝶展（家园活动）

活动目标

与家长共同探索、发现蝴蝶的美，丰富利用多种渠道查找资料的经验，体验合作与分享的快乐。

活动准备

各种蝴蝶标本、图片、摄影作品、邮票；用蝴蝶装饰物布置的展览。

活动建议

1. 活动前，教师应与家长进行沟通，告知班级的活动内容，让家长在引导幼儿查找资料时，能够发挥幼儿的主动性，让孩子自己想一想用什么办法可以找到，在哪里可以找到。找到后看一看、说一说自己的蝴蝶是什么样子。家长为幼儿提供适时、适当的帮助。在收集的同时，家长要注意引导幼儿珍爱生命，知道蝴蝶需要我们来爱护。

2. 在搜集活动结束后，教师应组织蝴蝶展览。在布置展览时要注意把幼儿带来的物品分类摆放展出，如摄影类、明信片类、标本类、蝴蝶装饰品类等，使幼儿可以更集中、有序、细致地观察。

3. 教师在组织幼儿参观展览时，注意明确参观要求，例如：不能触碰展品；用眼睛仔细看一看蝴蝶的样子；找一找你喜欢哪只蝴蝶等，引导幼儿感知蝴蝶美丽的色彩、对称的花纹等特点。

4. 在参观时，幼儿可以小声地和身边小朋友交流。参观后可以请幼儿介绍自己收集的蝴蝶，并说一说自己的收集品是从哪里找来的。

5. 有条件的园所可以利用年级组的形式收集，并在公共的展览场地分类摆放幼儿们收集的作品。幼儿可以在家长和老师的带领下多次参观展览，每次成人可从不同的侧重点、分类，引导幼儿进行观察。

活动2 搭建大花园（区域活动）

活动目标

1. 巩固围拢、搭高的建筑技能，尝试设计花园。

2. 初步体验分工合作的快乐，引发对蝴蝶的喜爱及关爱的情感。

活动准备

建筑区域空间（如没有大的空间，可以在户外）；积木；辅助材料（花坛、草地、围栏、指示牌等道具）；制作好的蝴蝶；幼儿已经有一些搭建经验（如已掌握围拢、延长等简单的搭建技能）。

活动建议

1. 活动前，教师可请幼儿说一说，蝴蝶的家在哪里，引导幼儿为蝴蝶搭建一个美丽的花园。

2. 活动开始时，教师和幼儿可以分成小组，每组中教师和小组成员一起商量：我们要搭建一个什么样子的花园？花园里都有什么？你想搭建花园中的哪一部分？为正式搭建做好前期经验准备。

3. 搭建过程中教师应鼓励幼儿分工合作，对幼儿的合作行为及新想法、新方法给予肯定。花园搭建完成前，教师可以用参观者的口吻提出建议：花园里还缺少什么装饰？它们应该放在哪里？我们应该从哪里开始参观花园呢？引导幼儿商量装饰物的摆放位置，设计花园的参观线路，对搭建的花园进行调整。

4. 搭建完成后，请幼儿把之前制作好的蝴蝶放在花园里，邀请其他小朋友参观，鼓励幼儿用自己的语言来介绍搭建好的大花园，教师可通过提问引发幼儿的想象：说一说蝴蝶在花园里做什么？它们喜欢我们的花园吗？它们会说什么呢？

5. 活动还可进行延伸，例如：教师可以用照片记录幼儿搭建"大花园"的过程，最后搭建过程照片和作品照片放入幼儿的成长档案夹收藏。

活动3 花蝴蝶（绘画活动）

活动目标

感知蝴蝶身上花纹对称的特点，尝试运用印画方法表现蝴蝶，萌发对蝴蝶的喜爱。

活动准备

红、黄、蓝三色水粉；小号毛笔、棉签；抹布、桌垫；6cm×6cm的正方形纸；蝴蝶剪纸模板；已将作业栏布置成花园；幼儿对蝴蝶的外形已有初步的了解；有使用毛笔的经验。

活动过程

1. 导入。教师变魔术，引发幼儿对蝴蝶的关注。

☆ 教师：我是魔术师，今天我要给小朋友变出一种非常美丽的昆虫，请你来看一看它是谁。

2. 欣赏感知。教师示范印画蝴蝶的方法，请幼儿感知蝴蝶对称的特点。

（1）教师将方纸对折后，在中心线一边利用蝴蝶剪纸模板将半个蝴蝶的轮廓描画出来，并进行印画。

（2）在中心线一侧的蝴蝶轮廓内涂抹颜料并进行印画。引导幼儿观察印画过程，体验对称印画的操作特点。

☆ 教师：魔术师只在一边涂了颜料，可是为什么会变出两只翅膀呢？

☆ 教师：两只翅膀为什么会一模一样？

☆ 教师：中心线在哪里？怎样才能找到它？

☆ 教师：折好纸后要将模板的直边和纸在中心线重合。

3. 探索尝试。请幼儿选择不同工具，分组尝试印画蝴蝶，感受蝴蝶的美丽。

（1）教师介绍操作材料。

☆ 教师：老师为小朋友们准备了红、黄、蓝三色水粉颜料，第一组用毛笔蘸颜料绘画，第二组用棉签蘸颜料绘画。请小朋友们自己选择小组进行印画。

（2）幼儿自主尝试印画，教师巡回指导。

☆ 教师：我们一起来给蝴蝶穿彩衣好不好？请小朋友在蝴蝶轮廓内大胆使用颜色，印画出美丽的蝴蝶。

4. 展示表现。教师引导幼儿进行交流欣赏，发现同伴作品上的新意。

☆ 教师：你的蝴蝶翅膀上都有什么颜色？

☆ 教师：其他小朋友画的蝴蝶是什么样子的？你最喜欢谁画的小蝴蝶？

5. 结束。将幼儿作品在作业栏的大花园中展示。

☆ 教师：蝴蝶穿好了彩衣，我们让它到大花园里飞一飞，好不好？

活动建议

在活动中，幼儿除了对印画感兴趣外，还可能会对不同颜色混合后的变化产生兴趣。这时教师应抓住幼儿的兴趣点，延伸出新的活动内容，以探究的方式鼓励幼儿大胆尝试混合颜色，感受颜色的变化。

活动资料

［花蝴蝶范例］

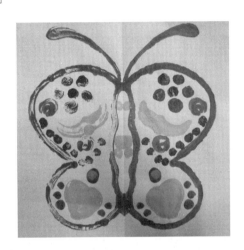

活动4　蝴蝶（歌唱活动）

活动目标

1. 初步掌握歌曲，能用自然的声音演唱。
2. 尝试运用肢体动作即兴表现歌曲内容，体验蝴蝶翩翩飞舞的美丽。

活动准备

蝴蝶翅膀道具、蝴蝶头饰；歌曲《蝴蝶》（佚名词曲）；幼儿了解蝴蝶的外形特征和基本生活习性。

活动过程

1. 导入。引导幼儿熟悉歌曲内容。

☆ 教师：春天来了，花儿们竞相开放了，红的、黄的、白的、紫的……好看极了。蝴蝶远远地看见了，扇动着翅膀飞了过来，围绕着花儿唱起了好听的歌曲。"蝴蝶呀蝴蝶，真呀真美丽，头戴着金丝身穿花花衣。你爱花呀花也爱你，你会跳舞花也甜蜜。"

2. 感知欣赏。教师范唱，幼儿欣赏歌曲，熟悉旋律和歌词。

☆ 教师：歌曲里演唱的蝴蝶长什么样子？

3. 探索尝试。教师分句教唱，幼儿完整跟唱。

（1）教师分句教唱一到两遍，帮助幼儿准确记忆歌词和旋律。

☆ 教师：我唱一句你也来唱一句，听听谁的声音最好听。

（2）幼儿完整跟唱一到两次，巩固对歌词和旋律的记忆。

☆ 教师：现在我们一起唱一次，看看谁记住了蝴蝶的样子。

4. 展示表现。在教师的带领下，幼儿表演唱《蝴蝶》。

☆ 教师：美丽的蝴蝶最喜欢飞来飞去了，谁愿意和老师一起边唱歌边扮演蝴蝶？

☆ 教师：刚才小蝴蝶们飞舞得真漂亮，有的用小碎步，有的用侧踵步，还有的扇着小翅膀……我们小朋友一起来边唱边扮演小蝴蝶好吗？

5. 结束。幼儿随音乐边唱歌边做蝴蝶飞舞的动作，离开教室。

☆ 教师：小蝴蝶们，我们一起唱着歌、跳着舞到外面做游戏吧！

活动5　美丽的蝴蝶（制作活动）

活动目标

尝试学习用正反折的方法制作蝴蝶，体验折纸的乐趣。

活动准备

在墙饰中布置折纸蝴蝶；彩色纸（正反两面在折叠部位分别用两种色彩画上等宽的线条作为折叠的痕迹，参见活动资料），每人一张；线绳，每人一根；不干胶；歌曲《蝴蝶》伴奏音乐；幼儿熟悉蝴蝶的外形特征。

活动过程

1. 导入。教师引导幼儿在班级中寻找蝴蝶，引发对蝴蝶的关注和活动兴趣。

☆ 教师：花蝴蝶在和我们捉迷藏呢，快找找，它们在哪儿呢？

2. 欣赏感知。教师从墙饰上取下折纸蝴蝶，请幼儿欣赏并猜测蝴蝶的制作方法。

☆ 教师：请你猜一猜，这只蝴蝶是怎么做出来的？

3. 探索尝试。幼儿尝试运用正反折的方法制作蝴蝶。

（1）幼儿拆、折蝴蝶，探索折纸方法。

☆ 教师：请一个小朋友拆开蝴蝶，看看它是怎么折出来的。

（2）教师示范折纸方法。

☆ 教师：小朋友要沿着正反两面的彩色线条交替折叠到最后。

（3）幼儿动手尝试折纸，教师巡回指导。

☆ 教师：请小朋友们也来折一只漂亮的蝴蝶。

4. 展示表现。请幼儿玩游戏"蝴蝶飞"，感受制作成功的快乐。

（1）教师请幼儿介绍自己的作品，激发其对蝴蝶的喜爱。

☆ 教师：请小朋友说一说，你的蝴蝶在做什么？

（2）教师帮助折好的幼儿将线绳固定在折纸中部，完成蝴蝶作品。幼儿手持线绳，在《蝴蝶》歌曲的伴奏下，拽动蝴蝶飞行。

☆ 教师：让我们的蝴蝶飞起来吧。

5. 结束。教师引导幼儿关注美工区材料，将本次活动内容进行延伸。

☆ 教师：小朋友们做的蝴蝶真漂亮呀！老师在美工区还准备了糖纸、花纸和其他漂亮的纸，今后你们可以在美工区继续制作出更加漂亮的蝴蝶，好不好？

活动建议

　　1. 在探索尝试的环节中，幼儿可以尝试运用多种方法进行折叠：正反面交替折叠（为教师示范折法），或者翻面同色折法，也可以使用把纸从中间一捏的方法。

　　2. 作品完成后，可以采用幼儿自评和互评的方法进行评价。

活动资料

［美丽的蝴蝶范例］

多彩的春天

主题概述

　　《幼儿园教育指导纲要（试行）》及《3—6岁儿童学习与发展指南》中都提到要让幼儿多接触大自然，感受生活、自然界中的美。春天到了，万物复苏。嫩绿的小草探出了头，黄灿灿的迎春花、粉红色的桃花竞相开放，青蛙妈妈的卵宝宝们慢慢变成小蝌蚪，春天好像蕴含着无限的生机与力量。根据小班幼儿的认知水平，我们设计了"多彩的春天"这一主题，引导幼儿关注自然界中的美丽与变化，感受春天带给我们的多彩与温暖。

　　我们设计了"美丽的春姑娘""小绿芽芽""春天的故事"三个单元。在"美丽的春姑娘"单元中，我们组织家长与幼儿一起开展春游踏青活动，让幼儿在户外与大自然亲密接触，到大自然中寻找春天，去发现春天的色彩和春天的变化。我们也通过开展相关的歌唱、绘画及律动表演，引导幼儿运用艺术的手段表达自己对春天的感受。在"小绿芽芽"单元里，我们结合自然种植区，引导幼儿了解在春天播种的常识，观察种子发芽的过程，感受生命生长的美好与神奇。在"春天的故事"里，我们运用故事表演的方式，引导幼儿发现秋天离开大树妈妈的"叶宝宝"们又回来了，通过小蝌蚪找妈妈的故事互动表演，让幼儿在欣赏与表演的过程中体验到春天的温暖。

主题活动网络图

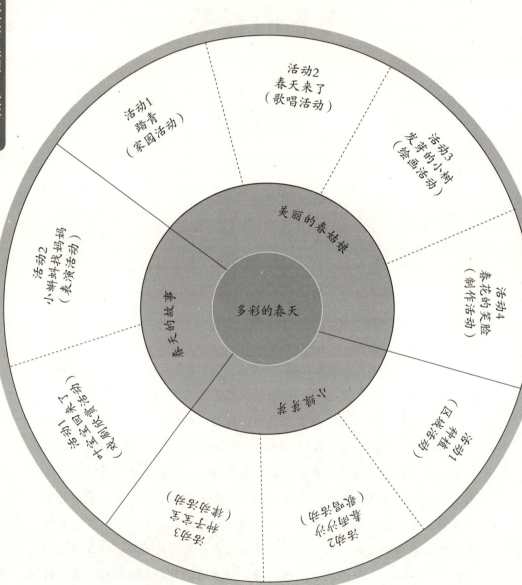

多彩的春天

美丽的春姑娘

春天的故事

小燕子

活动1
踏青
（家园活动）

活动2
春天来了
（歌唱活动）

活动3
发芽的小树
（绘画活动）

活动4
春花的笑脸
（制作活动）

活动2
小蝌蚪找妈妈
（表演活动）

活动1
春宝宝回来了
（综合戏剧活动）

活动1
神奇的魔术
（语言活动）

活动2
春雨沙沙
（律动活动）

活动3
春天真美
（韵律活动）

综合艺术活动

单元一 美丽的春姑娘

活动1 踏青（家园活动）

活动目标

愿意亲近大自然，关注春天景物的变化，感受春天的气息。

活动准备

照相机；摄像机；风筝、风车等；家长已了解此次活动的目的，对活动内容有大致的了解。

活动建议

1. 活动前，教师可与家长交流，建议家长带幼儿外出踏青，感受春天。

2. 在踏青过程中，家长可以引导幼儿观察公园内的花、草、树木，发现自然界的变化，鼓励幼儿亲近大自然。

3. 让幼儿在春天的景色中玩"捉迷藏""踩影子"等游戏，让幼儿自由自在地玩、跑，亲身感受大自然的美，体会大自然带来的乐趣。

4. 可利用放风筝、玩风车的机会，引导幼儿体验春季户外活动的有趣。

5. 活动中，为幼儿合影留念。

6. 家长可与幼儿一起用照片、录像或文字形式记录自己的所见、所想、所感，并带到幼儿园，与小朋友们分享。

7. 踏青后，家长可以在家中与幼儿一起绘画《多彩的春天》，记录踏青的感受。

活动2 春天来了（歌唱活动）

活动目标

能够用自然的声音演唱歌曲，不喊唱，能大胆用声音表现对春天的喜爱。

活动准备

歌曲《春天来了》（金近词，马成曲）；幼儿熟悉《春天来了》的旋律；曾经倾听、阅读过有关春天的故事。

活动过程

1. 导入。教师讲述故事，引发幼儿学习歌曲的兴趣。

☆ 教师：冬天的时候，雪下得很厚很厚，屋顶上一片雪白，大地也像盖上了一层厚厚的白色棉被。叽叽喳喳的小鸟飞到了南方，就连最爱跳舞的蜜蜂和蝴蝶也不见了踪影。但是，后来，天气一天一天地转暖，大地慢慢地复苏了，春姐姐悄悄地来到小朋友们身边。听，她还唱着好听的歌曲呢。

2. 欣赏感知。教师扮演春姑娘清唱歌曲《春天来了》，缓步走进教室。

☆ 教师：歌曲中都唱了什么？请你猜一猜，春姑娘给我们带来的这首歌曲叫什么名字？

3. 探索尝试。引导幼儿用自然的声音完整跟唱歌曲一到两次。

☆ 教师：刚才春姑娘的声音是什么样的？是大声的还是小声的？

☆ 教师：我们跟着春姑娘一起唱一唱这首歌曲吧。

4. 展示表现。请幼儿跟随教师边唱《春天来了》边做动作进行表演。

☆ 教师：除了用唱歌的方式迎接春天，我们还可以用什么方式迎接春天？让我们一起来跳着舞迎接春天吧。

5. 结束。延伸活动——师幼共同继续寻找春天，感受春天的美好。

☆ 教师：春天还是什么样子的呢？现在，老师和春姑娘就带领小朋友们到外面去继续寻找春天！

活动建议

1. 在歌表演过程中，教师可引导幼儿结合歌曲内容发挥想象力，创编动作。但如果有的幼儿比较胆小，动作不到位，在引导过程中，教师应以鼓励为主，帮助他大胆地展现自己。

2. 可将活动延伸至表演区，提供一些简单的道具，供幼儿表演。

3. 此活动还可以选择其他关于春天的歌曲，但要符合小班幼儿的年龄特点。

活动3　发芽的小树（绘画活动）

活动目标

能选择自己喜欢的方法画小树叶，大胆运用颜色，体验与同伴共同创作的快乐。

活动准备

在室内布置树木发芽的照片展（家园共同收集）；画有树干、树枝、未发芽的大树的画纸一张（1m×1m大小，教师用）；画有树干、树枝、未发芽的小树的画纸四张（单张纸和长卷纸各两张，幼儿用）；水粉颜料；棉签；水彩笔；油画棒；湿擦手布；踏青时观察过春天发芽的小树；家园共同收集了树木发芽的照片。

活动过程

1. 导入。以参观照片展的方式，带领幼儿观察发芽的小树。

☆ 教师：现在我们去参观小树照片展，请你们仔细瞧瞧，春天来了，小树都发生了什么变化？

☆ 教师：小树的嫩芽是什么颜色的？什么形状的？长在哪里？

2. 欣赏感知。教师示范不同工具的使用方法，幼儿感知不同的绘画方法。

（1）请幼儿观察没有发芽的、光秃秃的大树，引导幼儿为大树添画嫩芽。

☆ 教师：你们看，老师这也有一棵大树，它和刚才我们看到的春天的树有什么不一样？

☆ 教师：它还没有发芽，我们帮它画上吧。

（2）教师介绍水彩笔添画树叶的方法。

☆ 教师：小树叶长在哪儿呢？我们应在哪儿画树叶？用水彩笔来画。

（3）教师介绍用油画棒添画树叶的方法。

☆ 教师：我们还可以用油画棒画一片树叶。

（4）教师介绍用棉签添画树叶的方法。

☆ 教师：我们用棉签画树叶时，可以随意点画，也可以画线条。

（5）教师介绍用手指蘸色点画树叶的方法。

☆ 教师：我们可以用手指蘸一点水粉色，然后按在画纸上，看，小树叶长出来了。

3. 探索发现。幼儿自由选组，每组使用一种绘画方法，教师个别指导。

☆ 教师：这还有好多没有发芽的小树，你们想不想帮助树宝宝发芽呀？

☆ 教师：请小朋友选择一种你最喜欢的绘画方法，帮助树宝宝发芽吧。

4. 展示表现。教师引导幼儿体验与同伴共同进行艺术创作以及分享作品的乐趣。

☆ 教师：谁来介绍一下自己的树宝宝？你是用什么方法帮助树宝宝发芽的？

☆ 教师：跟你的好朋友互相欣赏一下你们的树宝宝吧。

5. 结束。将幼儿的作品张贴到主题墙上，装饰教室。

☆ 教师：我们把树宝宝贴在墙上，让我们的教室充满春色吧!

活动建议

1. 幼儿分组绘画时，教师可在四张大桌子上摆放四种不同的绘画材料，水彩笔组和油画棒组人手一张画纸，人手一支水彩笔或油画棒；棉签组和水粉组各用一张用几张纸连起来的长卷，其中水粉组要提供湿擦手布。幼儿可根据自己的喜好选择一种绘画方法进行绘画，教师进行个别指导。

2. 教师要把握好水粉颜料的稀稠，既不能太干，也不能太稀，应在活动前试画一下。

3. 对于同一种工具材料，教师也可有不同的提供方法，例如：在用棉签画时，可提供单个棉签，也可将两根、三根棉签固定在一起。

活动资料

［发芽的小树范例］

活动4　春花的笑脸（制作活动）

活动目标

感受桃花的色彩，并运用喜欢的方式表现其形象，与同伴共同分享春天的美。

活动准备

扮演春姑娘的服装；歌曲《春天来了》（金近词，马成曲）；大画纸上一棵只有树枝、树干的桃树；笑脸贴、哭脸贴；纸制的桃花花瓣、花蕊以及花形白纸；胶棒；水彩笔；背景音乐《嘀哩哩》；与幼儿讨论过春天，亲子活动中观察过桃花。

活动过程

1. 导入。教师扮演春姑娘唱《春天来了》，翩翩入场，引发活动兴趣。

☆ 教师：我是美丽的春姑娘，我一路走来，为人们带来春的气息。小朋友们，请你们说一说，春天是什么样子的？

2. 欣赏感知。幼儿观察桃花制作过程。

（1）幼儿观察粘有哭脸的桃树，激发帮助桃树的愿望。

☆ 教师：这里有棵桃树，它长着矮矮的树干、弯弯的树枝。请小朋友们看一看，它的表情是什么样的？（难过的）怎么才能让它高兴起来呢？

（2）教师展示制作好的桃花，幼儿观察花瓣的颜色、数量和形状。

☆ 教师：桃花是什么颜色的？数一数它有几个小花瓣？

☆ 教师：我们取下一片花瓣看一看，它是什么形状的？

（3）教师示范两种桃花制作方法。

☆ 第一种方法：利用花形白纸做底托，粘贴花瓣、花蕊。

☆ 第二种方法：教师利用儿歌帮助幼儿学习，先将画有圆点的花蕊放在中心，使花瓣尖对准圆点，依次粘贴五片花瓣，注意花瓣间不重叠、无缝隙。

☆ 教师：小水滴，一头尖，尖对点来，边挨边。五片花瓣手拉手，变出粉色的小桃花。

3. 探索发现。幼儿自选一种方法，分组制作桃花，教师个别指导。

（1）幼儿自由制作桃花，同时播放背景音乐《嘀哩哩》。

☆ 教师：请你选择一种自己喜欢的方式做一朵桃花吧。

（2）教师鼓励幼儿为制作好的桃花添画表情。

☆ 教师：小桃花开得这么漂亮，你觉得它现在是什么心情？请你把它的表情画在花蕊里吧。

4. 展示表现。请幼儿将制作好的桃花送给桃树妈妈。

☆ 教师：把你的小桃花送给桃树妈妈吧。看，桃树妈妈笑了！教师将哭脸换成笑脸，贴在桃树身上。

5. 结束。"春姑娘"与幼儿一起歌唱《春天来了》，活动自然结束。

☆ 教师：小朋友们，跟着春姑娘到外面看看春天还有哪些新变化吧！

活动建议

1. 除了桃花外，还可绘画、粘贴迎春花、玉兰花等春季花卉。

2. 制作桃花的两种方法难度不同，第一种方法有花形底托，幼儿只需根据花瓣、花蕊形状进行粘贴，较简单。第二种方法需要幼儿根据花蕊圆点依次粘贴、不重叠、无缝隙，操作难度相对较大。教师应根据幼儿的发展水平提供操作难度不同的材料。

活动资料

[春花的笑脸]

单元二　小绿芽芽

活动1　种植（区域活动）

活动目标

观察不同种子的生长过程，感受种子成长的喜悦。

活动准备

各种豆类的种子；萝卜头；白菜头；大蒜；每名幼儿一个种植器皿；水；土；种植工具；对春天的景色特点有一定的了解。

活动建议

1. 在活动前，教师可在户外活动时，带领幼儿观察大自然中的小绿芽芽，例如看看小草的变化，树上、枝头小绿芽的颜色，激发幼儿种植的欲望。

2. 活动中，教师可引导幼儿认识各种种子和植物，并鼓励幼儿观察它们在颜色、形状、大小上的不同。

3. 幼儿自己选择种子，亲手种在器皿中，并在器皿上写明植物名称和种植人。

4. 种植的方法可选择水中培养、土中种植、营养液种植或无土栽培。

5. 在观察时，除小绿芽外，还可观察植物在水中的根、开放的花等。

6. 种植之后，教师要注意引导幼儿照顾小苗，例如适量浇水、提供充足的日照等。可用摄影、绘画等形式记录不同芽的颜色、大小、形态及在生长过程中的变化，激发幼儿对生命的热爱。在这个过程中，教师应该起到引领和指导的作用。

7. 在活动过程中，可以让幼儿边打节奏边学说儿歌《小豆芽》，体验节奏变化的有趣，大胆表现小豆芽的成长过程。

活动资料

[诗歌]

小 豆 芽

小豆芽芽，钻钻泥巴，钻了一下，动了一下。

钻呀钻呀使劲钻，露出小小脑袋瓜。

郑春华/文

活动2　春雨沙沙（歌唱活动）

活动目标

1. 能够准确掌握象声词的演唱方法，区分活泼与抒情两种不同情绪。

2. 体验用乐器为他人伴奏的乐趣。

活动准备

春雨视频（网络搜索表现下雨的场景）；响板；手铃；能够熟练演唱歌曲《春雨沙沙》（许锐词，王天荣曲）；学过乐器的使用方法。

活动过程

1. 导入。教师播放春雨视频，请幼儿边看视频边随教师的伴奏演唱歌曲《春雨沙沙》。

☆ 教师：小朋友，你们还记得我们学过的歌曲《春雨沙沙》吗？

☆ 教师：让我们看着视频，跟着老师的伴奏唱一唱。

2. 欣赏感知。幼儿欣赏教师范唱，感受歌唱时不同的处理方式。

（1）教师用自然洪亮的声音，清晰范唱前两句，请幼儿欣赏。然后让幼儿学一学。重点引导幼儿学习"沙沙沙，沙沙沙"句，要唱得轻巧，注意断音。

☆ 教师：老师也来唱一唱，请你仔细听一听，我哪里唱得和你们不同？

☆ 教师：我是怎么唱的？你来学一学。

（2）教师用自然洪亮的声音，清晰范唱整首歌，请幼儿欣赏，然后请幼儿说一说自己的感受，教师进行归纳总结。重点引导幼儿区分活泼与抒情这两种不同的歌唱方式。

☆ 教师：这回老师唱的前面和后面有什么不同？（两种情绪演唱）你有什么感受？

3. 探索发现。幼儿尝试有感情地演唱歌曲，体会歌曲的生动、有趣。

☆ 教师钢琴伴奏，幼儿有感情地尝试演唱一遍歌曲，教师帮助幼儿分析歌唱中的问题，并进行纠正。

☆ 教师：请小朋友们再唱一遍吧！

4 展示表现。请幼儿自选乐器为教师的演唱进行伴奏，体会为歌曲配伴奏的乐趣。

☆ 教师：看看你的小椅子下面有什么？拿出你的小乐器，注意要让它闭上小嘴巴，一会儿老师演唱时，请你用小乐器给我伴奏好吗？

☆ 教师：老师在唱前两句时，请拿响板的小朋友来敲打你的乐器，唱后两句时，请拿手铃的小朋友来摇晃你的乐器。

5. 结束。幼儿收纳乐器，活动自然结束。

☆ 教师：小朋友们表演得真好，我们按顺序把小乐器送回家吧！

活动建议

1. 因为活动的难点是区分活泼与抒情两种不同情绪的演唱，所以教师在范唱、教唱、钢琴配伴奏时都要渗透两种情绪的变化。前半部分活泼的情绪可以用轻巧的断音表现，而后半部分抒情的情绪可以用温柔的连音表现。

2. 在配伴奏环节，教师可事先将响板、手铃藏在幼儿的椅子下面，在幼儿基本掌握歌曲后，请幼儿从椅子下找出自己的小乐器，按乐器将幼儿分成两组。教师演唱歌曲时，幼儿可利用小乐器为教师的歌唱配伴奏，前半部分歌曲可用响板表现活泼欢快，后半部分可连续摆动手铃表现抒情。

活动资料

［节奏型］

响板：×× ｜ ×× ｜ ×× × ｜ ×× × ｜

手铃：×× × ｜ ×× ×× ｜ ×－ ｜ ×× × ｜ ×× ×× ｜ ×－ ｜

活动3　种子宝宝（律动活动）

活动目标

尝试运用肢体动作，大胆模仿种子成长的过程，体验种子宝宝成长的心情，感受集体表演的快乐。

活动准备

散文《种子宝宝》；课件《种子宝宝的成长日记》（种子发芽的过程照片或图片）；抒情音乐；在自然角种植、观察、记录种子的成长过程。

活动过程

1. 导入。通过谈话引导幼儿回忆种子的成长过程，激发幼儿兴趣。

⭐ 结合班上自然角的植物种植活动及幼儿观察种子成长的经验，帮助幼儿回忆自己种的种子。

☆教师：你在自然角种的是什么种子？它是什么样的？你喜欢它吗？

2. 欣赏感知。欣赏课件《种子宝宝的成长日记》，引导幼儿仔细观察种子宝宝的成长过程，体验小种子成长时的心情。

☆教师：小种子是怎样长大的？小朋友们猜一猜，小种子在不同的成长阶段它的心情是怎么样的？

3. 探索发现。尝试运用肢体动作，大胆模仿种子的成长过程。

☆教师：最开始小种子是怎样的？喝到水后有什么变化？它是怎样钻土的？最后长成什么样了？

☆教师：谁能用动作学学小种子是怎样长大的？我们一起来学学吧！

☆教师重点引导幼儿大胆地用动作表现种子的成长过程。

4. 展示表演。教师扮演春姐姐，小朋友做小种子，师幼进行互动表演，表现种子成长的过程，体验表演的乐趣。

（1）第一次游戏，重点模仿泥土中的种子。

☆教师：我们随着《种子宝宝》的故事一起来表演吧！

☆教师：谁的动作不一样？一起学一学！

（2）第二次游戏，重点表现发芽的种子。

☆教师：不同的小种子发出的芽、长出的叶子有什么不一样？

5. 结束。幼儿随音乐走出教室去喝水。

☆教师：小种子，我们一起去喝点水，快快成长吧！

活动资料

1. ［散文］ **种 子 宝 宝**

春天来了，天气可真暖和！春风轻轻地吹醒了小动物；阳光送来了美丽的花朵；小雨带给我们嫩嫩的绿色！春天是种子宝宝生长的最好时候。春姐姐把1、2、3、4、5……许多小种子种在泥土里（教师边说边摸摸幼儿的头，被摸到的幼儿随即蹲下做小种子），每天都来给它们浇水、施肥，听——"滴答，滴答"，睡在泥土里的小种子听见了，它们看见水，高兴极了，大口大口地喝起来。喝呀喝呀，小种子喝得饱饱的，变成了个小胖子。小种子越来越胖，越来越胖，"砰"的一声，把皮撑破了。

种子宝宝一点也不害怕，又扭动自己的身体，使劲地向上钻，钻呀钻，

钻呀钻，终于，从泥土中钻出一个又小又可爱的小嫩芽。温暖的阳光照着它，柔柔的春风吹着它，小嫩芽长呀长，长得越来越高，抽出了碧绿碧绿的叶子。

看，种子宝宝长出来了，对着太阳笑得多开心呀！

郭琛/文

2.［种子成长过程的动作提示］

原生种子：可团身、抱膝、下蹲、紧缩；

萌出：双臂横向扩展；

钻土：动态动作，身体经历扭转、摆动、拔茎、纵向伸展；

发芽抽叶：各种身体造型。

单元三　春天的故事

活动1　叶宝宝回来了（戏剧欣赏活动）

活动目标

尝试运用语言、肢体动作表现叶宝宝与大树妈妈的母子亲情，萌发参与戏剧表演的欲望，体验表演的快乐。

活动准备

教师表演故事《叶宝宝回来了》；表演用的道具、服装；树叶头饰（枫树叶、银杏叶、杨树叶），每人一个；背景音乐《嘀哩哩》变奏曲；知道树叶在不同季节的生长特点。

活动过程

1. 导入。幼儿随音乐《嘀哩哩》模仿小树叶，自由律动进教室。

☆教师：树叶宝宝，我们一起去做游戏好不好？

2. 欣赏感知。幼儿完整欣赏故事表演《叶宝宝回来了》。

☆教师：请小朋友安静地欣赏故事表演《叶宝宝回来了》。

3. 探索发现。师生交流讨论故事内容，并再次按片段欣赏《叶宝宝回来了》。

（1）师生交流讨论故事内容。

☆ 教师：剧中都有谁？树妈妈在高兴地等谁回来呀？为什么要等小树叶？

☆ 教师：叶宝宝长出来没有？叶宝宝与树妈妈在一起时高兴吗？为什么？

（2）幼儿按片段欣赏《叶宝宝回来了》，并细致观察叶宝宝的动作、表情、语言。

☆ 教师：让我们再仔细听一听、看一看，叶宝宝和树妈妈说了些什么？它们是怎样做的？

☆ 教师：叶宝宝说了什么？谁能说一说、学一学？树妈妈说了什么？谁能说一说、学一学？

4．展示表现。幼儿尝试表演故事《叶宝宝回来了》的片段。

☆ 教师：这里有枫树叶、银杏树叶、杨树叶，你可以选择一种你喜欢的树叶，变成叶宝宝和树妈妈一起表演故事。

5．结束。幼儿随音乐《嘀哩哩》模仿小树叶，自由律动出教室。

☆ 教师：春天来了，天气真温暖！叶宝宝们跟大树妈妈一块到外面与太阳公公见面吧。

活动建议

音乐《嘀哩哩》是一首欢快活泼的幼儿歌曲，当它作为背景音乐出现在幼儿律动中时，可以由教师弹奏成 $\frac{3}{4}$ 拍或 $\frac{2}{4}$ 拍的变奏曲，并可根据表演需要变化音乐速度。

活动资料

[故事]   叶宝宝回来了

美丽的春天来了，大树妈妈每天都笑眯眯的。好奇的小鸟飞来说："大树妈妈，您为什么这么高兴呀？"大树妈妈说："我的叶宝宝们快要回来了，我怎么能不高兴呀！""大树妈妈，您的宝宝什么时候能回来呢？"大树妈妈说："快了，快了，我的叶宝宝们很快就能回来了，我每天都在盼着它们呢！"

太阳公公温暖的光芒让天气暖和起来，雨姑姑沙沙的小雨让叶宝宝喝个够！

时间一天天地过去了，大树妈妈的枝干上慢慢钻出了小嫩芽。小嫩芽长呀长，喝到了水，又伸长了身体，长得大一点了。在太阳公公和雨姑姑的呵护下终于长出了嫩嫩的掌形小树叶。它们兴奋地叫着："妈妈，妈妈，我们回来了！我们回来了！"大树妈妈高兴地笑着："好孩子！终于回来了！妈妈可真想你们呢！"春风轻轻地吹来，叶宝宝在大树妈妈的臂弯里幸福地摇摆着。

大树妈妈和叶宝宝又幸福地生活在一起了！

北京市第一幼儿园/文

活动2　小蝌蚪找妈妈（表演活动）

活动目标

尝试运用简单的肢体动作表现故事情节，感受师生互动表演的乐趣。

活动准备

水墨动画片《小蝌蚪找妈妈》；《小蝌蚪找妈妈》的表演道具；动画片中的蝌蚪律动音乐；前期欣赏过水墨动画片《小蝌蚪找妈妈》；已熟悉故事内容及角色间的对话。

活动过程

1. 导入。幼儿律动，模仿小蝌蚪进入教室。

☆ 教师：蝌蚪宝宝，我们一起到池塘里做游戏吧。

☆ 教师：小蝌蚪们，你们刚才是怎样游泳的？

2. 欣赏感知。幼儿欣赏故事表演《小蝌蚪找妈妈》，了解故事情节。

☆ 教师：请小朋友们一起欣赏由老师表演的童话剧《小蝌蚪找妈妈》。

3. 探索发现。引导幼儿了解故事的主要内容和人物角色，并简单模仿小蝌蚪的对话和动作。

（1）师生交流讨论故事内容。

☆ 教师：小蝌蚪游来游去的，要去干什么？小蝌蚪找到妈妈了吗？

☆ 教师：小蝌蚪都找谁做妈妈了？在找妈妈的时候小蝌蚪说了什么？

（2）请幼儿模仿小蝌蚪的对话和动作。

☆ 教师：小蝌蚪一共找了五次才找到妈妈，它分别找了谁？蝌蚪宝宝们一边游一边有礼貌地询问，我们一起来学学吧。

4. 展示表演。在音乐伴奏下，师生共同表演《小蝌蚪找妈妈》，感受表演的乐趣。

☆ 教师：小蝌蚪跟着蝌蚪姐姐（教师扮演）一起去找妈妈吧。

☆ 教师：小蝌蚪们看看它（教师扮演的各种动物）是谁，它是我们的妈妈吗？

5. 结束。幼儿随音乐模仿小蝌蚪做律动出教室。

☆ 教师：蝌蚪宝宝，你们找到妈妈了吗？你们的妈妈是谁呀？我们游着泳和妈妈回家吧！

活动建议

在活动的第一环节幼儿律动入场后，教师可引导幼儿相互学习肢体动作，例如双手合十于体前，双臂于体后，双手于体侧，一手体前、一手体后，模仿小蝌蚪。

汽车马路跑

主题概述

在这个快速发展的时代，汽车几乎已经进入到每一个家庭。汽车靓丽的色彩、时尚的造型、多样的车标，都能为幼儿积累丰富的艺术经验。孩子们，尤其是男孩子们，特别喜欢各种汽车玩具、汽车模型以及有关汽车的游戏。我们确立了"汽车马路跑"这一主题，引导幼儿更多地从艺术的角度去了解我们身边常见的车。

在这一主题下，我们设计了"我的汽车真漂亮"和"我是快乐的小司机"两个单元。"我的汽车真漂亮"单元中，通过搜集、欣赏、美工制作、模仿等艺术手段，使幼儿对色彩鲜艳、造型各异、声音多样的汽车产生观察、探索的兴趣，并尝试运用制作、歌唱、图形拼贴、动作表演和绘画等方式大胆表现汽车的造型及其动态。"我是快乐的小司机"单元里，通过家园活动"马路观察记"，引导孩子记录、模仿司机、交警的工作，并在音乐游戏中引导幼儿运用歌声、动作、表情等模仿表现小司机，体验游戏的快乐。

在开展主题活动的过程中，我们可以充分调动家长资源，建议家长与幼儿一起利用废旧物制作汽车玩具。此外，在艺术活动中，教师要注重与其他领域的有机融合，如在引导幼儿了解汽车的同时，向他们渗透马路安全常识及一些环保低碳的健康出行方式等。

194

主题活动网络图

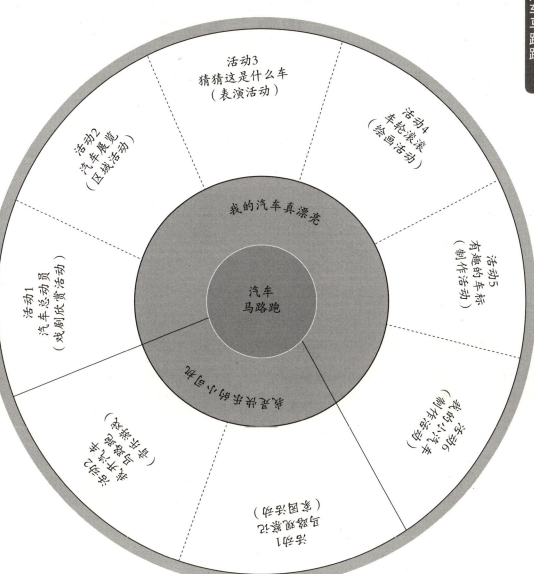

活动3
猜猜这是什么车
（表演活动）

活动2
汽车展览
（区域活动）

活动4
车轮滚滚
（绘画活动）

我的汽车真漂亮

活动1
汽车总动员
（戏剧欣赏活动）

汽车
马路跑

活动5
有趣的车标
（制作活动）

我是马路的小司机

活动2
汽车司机本领大
（亲子游戏）

活动6
神奇的小汽车
（制作活动）

活动1
马路跑跑跑
（美工活动）

综合艺术活动

单元一 我的汽车真漂亮

活动1 汽车总动员（戏剧欣赏活动）

活动目标

感受动画片中汽车色彩鲜艳、造型各异、功能多变的特点，对汽车感兴趣。

活动准备

动画片《汽车总动员》片段；各式汽车图片；幼儿已完整欣赏过动画片《汽车总动员》，了解主要人物及基本剧情。

活动过程

1. 导入。教师带领幼儿回顾剧情，引发幼儿参与活动的兴趣。

☆ 教师：我们之前欣赏过动画片《汽车总动员》，还记得那些汽车都叫什么名字吗？

2. 欣赏感知。请幼儿欣赏动画片中的赛车图片及片段，进一步感知车辆色彩的鲜艳、造型的各异及功能的多样。

（1）欣赏动画片中的汽车图片，感知汽车的色彩、造型。

☆ 教师：你喜欢哪辆汽车？喜欢它什么？

（2）欣赏动画片中"赛车"片段，引发幼儿对汽车功能的关注。

☆ 教师：小汽车在做什么？

☆ 教师：你觉得哪辆车的本领最棒？它有什么本领？你能学一学吗？

3. 探索发现。教师引导幼儿运用肢体动作表现小汽车，感受小汽车的有趣。

☆ 教师：请小朋友变成一辆本领最棒的小汽车，我们去赛车，好吗？

4. 展示表现。幼儿展示自己创造的小汽车造型，在交流中感受小汽车功能的多样。

☆ 教师：你是具有什么本领的小汽车？请你学一学。

5. 结束。

☆ 教师：会变身的小赛车们，我们快开到赛道上，去比赛喽！

活动2　汽车展览（区域活动）

活动目标

欣赏汽车丰富的色彩、多样的造型，愿意与同伴交流与分享。

活动准备

将教室布置成汽车展览厅，展出各种汽车模型。

活动建议

1. 请家长利用早晚来园、回家途中或周末时间，陪同幼儿观察大街上的汽车。在观察时要有针对性地进行引导，如汽车的种类、造型、色彩、用途等，丰富幼儿对汽车的了解与感知。

2. 家长和幼儿共同收集一些汽车模型或图片，并将自己喜欢的有关汽车的资料带到幼儿园来与小朋友共同分享。

3. 教师可把幼儿收集的汽车模型、玩具、图片等分类摆放，在班中或与同年龄组其他班级联合举办"汽车展览会"，供幼儿参观，方便幼儿之间的互相交流、沟通。

4. 在组织参观的过程中，教师可引导幼儿从车展中寻找自己喜欢的汽车，并鼓励他们说一说喜欢该种（或该辆）汽车的原因，培养幼儿认真观察的习惯，和表达自己观点的能力。

5. 在参观中，教师可引导幼儿认识汽车的种类、用途等，也可引导幼儿把自己带来的汽车玩具介绍给大家，并鼓励幼儿把自己的玩具与小朋友分享。

6. 在观察活动中，教师要有意识地提醒幼儿爱护展览中的物品，做文明的参观者。

活动3　猜猜这是什么车（表演活动）

活动目标

尝试用声音、肢体动作大胆模仿四种汽车的特征，体验参与表演游戏的快乐。

活动准备

四名幼儿分别扮演出租车、警车、救护车、无轨电车；四种汽车的图片；TAXI标志的头饰；贴上红十字的白大褂；将箭头标志贴在地上，模仿马路；《小司机》音乐伴奏（张东方词，苏勇曲）；幼儿对出租车、警车、救护车、无轨电车已有初步的感知经验；了解其功能、声音、外形等方面的特征。

活动过程

1. 导入。教师请出扮演汽车的幼儿，激发幼儿参与活动的兴趣。

☆ 教师：小朋友们，今天老师给你们请来了四位小客人，请你猜猜他们都是谁？

2. 欣赏感知与探索发现。教师请四名幼儿介绍四种汽车。

（1）请一名配班教师扮演上班迟到的人，引出出租车。

☆ 教师：哎呀，今天老师要迟到了！迟到了的话，就不能带小朋友们做游戏了！小朋友们快帮我想一想，用什么方法可以最快赶到幼儿园？

（2）一名幼儿头戴TAXI的标志，喊着"嘀——嘀——嘀"，模仿开车的样子走出来。

☆ 教师：你们看看，是什么车开来了？

（3）教师请幼儿猜谜语，引出第二位小客人，随后请幼儿共同模仿救护车的声音。

☆ 教师：请小朋友们猜一个谜语，猜猜是哪种车。没事我家在医院，有事来了不能慢。来回奔波为病人，救死扶伤心里甜。

（4）一名幼儿身穿白色的衣服，身上贴着红十字，嘴里模仿着救护车的声音走出来。

☆ 教师：小朋友，这是什么车？从哪儿看出来的？

（5）扮演警车的幼儿，嘴里模仿着警车的声音走出来，请其他幼儿从声音上面听辨。

☆ 教师：下面我请第三位小客人出场了，你们听听它的声音，猜猜这是什么车？

☆ 教师：对，这是警车。它和救护车的声音一样吗？我们来一起学一学警车的声音。

（6）表演的幼儿双手上举，表现无轨电车上面的电线，进行表演。

☆ 教师：小朋友，你们看看他的样子，来猜猜这是什么车？请你学一学他的动作。

3. 展示表现。师幼玩游戏"汽车嘀嘀"（见活动资料），感受表演的乐趣。

☆ 教师：现在我们都变成小汽车了！我们一起玩一个"汽车嘀嘀"的游戏，好吗？

4. 结束。延续幼儿参与游戏的快乐情绪，活动自然结束。

☆ 教师：小汽车们，我们一起到马路上行驶吧！

活动资料

［"汽车嘀嘀"游戏玩法］

当教师举起一辆小汽车的图片时，幼儿就跟随音乐，按地上的箭头，做喜欢的开汽车动作，亦可模仿该类汽车的声音、动作、功能等，绕场一周后回到原位。提醒幼儿要跟随音乐的速度，有规律行驶；不要逆向行驶；不要撞车。

活动4　车轮滚滚（绘画活动）

活动目标

1. 学习滚画的方法，体验不同绘画方式的效果。
2. 引发对汽车车轮花纹的关注，体验滚画的乐趣。

活动准备

各种颜色的颜料；各种小汽车玩具（选择车轮纹样不同的）；一张铺在地上的大纸；幼儿会唱歌曲《小司机》（张东方词，苏勇曲）；幼儿已了解几种汽车的名称。

活动过程

1. 导入。教师引出主题，激发幼儿参与活动的兴趣。

☆ 教师：今天我给小朋友们带来一个魔术，请小朋友们仔细观看。

2. 欣赏感知。教师边说儿歌，边用小汽车在大纸上滚画，引起幼儿对滚画的兴趣。

☆ 教师：我是快乐的小司机，开着汽车跑得忙。车轮车轮滚滚滚，变出一幅美景图。

3. 探索发现。教师引导幼儿发现滚画方法，引发幼儿对车轮花纹的关注。

☆ 教师：请你们看一看，老师是用什么画画的？

☆ 教师：用一种可以滚动起来的物品，沾上喜欢的颜料，在图画纸上自由地滚来滚去、留下花纹的方法就是滚画。

4. 展示表现。教师鼓励幼儿选择自己喜欢的颜色以及车轮纹样，大胆尝试滚画。

☆ 教师：今天，老师为你们准备了三种不同颜色的颜料，还有不同的小汽车的车轮，请你们也来画一画，好不好？

☆ 教师：小朋友们，你们滚出的车轮印一样吗？像什么？

5. 结束。请幼儿相互欣赏作品，感受丰富的纹样、鲜艳的色彩。

☆ 教师：谁来说一说，你的车轮画用了几种颜色？用了哪种汽车？

活动5　有趣的车标（制作活动）

活动目标

1. 感受车标的独特造型和丰富色彩，引发对车标的兴趣。
2. 尝试运用各种方法设计并制作车标。

活动准备

运用收集到的各种车标图片在教室内布置小型展览；彩笔、图画纸、胶水、铅笔、剪刀，人手一份；由教师剪好的各种几何图形，以及直线、螺旋线等线条；自制方向盘，人手一个；教师自选一段欢快的音乐；幼儿熟悉一些常见的车标图。

活动过程

1. 导入。幼儿每人一个方向盘，在教师的引导下，模仿小司机开车，随音乐律动进入教室。

☆ 教师：小汽车，嘀嘀嘀，我们都是小司机。小司机们，今天我们要到车标展览会去参观，让我们听着音乐出发吧！

2. 欣赏感知。请幼儿欣赏各种车标图片，引发对车标的兴趣。

☆ 教师：车标是做什么用的？这些都是什么车的车标？

☆ 教师：你最喜欢的车标是哪个？

3. 探索发现。教师引导幼儿观察、发现车标的特点，感受车标的独特造型和丰富的色彩。

☆ 教师：请你仔细看一看，车标上都有什么？

☆ 教师：车标是车的标志，上面会有图形、图案或者英文字母等。

4. 展示表现。教师提供多种材料，请幼儿尝试自主设计、制作自己的车标。

☆ 教师：老师给你们准备了多种材料，有的可以在图画纸上自己画车标；有的是老师画好车标，请小朋友们来涂色；还有的可以用粘贴的方法制作图标。请你选一种方法，设计、制作自己的车标。

5. 结束。展示幼儿作品，幼儿互相交流，体验设计制作的快乐。

☆ 教师：请你向大家介绍一下你的车标。

☆ 教师：今天，小设计师们都设计出了自己的车标，你们真棒！希望小朋友们长大后，能设计出更加新颖独特的车标和汽车。

活动6　我的小汽车（制作活动）

活动目标

1. 能够根据自己的需要选择制作材料，运用材料的不同形状进行组合制作。

2. 初步养成有序使用、收放物品的良好习惯。

活动准备

自制方向盘，人手一个；教师用废旧材料制作的汽车模型；大小不同的纸盒、圆形硬纸片、瓶盖（中间可钻孔）、吸管或小木棍、各种彩色图形等制作材料若干；双面贴、胶水、图画纸、废纸盒，每组各两个；经过前面的系列活动，幼儿已对各种车型和车的构造有所了解；会使用双面贴，以往活动中有过彩纸粘贴的经验。

活动过程

1. 导入。幼儿扮演小司机做律动进教室，引出活动。

☆ 教师：公共汽车、小轿车、红色消防车、大卡车、出租车、救护车，请问你开的是什么车？

☆ 教师：今天我们要到汽车制造厂去，小司机们注意，出发喽！

2. 欣赏感知。请幼儿欣赏教师的作品，引发幼儿的制作兴趣。

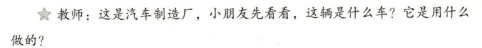

☆ 教师：这是汽车制造厂，小朋友先看看，这辆是什么车？它是用什么做的？

☆ 教师：你们愿意做一辆自己的汽车吗？

3. 探索发现。教师运用讨论、示范的方法引导幼儿探索汽车模型的制作方法，感受用不同材料进行拼组的有趣。

（1）做车身。

☆ 教师：先想想，你要做什么车？车身是什么形状的？

☆ 教师：需要什么形状的纸盒？需要几个？

☆ 教师：这几个纸盒怎样摆就是你想要的汽车样子？

（2）做轱辘。

☆ 教师：汽车轱辘用什么材料做？需要几个轱辘？

☆ 教师：用什么工具才能把轱辘固定在车身上？

（3）平稳车身。

☆ 教师：这辆车有什么问题吗？为什么会出现这样的问题？

☆ 教师：我们在粘轱辘时，要注意什么？

（4）能转的轱辘。

☆ 教师：这两辆车都已经有轱辘了，你能看出它们哪里不一样吗？

☆ 教师：轱辘不能转的汽车是用什么材料固定在车身上的？

☆ 教师：仔细看看，轱辘能转的汽车用的是什么方法？

☆ 教师：纸轱辘是用双面贴固定的，很方便，但是不能转；瓶盖轱辘可以转起来，使用吸管把轱辘和车身连起来，不过有一点难，请小朋友们自己选择喜欢的材料和方法，老师可以帮助你。

4. 展示表现。幼儿自由选择材料进行制作，教师随机指导。

☆ 教师：请小朋友们制作时选择合适的纸盒，先摆一摆，再粘贴，最后把它装饰漂亮。

☆ 教师：制作时的垃圾要放进小盒子里，看看哪组的桌面最整洁。

5. 结束。教师引导幼儿相互交流欣赏作品，并在区域活动继续。

☆ 教师：你来给大家介绍一下你的车吧！这是什么车？用什么做的？

☆ 教师：今天小朋友们制作的汽车会被投放在建筑区，欢迎大家明天来建筑区为小汽车建公路！

幼儿园综合艺术教育课程 小班

活动资料

[我的小汽车]

单元二 我是快乐的小司机

活动1 马路观察记（家园活动）

活动目标

关注生活中警察的工作，尝试模仿警察工作中典型的姿态动作，萌发参与表演活动的兴趣。

活动准备

交通手势指挥挂图；自制警察帽。

活动建议

1. 在活动前应向家长说明活动的目的，征求家长的同意与理解，让家长利用走出去的机会，带领幼儿观察交通警察的工作，丰富幼儿的经验。

2. 家长可选择居家附近的马路路口，带领幼儿在路边观察交警的工作。由于学习活动是在马路边进行，因此要提醒家长和幼儿注意安全，遵守交通秩序。

3．在观察过程中，家长应有意识地引导幼儿观察警察叔叔在指挥交通时的上肢动作，并做简单的讲解，帮助幼儿初步理解某些指挥手势的意义，如敬礼、停止、通行、直行、左右转弯等。

4．如条件允许，可用相机记录下马路上的情景，其中包括：马路的整体面貌，警察叔叔工作时的样子以及孩子专注观察时的神态。将这些资料带回班上与同伴分享，为孩子们开展角色模仿活动积累经验。

5．教师可利用"家长半日开放"的活动时间，组织游戏"大马路上"。游戏中部分家长和幼儿扮演警察，模仿警察的指挥交通动作，剩下的家长和幼儿扮演汽车小司机，在警察叔叔的指挥下驾驶车辆，参与游戏。

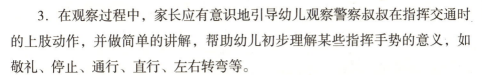

活动2　我开汽车马路跑（音乐游戏）

活动目标

1．能用步伐速度表现音乐速度的变化，体验小司机的快乐。

2．了解实线与虚线的作用，建立遵守交通规则的意识。

活动准备

立式红绿灯提示牌（摆放在教室中间）；停车场标志；各种汽车胸牌，人手一个；自制方向盘，人手一个；小星星贴纸；歌曲《小司机》（张东方词，苏勇曲）伴奏。

活动过程

1．导入。教师创设游戏情境，引导幼儿开始游戏。

☆教师（有节奏地说）：小汽车，嘀嘀嘀，我们都是小司机；不超速、不越线，安全驾驶数第一。

☆教师：今天小司机要到大马路上去行驶了，我们先看看马路上有什么？

2．感知欣赏。教师引导幼儿欣赏游戏环境。

☆教师：看看大马路上有什么？地上还有什么？

3. 探索发现。教师引导幼儿了解简单的交通规则，感受音乐变化，为游戏做准备。

（1）熟悉交通规则。

☆ 教师：你在公路上见过这两条线吗？它们有什么不一样？是做什么用的？

☆ 教师：地上画有实线的标识表示不能压线行驶，有虚线标识的地方可穿行、超车。

（2）教师以不同速度弹奏《小司机》，引导幼儿感知音乐速度的变化。

☆ 教师：小司机要听着老师的音乐行驶，先听一听第一段，再听听第二段。

☆ 教师：这两段音乐有什么不一样？

☆ 教师：请小司机跟着音乐的速度行驶，怎样才能跟上音乐的速度？当音乐快时，小司机也开得快；当音乐慢时，小司机要减速。我们来试一试。

4. 展示表现。师幼进行音乐游戏"我开汽车马路跑"，幼儿感受当小司机的快乐心情。

（1）教师介绍游戏规则。

☆ 教师：请小朋友们自己选择喜欢的小汽车胸牌挂在胸前，我们一起玩游戏，游戏的名字是"我开汽车马路跑"。

☆ 教师：小司机听音乐在马路上行驶，注意要遵守交通规则，不越线、不超速，还要注意"警察老师"手中拿的红绿灯指示牌。

☆ 教师：音乐有变化时，要听一听是什么样的变化。然后调整小汽车的速度，如果不遵守规则，小司机会被禁止行驶的。

（2）幼儿开展游戏。

☆ 教师：车辆进入胡同了，人多路窄请慢行。

☆ 教师：车辆在马路上行驶不抢行，中速行驶最安全。

☆ 教师：车辆开上高速路，速度加快守秩序。

5. 结束。幼儿有序进入"停车场"，教师与幼儿进行交流评价，并奖励"安全驾驶员"。

☆ 教师：小司机要下班了，快把汽车整齐地开进停车场吧！

☆ 教师：今天的小司机都是合格的小司机，没有违反交通规则，给你们每人颁发一颗小星星，奖励你们是"安全驾驶员"。

快乐的小剧场（下）

主题概述

　　戏剧是一门综合的舞台艺术，具有知识传递、道德教化、群体娱乐、艺术审美等多维功能。戏剧与幼儿更有一种天然的、和谐的联系，他们天生喜欢装扮和幻想。对幼儿而言，将身体和声音作为表达和沟通的工具，尝试扮演不同的角色、想象不同的情境，就是在体验社会、体验生活。为此，我们设计了"快乐的小剧场"这一系列主题，希望通过戏剧主题活动引导幼儿认识戏剧，喜欢戏剧，感受戏剧给他们带来的成长与快乐。

　　本主题包含了"三只小猪""狼和小羊"两个单元。"三只小猪"是以迪士尼动画片《三只小猪》的故事为载体设计的戏剧活动，包括欣赏动画片、制作头饰、绘画、律动、表演等活动，通过活动引导幼儿熟悉故事内容，了解角色特点，并能运用动作和语言充分表现小猪的憨厚、可爱，体会表演的乐趣。"狼和小羊"是依据故事《狼和小羊》设计的一系列戏剧活动，包括木偶剧欣赏、制作、表演交流等形式。该单元下也包括了美术活动，引导幼儿了解故事及角色特点，能够运用简单的图形和喜欢的颜色大胆创作，表现故事中人物的造型特点。在开展主题活动过程中，教师要引导幼儿通过故事去分析角色的性格，学习故事中传递给我们的道理。

　　在"快乐的小剧场"主题活动中，我们希望最大限度地发挥戏剧的"游戏性"，充分挖掘戏剧主题的艺术及人文教育价值，让幼儿在赏戏、"学"戏、演戏的过程中喜欢上戏剧，在快乐的戏剧活动中更好地认识自己、了解社会。

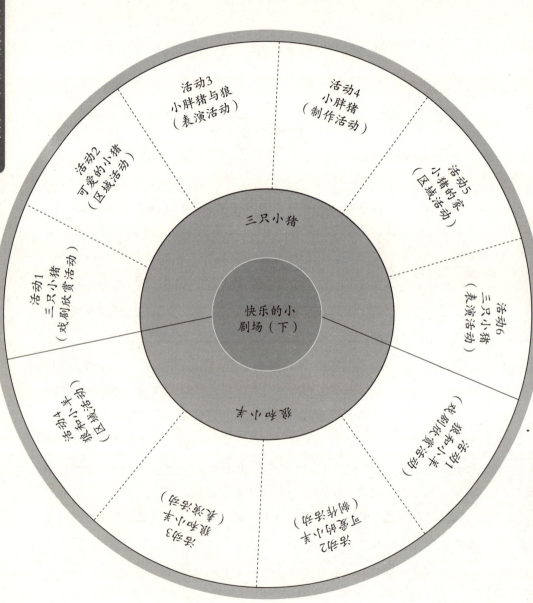

综合艺术活动

单元一 三只小猪

活动1 三只小猪（戏剧欣赏活动）

活动目标

1. 能够用简单的肢体动作模仿表现角色的神态特征。

2. 体验参与欣赏活动的快乐。

活动准备

迪士尼动画片《三只小猪》视频片段；已完整欣赏过动画片《三只小猪》。

活动过程

1. 导入。教师请幼儿猜谜语，激发参与活动的兴趣。

☆ 教师：小朋友们，今天老师给你们带来一个特别有趣的谜语，请你们猜猜这是一种什么动物：身体胖胖耳朵大，鼻子噘噘眼睛小，尾巴圈圈爱睡觉，浑身上下都是宝。

2. 欣赏感知。请幼儿初步了解动画片中角色的特征，并能用简单的肢体动作模仿表现，感受角色的有趣。

（1）回忆动画片中的主要角色及故事梗概。

☆ 教师：小朋友们，还记得我们看过的一个关于小猪的动画片吗？动画片叫什么名字？

☆ 教师：动画片中都有谁？都叫什么名字？三只小猪都用什么盖的房子？谁盖的房子最结实？

（2）欣赏动画片《三只小猪》中大灰狼吹倒房子的三个片段。

☆ 教师：小猪们盖好房子后谁出现了？结果三只小猪的房子怎么样？怎么倒的？请小朋友安静地欣赏。

3. 探索发现。引导幼儿发现不同材质盖的房子，大灰狼吹的时候动作不同，使出的力气也不同。

（1）针对片段1（大灰狼吹倒稻草房的过程）进行讨论，教师和幼儿分角色表演。

☆ 教师：这个片段中发生了什么事？谁在吹？吹之前有一句话，小朋友谁能学一学？说的时候大灰狼给你什么感觉？

☆ 教师：大灰狼是怎样把房子吹倒的？请你学一学。手是什么样的？身体怎么样？腿怎么样？大灰狼把气吸得满满的，一口气使劲地吹出去。

☆ 教师扮演草房子，幼儿扮演大灰狼，请幼儿使劲地吹，体会大灰狼是怎样把草房子吹倒的。

（2）针对片段2（大灰狼吹倒木头房的过程）进行讨论，幼儿分组进行角色表演，加深体会。

☆ 教师：我们再看看大灰狼是怎样吹倒木房子的。

☆ 教师：请你学学或说说，跟刚才吹倒草房子时有什么不一样？

☆ 幼儿分组表演木头房子和大灰狼，体会这一次大灰狼是怎样吹垮木头房子的。

（3）针对片段3（大灰狼吹砖房，房子一动也不动的过程）进行讨论，并进行角色表演。

☆ 教师：最后三只小猪都藏在什么房子里？砖房子为什么没有被吹倒？

☆ 教师：大灰狼是怎样吹的？请你学一学。

☆ 幼儿分组表演砖房子和大灰狼，体会这一次大灰狼的筋疲力尽和小猪们的快乐。

4. 展示表现。幼儿完整欣赏三段视频，并在教师协助下，分组表演大灰狼三次吹房子的过程，感受塑造角色、合作表演的快乐。

☆ 教师：请小朋友再完整欣赏一遍这三段视频。

☆ 教师：让我们一起演一演大灰狼吹房子吧。

5. 结束。教师鼓励幼儿在区域活动时继续表演，活动自然结束。

☆ 教师：在活动区里，小朋友们可以继续表演这个故事。看看谁演得最生动！

活动建议

教师可以根据本班幼儿的特点，分段欣赏视频。

活动2　可爱的小猪（区域活动）

活动目标

了解用不同艺术手段表现的小猪，体验收集和交流分享的快乐。

活动建议

1. 鼓励幼儿与爸爸妈妈一起收集有关小猪的资料，包括图片、图书、雕塑、儿歌、玩具等，帮助幼儿了解小猪的形象特点及各种小猪的不同艺术表现手法。

2. 资料收集后，教师应在区角中布置"小猪展览"。在参观展览前，教师应提示幼儿注意参观规则：多用眼睛看，不用小手摸，不拥挤，要谦让，要爱护展览中的物品，做文明的参观者。

3. 将幼儿共同收集来的各种物品进行分类展出，例如：从功能、用途分类（玩具类、饰品类等）；从制作材质分类（纸质、陶瓷质地等）；从小猪姿态上分类（站姿、卧姿等）。

4. 教师可请幼儿说一说：你的小猪是从哪里收集来的？是用什么材料制作的？在幼儿介绍的过程中，一方面可以开阔他们的视野，另一方面也可以让幼儿了解更多的艺术表现手段。

5. 在欣赏过程中，教师还可以引导幼儿模仿小猪的形态、动作，为故事表演做铺垫。

6. 活动结束后，可以用集体交流评价和教师点评的方式对活动进行总结。

活动3 小胖猪与狼（表演活动）

活动目标

能够听辨欢快与低沉两种不同性质的音乐，并进行律动，感受表演游戏的快乐。

活动准备

各种不同材质、不同造型的小猪、狼的图片、玩具、图书故事；动画片《三只小猪》的音乐片段（小猪快乐的舞蹈音乐和大灰狼音乐）；已完整欣赏过动画片《三只小猪》，已模仿过大灰狼吹三座房子的动作及吹之前的语言。

活动过程

1. 导入。教师引导幼儿观察欣赏，激发幼儿参与活动的兴趣。

☆ 教师：前几天我们欣赏了一部动画片《三只小猪》，今天老师带来了一些有关小猪、大灰狼的玩具、图片，你最喜欢哪一个？学一学它的动作。

2. 欣赏感知。幼儿对比欣赏两段音乐，感受两种音乐性质的不同。

（1）对比欣赏音乐。

☆ 教师：老师带来了两段音乐，请你们听一听，给你什么感觉？像是谁来了？为什么？

（2）动画片片段欣赏。

☆ 教师：我们再来欣赏一遍《三只小猪》的片段，请你仔细看一看小猪与狼的动作，一会儿请你来学一学。

（3）教师小结小猪和狼的动作：小猪是快乐的、轻快的；大灰狼是笨重的。

3. 探索发现。幼儿尝试用动作表现两段不同性质的音乐。

（1）请幼儿模仿角色表演动作。

☆ 教师：刚才动画片中的小猪和大灰狼都在干什么？请你分别学一学它们的动作。

（2）请幼儿听音乐进行肢体动作模仿，表达自己的感受。

☆ 教师：刚才听过的音乐，你觉得哪段音乐是小猪来了？哪段音乐是大灰狼来了？为什么？请你来学一学、做一做。

4. 展示表现。幼儿听辨音乐，进行律动表现，感受角色扮演的乐趣。

（1）幼儿在两段不同音乐的伴奏下进行角色表演。

☆ 教师：咱们一起听着音乐做动作吧，一定要仔细听一听是哪段音乐，应该做什么动作。

（2）请个别幼儿示范，丰富幼儿的动作表现经验。

☆ 教师：××小朋友，请你做一下刚才××的动作，我们一起学一学。还可以怎么做？

（3）幼儿自由选择角色，当出现相应的音乐时，做相应的动作。

☆ 教师：请小朋友自由选择一个你想扮演的角色，在出现你的音乐时，你再表演。请小朋友仔细听好是哪段音乐。

5. 结束。在音乐的伴随下，幼儿做律动出教室。

☆ 教师：让我们听着音乐做动作回家吧！

活动4 小胖猪（制作活动）

活动目标

1. 能够运用大小不同的圆形进行绘画或拼贴小猪，表现小猪的可爱。
2. 对戏剧表演感兴趣。

活动准备

小猪的三个家；玩具猪；白纸、彩笔、油画棒；各种大小不同的圆形；胶棒；比幼儿头围长的长条纸；迪士尼动画片《三只小猪》的主旋律音乐，及大灰狼出场时的音乐；儿童歌曲《小胖猪》（常瑞词，苏勇、王平曲）；已学习过歌曲《小胖猪》；观察过小猪的形态特征；熟悉动画片《三只小猪》；已有做头饰的经验；玩过"小猪与大灰狼"的音乐游戏。

活动过程

1. 导入。教师表演唱歌曲《小胖猪》，引出活动主题。

☆ 教师：请小朋友们说一说，小猪是什么样子的？

2. 欣赏感知。教师示范绘画，幼儿感受画圆的方法。

（1）教师边唱歌边在黑板上画小猪，请幼儿观察小猪的形象特点。

☆ 教师：今天我把小猪请到咱们班来做客，请你仔细看一看。

（2）与幼儿讨论并明确小猪的形体特点：圆圆的身体，圆圆的头，圆圆的鼻子。

3. 探索发现。幼儿观察发现画圆的方法。

（1）教师再次绘画，用顺口溜介绍画圆的方法：画圆圈真有趣，一点一点爬上去，爬到上面看一看，哧溜一下滑到底。

☆ 教师：请小朋友们看看，老师是怎样画小猪的？小猪的头和身体哪个大？哪个小？都是用什么图形表示的？

☆ 教师：请你说一说，圆形是怎样画出来的？

（2）教师与幼儿讨论，明确画圆的关键在于要封口，用圆形来组成小猪时，要注意身体与头的比例。

4. 展示表现。幼儿绘画拼贴，展示小猪的造型，体会小猪的可爱。

（1）幼儿与教师一起边说顺口溜边空手画圆。

☆ 教师：请小朋友们举起和老师一个方向的手，伸出食指，边说边画。

（2）幼儿自由选择小组，进行绘画、拼贴。

☆ 教师：请小朋友们自由选择小组来画（或拼贴）一只小猪吧。

（3）请幼儿将做好的小猪制成头饰。

☆ 教师：请做完的小朋友继续把你做的小猪用以前我们学习过的做头饰的方法，做成一个好看的头饰吧。

5. 结束。幼儿头戴小猪头饰自由表现，体验成功的快乐。

☆ 教师：请小猪们一起听着音乐玩我们最喜欢的"小猪与大灰狼"的游戏吧。

［小胖猪范例］

活动5　小猪的家（区域活动）

活动目标

　　尝试运用不同的材料制作小猪居住的三种房子，体验共同制作表演道具的快乐。

活动准备

　　塑料包装纸绳；棕色或黄色皱纹纸、电光纸等；厕纸筒芯；大小相等的硬纸盒子；三个用大纸箱制作的屋顶；胶棒。

活动建议

　　1. 在区角中为幼儿创设自由宽松的活动氛围，并且教师应积极参与其中。

　　2. 制作前，教师可与幼儿一起回忆三只小猪的房子有何不同，共同选择制作房子的材料，启发幼儿的设计思路。

　　3. 教师可引导幼儿将塑料包装纸绳撕细，或在棕色、黄色皱纹纸、电光纸上直线剪后将纸条贴在屋顶上制作草房子；用厕纸筒芯或纸卷制作木房子；用大小相等的硬纸盒子搭建在一起制作砖房子。

4. 因小班幼儿年龄小，动手能力有限，单个幼儿难以完成制作内容，所以小猪的三间房子可以在教师的带领下由多名幼儿共同完成。

5. 在故事《三只小猪》的表演过程中，可将制作好的小猪房屋作为道具，成为舞台表演的背景。

6. 活动中教师可运用随机评价的方式进行评价。

活动6 三只小猪（表演活动）

活动目标

1. 能运用肢体动作和语言充分表现小猪的憨厚、可爱。

2. 能按故事内容完整、大胆地进行表演，初步体会表演的乐趣。

活动准备

猪妈妈头饰一个；三只小猪和狼的头饰若干（总数与全班幼儿人数相同）；草房子、木房子、砖房子模型各一个；熟悉《三只小猪》的故事情节及角色特征；基本掌握三只小猪盖不同材质房子的主要动作；大班幼儿排演的《三只小猪》表演。

活动过程

1. 导入。教师布置好《三只小猪》的故事场景，引出欣赏内容。

☆ 教师：小朋友们都看过《三只小猪》的动画片，今天，我们一起来欣赏大班哥哥姐姐为大家表演的《三只小猪》的故事，请小朋友们安静欣赏。

2. 欣赏感知。欣赏大班幼儿的表演，激发表演兴趣，积累表演经验。

（1）请大班幼儿进行表演，教师做旁白，让幼儿近距离地观察表演过程，激发幼儿参与表演活动的愿望。

（2）请幼儿模仿故事中各角色的语言和动作。

☆ 教师：说一说，你最喜欢哥哥姐姐表演的哪个角色？

☆ 教师：猪妈妈是怎样说的？请小朋友来学一学。

☆ 教师：猪老大、猪老二、猪老三是怎样说的呢？它是怎样盖草房子的？请小朋友们学一学吧。

☆ 教师：大灰狼是怎样说的？它是怎样吹草房子、木房子的？最后他来到砖房子前是怎样说的？怎样做的？

3．探索发现。与大班幼儿一起分角色进行表演。

（1）请幼儿挑选自己喜欢的角色头饰，跟着大班幼儿初次尝试表演故事。

☆ 教师：请小朋友们想一想，你想演谁？然后到老师这里选一个合适的头饰吧。

（2）教师扮演"猪妈妈"并做旁白，请大班幼儿分角色带领小班幼儿进行表演。

（3）表演结束后，教师进行总结，找出幼儿做得好的地方，进行鼓励、表扬，并请做得好的幼儿进行展示，引导幼儿向同伴学习。

☆ 教师：刚才×××扮演的小猪，在钉钉子时很有节奏，我们一起来看一看他是怎样钉的。

4．展示表现。幼儿在大班幼儿带领下再次进行表演，体验扮演角色的乐趣。

☆ 教师：我们再来表演一次，别忘了把刚才看到的好的动作和表情表演出来，看看哪只小猪和大灰狼表演得最像。

5．结束。以游戏情景自然结束。

☆ 教师：我们小猪都很能干，盖出了这么好的房子，还打败了大灰狼，小猪做了这么多的事情肯定都累了，那和妈妈一起回家喝点水，休息一下吧。

单元二　狼和小羊

活动1　狼和小羊（戏剧欣赏活动）

活动目标

愿意欣赏手偶剧，能够感受各角色不同的音色并尝试模仿，体验欣赏戏剧的乐趣。

活动准备

　　狼、小羊、小猫、小狗、白马、大象的手偶及表演台；幼儿接触过手偶玩具；欣赏过《狼和小羊》的故事；知道各种动物的叫声；教师表演手偶剧《狼和小羊》。

活动过程

　　1. 导入。教师介绍剧目种类和戏剧名称，引发幼儿关注。

　　☆ 教师：今天咱们班来了两位小客人（出示狼和小羊的手偶），它们是谁？

　　☆ 教师：这只狼和这只小羊都是戴在手上进行表演的道具，你来猜一猜，它们叫什么？（手偶）

　　2. 欣赏感知。幼儿欣赏手偶剧表演，理解故事大意。

　　☆ 教师：现在就请小朋友们欣赏一个老师们表演的手偶剧，名字叫《狼和小羊》，请小朋友们安静、认真地欣赏。

　　☆ 教师：故事里都有谁？

　　☆ 教师：发生了一件什么事？

　　3. 探索发现。教师分段进行表演，引导幼儿感受不同角色的声音特点。

　　（1）教师表演剧中从故事开始到"小羊哭"的片段。

　　☆ 教师：狼说晚上要吃掉小羊，小羊很害怕，这时它是怎么做的呢？

　　☆ 教师：小羊的哭声是什么样的？请小朋友们学一学。

　　（2）教师表演剧中"小羊哭，小动物安慰小羊"的片段。

　　☆ 教师：小羊很害怕，坐在路边哭，这时都有谁来安慰小羊呢？

　　☆ 教师：小狗（小猫、白马、大象）是怎么说的？它说话的声音是什么样的？请小朋友来学一学。

　　4. 展示表现。教师带领幼儿分组模仿不同角色的声音，感受参与戏剧表演的快乐。

　　☆ 教师：××老师（配班教师）当大灰狼，小朋友们分组和老师（主班老师）一起扮演小羊、小狗、小猫、白马、大象，咱们一起来表演故事《狼和小羊》。

　　5. 结束。将活动延伸到活动区游戏。

☆ 教师：小朋友们模仿小动物的声音都很像，老师把这些手偶放到表演角，喜欢的小朋友可以到那里去表演《狼和小羊》的故事。

活动2　可爱的小羊（制作活动）

活动目标

在观察、了解小羊外形特点的基础上，学习制作小羊纸袋偶，并用螺旋线进行装饰，感受小羊的可爱及制作活动的乐趣。

活动准备

220mm×110mm大小的信封，在信封中间靠上的两侧，沿着边分别画一个掏洞用的半圆形（半圆形可以用针扎好小孔，方便不能灵活使用剪刀的幼儿用手撕洞），用一条下弧线将信封左右两个上角相连（下弧线的上方为头、下弧线的下方为身体）；小羊的犄角、耳朵等粘贴部件；剪刀；水彩笔；胶棒；了解小羊身体各部分的名称；会画螺旋线。

活动过程

1. 导入。教师出示谜语，引发幼儿对小羊的关注。

☆ 教师：今天，我们班来了一位神秘的客人，它给我们带来了一个谜语，看看谁最聪明，能猜出它是谁。温顺动物长俩角，整天披着小棉袄，每天咩咩叫不停，好像在说妈妈好。

2. 欣赏感知。请幼儿欣赏小羊纸袋偶，激发制作的兴趣。

（1）请幼儿欣赏教师制作的小羊纸袋偶，并用角色语言向幼儿进行自我介绍。

☆ 教师：大家好，我是《狼和小羊》故事中的小羊，今天很高兴能到××班来做客，你们欢迎我吗？

（2）教师创设制作情境。

☆ 教师：今天我来到这里，是想请小朋友们帮我一个忙。小朋友们都知道，有只凶恶的大灰狼总是欺负我。因为我没有爸爸妈妈，也没有兄弟姐妹，虽然有很多好心的朋友帮助我，但是一个人还是觉得既害怕，又孤单，要是有许多小羊和我在一起，我们组成一个大羊群，那么大灰狼就不敢再欺负我啦。所以，我想请小朋友帮我做一些小羊朋友，你们愿意帮助我吗？

（3）教师继续以小羊的口吻引导幼儿观察小羊纸袋偶的外观，并介绍制作材料——信封。

☆ 教师：你们谁能看出，我是用什么材料制作的呢？

3. 探索发现。幼儿观察发现小羊纸袋偶的制作方法。

（1）教师引导幼儿发现利用信封制作纸袋偶的方法。

☆ 教师：可以用小信封做我的头和身体。用哪边做头？哪边做身体呢？

☆ 教师：身体上有两个半圆形要沿线剪掉，变出两个洞，是伸出小手的地方。

（2）教师边引导幼儿观察犄角和耳朵的位置，边进行粘贴示范。

☆ 教师：请小朋友们看一看，我的耳朵长在头的什么地方？

☆ 教师：我的犄角长在什么地方呢？

☆ 教师：小朋友要先粘耳朵，再粘犄角。

（3）教师引导幼儿在纸袋偶上添画五官和羊毛。

☆ 教师：别忘了为我们画上五官和卷卷的羊毛哦。

☆ 教师：我的五官都有什么？都长在什么地方？

4. 展示表现。幼儿进行制作，教师个别指导。

☆ 教师：请小朋友们先剪信封，再粘贴犄角和耳朵，最后画五官和羊毛。

5. 结束。幼儿相互游戏。

☆ 教师：有这么多的小羊朋友，我真高兴呀，谢谢小朋友们，这回我再也不怕大灰狼了。

活动建议

可将幼儿制作的小羊手偶放到表演区，鼓励幼儿在区域游戏中运用自己制作的小羊纸袋偶进行《狼和小羊》的故事表演。

［小羊纸袋偶范例］

活动3　狼和小羊（表演活动）

活动目标

能够发现角色语言的特点，尝试模仿故事对白，进行片段表演，体验参与戏剧表演的快乐。

活动准备

羊、狗、猫、马、象、狼头饰若干；故事《狼和小羊》的音频片段（"到了天黑的时候"至"大家一声也不响，静静地听着声音"）；欣赏过《狼和小羊》的故事，熟悉故事情节。

活动过程

1. 导入。教师引导幼儿回忆《狼和小羊》中的角色，引发幼儿参与活动的兴趣。

☆ 教师：前几天，我们欣赏了一个好听的故事《狼和小羊》，你还记得故事里都有谁吗？

2. 欣赏感知。请幼儿欣赏故事《狼和小羊》的片段，进一步熟悉角色对话内容。

☆ 教师：请小朋友听一听、猜一猜是谁在说话？它说了什么？

☆ 教师：它们说话的声音是什么样的？谁来学一学。

3. 探索发现。教师分别模仿故事中角色的语言，引导幼儿发现不同人物语言的特点，加深幼儿对角色人物（语气、语速、音色）的了解。

☆ 教师：请你听一听，这句话是谁说的：不要紧，晚上我来帮助你。

☆ 教师：为什么是它（狗、猫、马、象）说的？它的声音是什么样的？请你来学一学。

4. 展示表现。幼儿选择喜欢的角色，尝试装扮表演。

☆ 教师：想一想你想演谁？它是怎么说话的？它说了什么？快点装扮好，我们一起来表演。

5. 结束。活动延伸至表演角。

☆ 教师：刚才小朋友演得真像，我们将今天学到的新本领运用在表演角中，表演角中的演出一定会更加精彩！

活动4　狼和小羊（区域活动）

活动目标

能够在故事表演中自由分配角色，用较为准确的语言和丰富的表情、动作表演故事。

活动准备

故事中不同角色的头饰和服装；《狼和小羊》的故事图片。

活动建议

1. 根据小班幼儿的年龄特点，教师可将《狼和小羊》中的图片按照故事的发展顺序张贴在表演角中，作为剧本，为幼儿的表演提供提示。

2. 区域活动前，幼儿可根据自己的喜好自主选择角色并进行装扮，教师只需在必要时（例如：幼儿角色选择有冲突时，角色装扮遇到困难时等）提供帮助。

3. 在区域活动中，教师应有意识地进行指导，特别是对各角色在对话时的语气、语调、语速的把握，及表情与肢体动作的表现等，例如：大灰狼的声音是沙哑而低沉的，动作是凶猛而粗暴的；小羊的声音是柔弱而纤细的，动作是小心而怯懦的……

4. 除表演技巧外，教师还应帮助小演员们形成初步的舞台意识，例如：正面或侧面面向观众，尽量不背台；注意上下台口的位置；表演时不拥挤、不偏台等。

5. 教师可将幼儿在区角中的表演以照片或录像的形式记录下来，并根据这些即时记录对幼儿的表演效果进行指导说明，进一步激发幼儿参与表演活动的兴趣与愿望，提高表现能力。此外，还可将区角表演的实况录像与家长们进行分享，从侧面反映幼儿在园的活动情况及艺术活动成果。

6. 区域游戏中，教师还应对观众提出观剧要求，例如：做文明观众，不大声喧哗，不随意走动影响他人等，逐步培养幼儿形成良好的欣赏习惯。

好玩的夏天

主题概述

　　夏天是个特征比较鲜明的季节，热辣的太阳、清凉的雨水、好吃的西瓜，大人们还会带着孩子去戏水游泳……总之，孩子们在夏天里能有很多好玩儿、有趣的事情。为此，我们确立了"好玩的夏天"这一主题，引导幼儿去感受季节的特点，发现不同季节的美丽。

　　我们从幼儿在夏天里可能进行的有趣活动及夏天的特征两个方面，设计了"有趣的夏天"和"美丽的夏天"两个单元。"有趣的夏天"单元采用歌曲学唱、情景表演、律动组合等多种艺术形式，来让幼儿体验夏天带给我们的乐趣。在"美丽的夏天"单元里，采用亲子家园活动、欣赏装饰、美工绘画、折纸粘贴等形式，引导幼儿在夏天的艺术作品中表现夏天的美丽，培养对大自然的热爱之情。

　　在开展季节的主题时，教师可以有机地融合自然科学常识，引导幼儿去观察发现自然中的变化、环境中的美以及不同季节的鲜明特征。

主题活动网络图

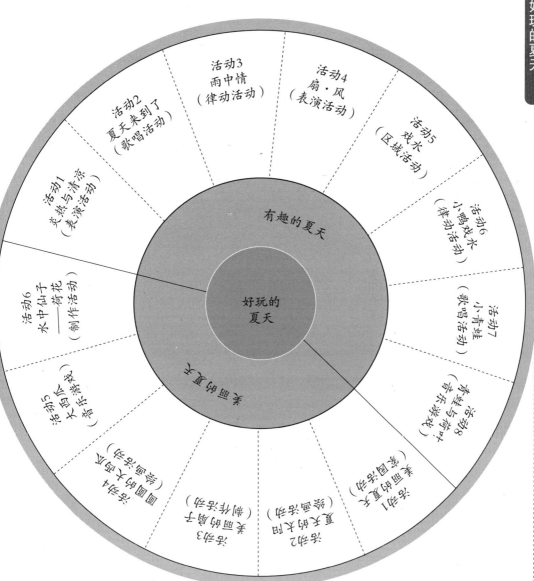

活动3
雨中情
（律动活动）

活动2
夏天来到了
（歌唱活动）

活动4
扇·风
（表演活动）

活动1
炎热与清凉
（表演活动）

活动5
戏水
（区域活动）

有趣的夏天

活动6
小鸭戏水
（律动活动）

活动6
水中仙子
——荷花
（制作活动）

好玩的
夏天

活动7
小青蛙
（歌唱活动）

美丽的夏天

活动5
大西瓜
音乐游戏

活动8
青蛙与荷塘
（音乐欣赏活动）

活动4
美丽的荷叶
（图画活动）

活动3
美丽的扇子
（涂色活动）

活动2
夏天的服装
（制作活动）

活动1
美丽的夏天
（美术图画活动）

综合艺术活动

单元一 有趣的夏天

活动1 炎热与清凉（表演活动）

活动目标

1. 能安静欣赏情景剧，看懂剧中内容。

2. 尝试运用肢体语言和口头语言表现夏天人们的生活情景，体会夏季带给人们的不同感受。

活动准备

自编情景剧《炎热与清凉》，准备与之相关的道具；初步了解夏天，知道夏天的一些基本特征。

活动过程

1. 引入。教师用谜语的形式引出夏天，引发幼儿对夏天的关注。

☆ 教师：今天，我为大家带来了一个谜语，请小朋友猜猜是什么季节。知了知了叫，蜻蜓湖上绕，青蛙呱呱把鼓敲，小朋友们爱洗澡！

2. 欣赏感知。教师第一次表演情景剧《炎热与清凉》，请幼儿欣赏，感受夏季的特点。

☆ 教师：这是什么季节发生的事？

3. 探索发现。教师第二次表演情景剧《炎热与清凉》，请幼儿欣赏，再次感受夏季的气温。

☆ 教师：剧中人物开始在干什么？后来天气发生了什么变化？剧中人物又在干什么？

4. 展示表现。幼儿运用道具，根据教师的语言提示简单表现夏天人们的生活情景。

☆ 教师：在一个夏天的中午，太阳火辣辣地照射着大地。小明走在放学的路上。他实在是太热了，不停地用手背擦着汗。终于到家了，他马上跑进了浴室，清清爽爽地洗了一个澡。"啊，终于凉快了！"

5. 结束。活动自然结束。

☆ 教师：我们活动得都要出汗了，一起凉快凉快吧！

活动建议

1. 教师进行情景剧表演的形式可以多种多样，可以是一人独白式，也可以是两人对手戏或多人合作表演，并可充分运用道具辅助表演。教师可根据本班情况与自身特点酌情考虑。

2. 在活动的第四环节幼儿运用道具简单表现夏天的生活情景时，由教师讲述情景剧的旁白及对白，幼儿表演。教师可请幼儿做模仿动作，如挥汗、扇扇子、解衣扣等。也可让幼儿模仿语言，如"真热啊""好凉快"等。以语言提示动作，师幼合作表演，体会夏季带给人们的感受。

活动资料

[情景剧]　　　　　　　**炎热与清凉**

夏季的午后，太阳高高地挂在天空中，炙热地烧烤着大地。一人手拿折扇，不停地扇动着，并用毛巾擦拭着额头上的汗水，口中说着："真热啊！"一阵雷声过后，雨点掉落了下来。人们手捧着雨水，享受着夏日的清凉。

活动2　夏天来到了（歌唱活动）

活动目标

掌握五度音程的唱法，正确表达歌曲的情感色彩，感受夏季带来的快乐情趣。

活动准备

歌曲《夏天来到了》（孙延明词，黄振平曲）；表现歌曲《夏天来到了》的内容的图片（突出雷公公、小知了、小青蛙的形象）；大鼓、手铃、蛙鸣筒；初步了解夏季特征。

活动过程

1. 导入。教师说歌词引出歌曲内容，激发幼儿的参与兴趣。

☆ 教师：雷公公把鼓敲，小知了树上叫，小青蛙唱起歌，告诉我们夏天来到了。

☆ 教师：刚才老师说了些什么？什么季节来到了？

2. 欣赏感知。幼儿学说歌词，感受歌曲的情绪特点。

☆ 教师：请小朋友和老师一起用小手打节奏，学说歌词吧。

☆ 教师：我们试一试听着钢琴的旋律一起说歌词。

3. 探索发现。幼儿学唱歌曲，掌握音高的变化。

（1）教师分句教唱。

☆ 教师：现在，老师唱一句，小朋友们学一句。

（2）幼儿完整跟唱。

☆ 教师：下面，和老师一起完整演唱歌曲，听听谁的声音最好听。

4. 展示表现。幼儿演唱歌曲并分组为歌曲配伴奏。

☆ 教师：老师为小朋友们准备了大鼓、手铃、蛙鸣筒等乐器，请你选一个最喜欢的乐器，分组为我们的歌曲配上伴奏吧！

5. 结束。交流分享，感受夏季带来的快乐。

☆ 教师：小朋友们唱得真好听，我已经感觉到可爱的夏天来到了！让我们一起度过一个美好的夏天吧。

活动建议

1. 幼儿在进行完整跟唱时，教师可运用出示图片的方法突出雷公公、小知了、小青蛙的形象，帮助幼儿再次回忆歌词顺序。

2. 歌曲《夏天来到了》的难点为五度音程，所以教师在教到"唱起歌"时，可采用手势提醒的方法帮助幼儿掌握音高的变化，并学习运用轻快活泼的声音表现歌曲中快乐的情绪。

活动3　雨中情（律动活动）

活动目标

　　喜欢欣赏舞蹈作品，能够随音乐的节奏尝试模仿舞蹈里的动作，进行简单的情景表演，感受夏日中雨中作乐的快乐。

活动准备

　　电影《雨中情》舞蹈片段；伴奏音乐；雨伞；观察过夏日的雨，有过雨中打伞的经验。

活动过程

　　1. 引入。教师第一次播放舞蹈视频《雨中情》，激发幼儿的兴趣。

　　☆ 教师：今天，老师请小朋友们欣赏一段和伞有关的舞蹈，叫作《雨中情》。请小朋友们认真、仔细地欣赏。

　　2. 欣赏感知。教师引导幼儿理解舞蹈故事的内容。

　　☆ 教师：舞蹈里讲了一个什么故事？主人公在雨中干了些什么？他的心情是怎样的？

　　3. 探索发现。教师第二次播放舞蹈视频《雨中情》，引导幼儿观察舞蹈中的动作，感受舞者雨中作乐的快乐心情。

　　☆ 教师：你最喜欢舞蹈中的哪个动作？为什么？请你学一学。

　　4. 展示表现。教师以伞为道具，请幼儿模仿下雨时戏耍的情景。

　　☆ 教师：呀，天上好像真的下雨了，请小朋友们拿起伞，我们也来跳个"雨伞舞"吧！

　　☆ 教师：下雨的时候，你会在雨里玩什么游戏？

　　☆ 教师：我们的伞还可以怎么动？

　　5. 结束。幼儿随音乐律动出教室，活动自然结束。

☆ 教师：大家撑起伞，一起到外面玩吧！

活动建议

在活动的第四环节，幼儿可在音乐的伴奏下运用道具伞，模仿舞蹈中的典型动作或喜欢的动作。在情景表演中，教师可启发幼儿运用捻转伞、摆动、打伞等动作，感受伞舞的美丽和雨中的快乐。

活动4　扇·风（表演活动）

活动目标

尝试运用扇扇子对比感受快与慢、强与弱的变化，体验夏天玩扇子的乐趣。

活动准备

教师自编情景剧《扇·风》；教师根据情景表演自行设计简单道具；扇子，人手一把；一段抒情音乐；对炎热的夏季有一定的感知经验；在过渡环节中接触过四分节奏、八分节奏。

活动过程

1. 导入。教师提出欣赏要求，引发幼儿参与的兴趣。

☆ 教师：今天，老师给小朋友们带来一段情景表演，请你看一看这是什么季节？人们在干什么？

2. 欣赏感知。教师表演情景剧《扇·风》，让幼儿了解剧中情节。

☆ 教师：这是什么季节？人们（表演者）怎么了？

☆ 教师：天气炎热怎么办？扇子有什么用？

3. 探索发现。幼儿通过实践，感受扇子扇风的乐趣。

☆ 教师：你最喜欢什么样的扇子？将你最喜欢的扇子拿在手中。

☆ 教师：扇子能怎样扇风？

4. 展示表现。请幼儿感受快与慢、强与弱的变化，体验夏天玩扇子的乐趣。

（1）在抒情音乐的背景下，幼儿进行情景表演。

☆ 教师：小朋友们，让我们一起用小扇子扇扇风吧。

（2）表演可用简短的儿歌开始：扇子有风，拿在手中，轻轻摇摇，送来凉风。

（3）在表演的过程中教师可运用四分节奏、八分节奏的变化，灵活地运用语言提示指导幼儿游戏。例如：<u>扇扇</u> <u>我的</u> 头｜慢 慢 扇｜<u>扇扇</u> <u>我的</u> 肩｜慢 慢 扇｜<u>扇扇</u> <u>我的</u> 腿｜慢 慢 扇｜<u>扇扇</u> <u>我的</u> 脚｜<u>快快</u> <u>快快</u> 扇｜。

（4）还可让幼儿体验大风和小风的区别，例如：刮 强 风｜使 劲 扇｜刮 弱 风｜轻 轻 扇｜。

（5）幼儿或为同伴扇风，或大家一起合作扇风，体验与同伴共同表演的乐趣。

☆ 教师：除了能为自己扇风，还能怎样扇风？

5. 结束。活动延伸，引导幼儿在生活中感受清凉。

☆ 教师：我们拿着小扇子给其他班的小朋友也送去清凉吧。

活动建议

教师自编的情景表演《扇·风》，主要表现红彤彤的太阳挂在天空，热辣辣的阳光刺得人们睁不开眼睛，天气实在太热了，人们汗流浃背，不停地擦着汗……表演内容可根据教师的自身特长和本班幼儿的实际接受能力创编，但要围绕扇子展开。

活动5 戏水（区域活动）

活动目标

运用听觉、视觉、触觉等多种感官感受戏水的快乐。

活动准备

穿着适合戏水的服装，戏水工具；对幼儿进行过玩水的安全教育。

活动建议

1. 此活动应根据园所现有条件进行。若条件允许，活动可在戏水蘑菇池或浴室内进行。若条件有限，可用水盆接满水游戏。

2. 活动前教师应对幼儿提出要求，例如：安全游戏，不向同伴耳朵、眼睛撩水。活动过程中教师应确保幼儿的安全，力求使活动在安全、有序的状态下进行。

3. 教师可为幼儿准备一些安全的戏水工具，例如小喷壶、充气小玩具、吸水海绵、呲水枪等，以增加游戏的趣味性。

4. 活动可从听觉、视觉、触觉等不同方面进行，感受戏水的快乐。

听觉方面：倾听水的声音——哗啦啦、淅沥沥、滴滴答……

视觉方面：观察水量的大小变化——一滴一滴的水，细细的、像一条线的水，瀑布一样的水……

触觉方面：从不同角度和力度触碰水——拍水、踢水、撩水、接水……

5. 活动时，教师应以照片或录像的形式及时记录幼儿的表现。活动后教师可运用指导语"今天你快乐吗""你是怎样玩水的"帮助幼儿回忆、总结收获，体验快乐情绪，并将记录结果收入成长档案夹中。

6. 游戏后，应及时为幼儿更换衣裤，防止感冒。

活动6　小鸭戏水（律动活动）

活动目标

1. 学习用身体动作大胆表现小鸭戏水的情景，发展动作的协调性。

2. 体验与同伴共同参与律动表演的乐趣。

活动准备

胸卡；自制小鸭戏水视频；儿童歌曲《母鸭带小鸭》（佚名词曲）；幼儿在生活中观察过小鸭。

活动过程

1. 导入。带领幼儿模仿小鸭做律动进场，引发幼儿参与活动的兴趣。

☆ 教师：夏天到了，小鸭们，咱们听着歌曲到池塘里做游戏吧！

☆ 教师：刚刚我的小鸭是怎么走的？

☆ 教师：小鸭八字脚，屁股翘翘翘，摇摇，摆摆，向前走！快到妈妈这儿来！

2. 感知欣赏。请幼儿欣赏视频，丰富动作经验。

（1）完整欣赏视频。

☆ 教师：池塘边又来了一群小鸭子，看看，它们在做什么？

☆ 教师：看谁观察得最认真、最仔细！

（2）观察模仿定格视频。

☆ 教师：谁来说说，片中小鸭子在做什么？你能试着学学它的动作吗？

3. 律动表演。在师幼互动中自由大胆地表现小鸭戏水的情景。

（1）第一遍游戏：在教师语言提示和动作示范下，幼儿进行表演。

☆ 教师：刚刚我们学了那么多本领，跟鸭妈妈到池塘一起戏水吧！看看哪只小鸭子的动作最漂亮。

（2）第二遍游戏：幼儿佩戴胸卡，增添表演的乐趣。

4. 结束。活动自然结束。

☆ 教师：玩了这么半天，让我们一起回家吧！

活动7　小青蛙（歌唱活动）

活动目标

1. 能用自然的声音演唱，尝试运用节奏的变化表达情绪。

2. 能大胆表现歌曲内容，喜欢参与歌唱活动，并从中感受到快乐。

活动准备

自编故事《快乐的小青蛙》；舒缓、优美的背景音乐；歌曲《小青蛙找家》（王金成、李嘉评词曲）；青蛙头饰，人手一个；代表青蛙、紫蛙和林蛙的挂牌，教师和幼儿人手一个；熟悉青蛙的叫声；熟悉歌曲旋律。

活动过程

1. 导入。教师运用谜语引出活动主题。

☆教师：在炎热的夏季里，有许多歌唱家，你都听到过谁的歌声？

☆教师：我还知道一位夏天里的歌唱家，我说个谜语，请你们猜猜它是谁。大嘴巴，绿衣裳，池塘稻田是它家，唱起歌来呱呱呱，专吃害虫人人夸！

2. 欣赏感知。幼儿欣赏配乐故事《快乐的小青蛙》，并了解歌曲内容。

（1）教师讲述配乐故事《快乐的小青蛙》，请幼儿感受乐曲中青蛙叫声的节奏变化。

☆教师：今天老师还给小朋友们带来一个关于小青蛙的故事，请你们仔细听一听，故事中的小青蛙是怎样唱歌的。

（2）当教师讲到"天黑了，小青蛙辛苦了一天要回家了，它又开始'跳跳，呱呱，跳跳跳，呱呱呱！'唱起了欢快的歌曲"时，教师清唱歌曲，使幼儿了解歌曲内容并初次欣赏歌曲。

3. 探索发现。幼儿学说歌词。

（1）教师引导幼儿感受乐曲中节奏的变化及所表达的不同情绪，理解歌曲内容。

☆教师：故事中小青蛙是怎样捉害虫的？

☆教师：它为什么会"跳跳，呱呱，跳跳跳，呱呱呱"？

（2）请幼儿戴上头饰，装扮成小青蛙说歌词，可用分句跟说和连贯跟说相结合的方式学说歌词2—3遍。

☆教师：小青蛙太可爱了，我特别想扮演一只小青蛙，你们谁想和老师一起扮演小青蛙？

☆教师：现在我变成青蛙妈妈了，请宝宝们一起和妈妈说歌词吧！

4. 展示表现。幼儿学唱歌曲《小青蛙找家》。

（1）教师引导幼儿学唱一遍歌曲，熟悉旋律。

☆教师：看看哪个小青蛙能够用好听的声音，跟着青蛙妈妈的琴，把每个字都唱清楚。

（2）教师提示歌曲内容所表达的情绪，引导幼儿大胆用声音表现，较快地跟唱一遍。

☆ 教师：天快黑了，小青蛙着急要回家，该怎样唱才能表现出小青蛙着急的心情呢？

（3）师生共同玩游戏"找妈妈"，激发幼儿参与歌唱活动的兴趣。

5. 结束。以游戏的情节自然结束。

☆ 教师：啊，我看到家了，小青蛙快蹦几下，和妈妈一起回家吧。

活动资料

1. ［故事］　　　　　**快乐的小青蛙**

山脚下麦田里，有一只勤劳的小青蛙，一大早就来到这里捉害虫了！只见它一边跳起捉害虫，一边唱着歌鼓励自己，听："跳跳，呱呱，跳跳跳，呱呱呱！"哎呀，真不错！小青蛙捉到了许多害虫呢！麦苗们得到了小青蛙的帮助，精神极了，都在向小青蛙点头致谢呢！

天黑了，小青蛙辛苦了一天要回家了，它又开始"跳跳，呱呱，跳跳跳，呱呱呱"唱起了欢快的歌曲。小麦苗们看着小青蛙蹦蹦跳跳远去的背影，都夸它是一只勤劳可爱的小青蛙！

2. ［游戏玩法］　　　　　**找　妈　妈**

1. 请幼儿戴上自己喜欢的颜色挂牌（绿色代表青蛙，紫色代表紫蛙，土黄色代表林蛙），三名教师分别扮演青蛙妈妈、紫蛙妈妈和林蛙妈妈。

2. 幼儿演唱歌曲，在最后一句"呱"唱完后，做蛙跳律动，回家找自己的妈妈，如：戴绿牌的青蛙就去找挂绿牌的青蛙妈妈。

3. 第二遍游戏增加难度，请幼儿背转身体演唱歌曲，扮青蛙妈妈的教师互换挂牌，再次进行游戏。

活动8　青蛙与荷叶（音乐游戏）

活动目标

感受音乐的强弱变化，有初步的角色意识，能够快乐地参加艺术活动。

活动准备

夏季池塘布景；布制大荷叶；各色大小不同的气球5个；歌曲《小青蛙捉迷藏》。

活动过程

1. 导入。幼儿参与游戏，感受活动的快乐。

（1）幼儿扮演小青蛙，伴随歌曲《小青蛙捉迷藏》，与教师第一次玩捉迷藏游戏。

☆ 教师：夏天到了，池塘里边真热闹啊，妈妈带你们到池塘里玩一玩，好不好？

☆ 教师：我们一边唱歌一边做游戏，小青蛙唱完歌就要赶快藏起来哦。

（2）第二次游戏，引导幼儿尝试分散躲藏。

☆ 教师：刚才小青蛙们都藏到大荷叶下面了，妈妈一下子就把小青蛙们都找到了。怎样藏才不会被妈妈找到呢？

2. 欣赏感知。请幼儿倾听钢琴旋律，感受风声变化。

（1）教师弹奏不同强度和节奏的旋律，鼓励幼儿配合模仿不同的风声。

☆ 教师：请你们仔细地听一听，现在刮的是什么风？

☆ 教师：请你们学一学，风声是什么样的？

（2）鼓励幼儿用语言描述对风声的感受，丰富幼儿的词汇。

☆ 教师：小风（大风）的声音是什么样的？（如小、细、轻、温柔等）

3. 探索尝试。幼儿通过游戏，感受音乐的强弱变化。

（1）通过游戏"青蛙与荷叶"，对比音乐中的强弱变化。

☆ 教师：请你听一听，现在刮的是什么风？刮风的时候荷叶会怎么样？

（2）配班教师将气球逐一投到荷叶上，表示水珠出现了。

☆ 教师：大风把池塘里的水都吹到了荷叶上，变成了一颗颗的小水珠，小青蛙们数一数，一共有几颗呢？

（3）通过水珠游戏，加深幼儿对音乐强弱变化的感受。

☆ 教师：你们知道吗？当风儿吹起来的时候，荷叶会随风摇摆，小水珠们就会跳起舞来，你们想看看吗？

☆ 教师：这些水珠的跳动有什么不一样？

4. 展示表现。教师弹奏不同强度的音乐，幼儿通过自身动作的不同力度，表现对音乐强弱变化的理解。

☆ 教师：今天玩得开心吗？我们一起来跳个舞吧。

☆ 教师：请小青蛙们仔细听音乐，跟着音乐的变化舞蹈。

5. 结束。自然结束。

☆ 教师：夏天的太阳好晒呀，我们快回家凉快凉快吧。

活动资料

［游戏玩法］　　　　　青蛙与荷叶

幼儿围站在荷叶周围，双手握住荷叶边。教师按"小风→大风→小风→风停"的顺序弹奏乐曲，引导幼儿跟随音乐的强弱变化，抖动手中的大荷叶，尝试用动作力度的大小，来表现对音乐强弱的感受。

［游戏玩法］　　　　　水　珠　跳　舞

音乐再次按照"小风→大风→小风→风停"的顺序弹奏，请幼儿再次随音乐的变化，抖动大荷叶，并注意观察"水珠"的跳跃，以进一步加深对音乐强弱变化的感受。

单元二　美丽的夏天

活动1　美丽的夏天（家园活动）

活动目标

1. 能够在艺术作品中寻找夏天，发现夏天的美丽。
2. 用喜欢的形式记录夏季的特征，感受夏天的信息。

活动准备

照相机、摄像机、录音机；绘画材料等。

活动建议

1. 活动前，应先请家长了解活动目标，便于家长带领幼儿更好地开展亲子活动。

2. 此活动是在单元一"有趣的夏天"的基础上开展的，所以进行此活动前，幼儿应对夏天具有了一定的感性经验。此次亲子活动的目的是收集有关夏天的艺术作品，使幼儿从艺术的角度再次感受夏天的美丽。

3. 艺术作品可以是与夏天有关联的绘画作品、摄影作品、音乐作品、舞蹈作品等，例如：齐白石的水墨画《青蛙》《青蛙 蹦跳 水洼》；李苦禅的彩色水墨画《荷塘清夏》；维瓦尔第的小提琴协奏曲《四季——夏》，目的是使幼儿通过欣赏艺术作品感受夏天的骄阳、雷雨、动物等带给人们的别样感受。

4. 此外，收集的内容也可为幼儿观察到的事物，例如小青蛙的叫声、池塘中亭亭玉立的荷花、蜻蜓的标本、美丽的扇子等。

5. 家长可带领幼儿用照片、录像、录音、绘画或文字等形式将幼儿的所见、所想、所感记录下来，并带到幼儿园，与小朋友们分享。

6. 教师可将幼儿带来的作品进行分类展览，例如摄影作品展、书画作品展、视听欣赏等，帮助幼儿多角度感知夏季的特征，发现夏季的美。

活动2　夏天的太阳（绘画活动）

活动目标

学习运用暖色调表现夏天的太阳，体验绘画活动的乐趣，能够大胆用语言表达自己的感受。

活动准备

水彩笔、油画棒、卡纸（红色、橙色、粉色、黄色）、绘画纸；音乐《种太阳》（李冰雪词，徐沛东曲）；作品范例；认识红色、橙色、粉色、黄色等各种色彩。

活动过程

1. 导入。教师提出问题，引导幼儿回忆夏天。

☆ 教师：夏天给你什么样的感觉？夏天为什么这样炎热？

2. 欣赏感知。幼儿欣赏作品范例，观察、感知暖色调。

☆ 教师：请小朋友看看这幅画里，都有哪些颜色？引导幼儿认识红色、橙色、粉色、黄色等暖色。

☆ 教师：你看到这个太阳，有什么样的感觉？太阳的光芒都是什么样的线条？

3. 探索尝试。播放《种太阳》音乐，幼儿尝试绘画，教师巡视指导。

☆ 教师：小朋友画的时候除了要用刚才我们说的颜色，还要想想，你要用什么样的线条画出太阳的光芒。（如长线、短线、螺旋线）

4. 展示表现。引导幼儿感受同伴作品的色彩搭配。

☆ 教师：我们看看，谁画的太阳感觉最热？

5. 结束。肯定幼儿的绘画作品，鼓励幼儿把作品送给爱的人。

☆ 教师：小朋友画得很棒，想想在家里谁让你感觉最温暖，请你把这张画送给他，好不好！

活动建议

在活动的第一环节中，除了运用回忆的方式挖掘幼儿已有的知识经验外，教师还可以讲述故事《太阳的传说》，引出幼儿对夏天的关注，感受太阳的炎热。

活动资料

［夏天的太阳范例］

活动3 美丽的扇子（制作活动）

活动目标

能运用各种造型和图案制作自己喜欢的扇子，并从中获得美感。

活动准备

用不同材质、造型、图案的扇子布置扇子展；用于制作扇子的各种形状的白色硬卡纸；彩色纸、海绵棒、滚子、彩笔、胶棒、小棍、水粉颜料、毛笔、彩色皱纹纸、各种装饰贴纸等；对常见造型和图案有一定了解。

活动过程

1. 导入。师生谈话，引出扇子主题。

☆教师：夏天来到了，炙热的太阳烘烤着我们，怎么能让自己凉快些呢？

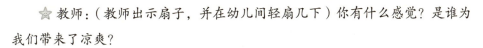

☆ 教师：（教师出示扇子，并在幼儿间轻扇几下）你有什么感觉？是谁为我们带来了凉爽？

2. 欣赏感知。幼儿参观扇子展，感受扇子的美丽。

（1）请幼儿带着问题仔细参观扇子展，并找出一把自己最喜欢的扇子。

☆ 教师：你看到了什么样的扇子？你最喜欢哪一把？为什么？

☆ 教师：请你轻轻拿出你最喜欢的扇子，一起说儿歌《小扇子》：扇子有风，拿在手中，轻轻摇摇，送来凉风。

（2）教师展示自己制作的扇子，请幼儿观察扇柄、扇面的形状，以及扇面上的图画装饰，总结扇子的造型特点。

☆ 教师：老师制作的扇子是什么样的？扇面上有什么装饰？

3. 探索尝试。幼儿分组制作小扇子。

（1）蒲扇组。

☆ 扇面材料：剪裁好的各种形状的白色硬卡纸若干；雪糕棒、一次性筷子等。

☆ 方法：利用海绵棒、滚子等工具，在扇面上尽情地涂抹喜欢的颜料，然后，选择适宜的材料固定扇柄。

（2）折扇组。

☆ 扇面材料：彩色纸若干。

☆ 方法：选择一种彩色纸，先设计扇面，画上喜欢的图画，再运用正反折的方法，制作折扇，并用胶棒固定。

（3）装饰扇组。

☆ 材料：成品扇若干；彩色皱纹纸、装饰贴纸等装饰材料。

☆ 方法：运用以上装饰材料自由装饰扇面，如：将彩色贴纸粘贴在扇面上，并将彩色皱纹纸条粘贴在扇面外缘。

4. 展示表现。展览幼儿作品，发现不同扇子的造型差异和丰富的色彩图案搭配。

☆ 教师：小朋友们互相看看，你喜欢谁做的扇子？喜欢扇子的什么地方？

5. 结束。请幼儿互相欣赏交流，伙伴间用扇子送凉爽，感受制作的快乐。

☆ 教师：小朋友们做的扇子都很漂亮，谁的扇子扇起来最凉爽呢？请你和身边的小朋友互相扇一扇。

活动建议

欣赏是活动中的一个重要环节。因此除了收集各种各样的扇子外，在欣赏前，教师还应对扇子进行分类布展，例如折扇、芭蕉扇、草席扇、宫廷扇、舞蹈扇等。欣赏展览的目的不仅是让幼儿认识不同种类、不同功能的扇子，还可以让幼儿从扇子上的图案获得美感，例如扇子上的线条与花纹、古代侍女造型、檀香的味道，等等。

活动4　圆圆的大西瓜（绘画活动）

活动目标

运用简单的线条绘画西瓜，具有初步的写生意识和兴趣。

活动准备

西瓜3～4个；西瓜刀；一个能装西瓜的盒子；若干绘画纸；若干绿色、红色、黑色的油画棒；能够较熟练地绘画圆形及均匀涂色。

活动过程

1. 导入。请幼儿听声音、猜西瓜，引发对西瓜的兴趣。

（1）教师在盒子里拍西瓜。

☆教师：请小朋友猜一猜，这是什么声音？

（2）教师将西瓜从盒子里取出。

☆教师：拍西瓜的声音是什么样的？请你学一学。

（3）教师将西瓜放回到盒子里，并切成两半。

☆教师：请小朋友们听一听，这又是什么声音？

（4）教师将切好的西瓜从盒子里取出。

☆教师：切西瓜的声音是什么样的？请你学一学。

2. 欣赏感知。教师引导幼儿观察西瓜的外形及颜色，并示范绘画。

（1）教师出示一个完整的西瓜，将耳朵贴近西瓜，做倾听状。

☆ 教师：西瓜拍起来发出"嘭嘭嘭"的声音，它在和小朋友说话呢，你们知道它说的是什么吗？

☆ 教师：大西瓜说，我们××班的小朋友画的画很漂亮，想请你们为它们画张像。

（2）教师引导幼儿观察完整的西瓜和半个西瓜的外形，并随着幼儿的回答在纸上进行示范绘画。

☆ 教师：要想给大西瓜画像，就要先看看大西瓜长得什么样。

☆ 教师：大西瓜是什么形状的？切成一半的西瓜是什么形状的？

（3）教师引导幼儿观察完整的西瓜和半个西瓜的不同，并进行添画。

☆ 教师：完整的大西瓜是圆圆的，切成一半的大西瓜的表面也是圆圆的。它们的颜色一样吗？

☆ 教师：请小朋友看看完整的西瓜是什么颜色的？（绿绿的）绿绿的西瓜皮上面还有什么？（深色的花纹）

☆ 教师：半个西瓜上都有什么颜色呢？（绿色、红色、黑色）什么地方是绿色的？什么地方是红色的？黑色的是什么？

3. 探索发现。请幼儿了解写生的特点。

（1）教师介绍写生，引导幼儿讨论写生的方法。

☆ 教师：我们一边看着西瓜，一边给西瓜画像，这种方法叫作"写生"。

☆ 教师：怎样给西瓜画像才能画得像呢？

（2）教师总结写生的要点。

☆ 教师：写生时要先仔细观察，先看后画。注意观察西瓜哪里是什么形状，什么颜色，然后选择正确颜色的笔，把看到的画下来。

4. 展示表现。幼儿自选小组绘画，教师个别指导。

☆ 教师：请小朋友们选择自己喜欢的西瓜（整个西瓜或半个西瓜），给它画个像吧。看看哪个小朋友画得最像。

5. 结束。同组幼儿互相交换作品，进行欣赏。

☆ 教师：将你的大西瓜给旁边的小朋友看一看，比比谁的西瓜画得最像？

活动建议

可在幼儿作品展览园地布置一个"西瓜园"，展出幼儿的作品。

活动5　大西瓜（音乐游戏）

活动目标

感受四分音符、八分音符、十六分音符的节奏，并能用简单的肢体动作配合表演，体会节奏变化带来的乐趣。

活动准备

教师根据动画片《猪八戒吃西瓜》改编的故事；自制的、可以分开的布制西瓜一个（或塑料西瓜皮球一个）；猪八戒图片一张；猪八戒头饰，人手一个；欣赏过四分音符、八分音符、十六分音符的节奏。

活动过程

1. 导入。教师出示猪八戒图片，激发幼儿的活动兴趣。

☆ 教师：今天，老师请来了一位客人，你们看看是谁呀？

2. 欣赏感知。请幼儿欣赏故事《猪八戒吃西瓜》。

（1）教师介绍故事。

☆ 教师：今天，老师给小朋友们讲一个关于猪八戒的故事，名字叫《猪八戒吃西瓜》，请小朋友们仔细听，故事里的猪八戒是怎样吃西瓜的？

（2）教师讲述故事。

☆ 教师：猪八戒在路边发现了一片绿油油的西瓜地，这可把他高兴坏了，急忙钻进瓜田里，边挑西瓜边自言自语地说着（用布制西瓜玩具进行讲述，边拍"西瓜"边念节奏儿歌）：

找 西瓜 找 西瓜｜找 找 找｜挑 西瓜 挑 西瓜｜挑 挑 挑｜
拍 西瓜 拍 西瓜｜拍 拍 拍｜抱 西瓜 抱 西瓜｜抱 抱 抱｜

猪八戒挑到一个又大又圆的大西瓜，把它抱到水边洗了洗，准备自己先尝尝甜不甜。他一边洗着，又一边说起来（还是利用布制西瓜玩具，边演示动作边念节奏儿歌，当念到切西瓜时，可将布西瓜一牙牙地分开）：

洗 西瓜｜洗 西瓜｜哗啦啦啦 啦｜切 西瓜｜切 西瓜｜咔嚓嚓嚓 嚓｜

吃西瓜｜吃西瓜｜嗷嗷嗷嗷 嗷｜吐瓜子｜吐瓜子｜噗噗噗噗 噗｜

3．探索发现。请幼儿感知并表现四分音符、八分音符、十六分音符的节奏。

☆ 教师：故事中的猪八戒在找西瓜、挑西瓜、拍西瓜、抱西瓜时分别是怎样说的？谁能用动作来学一学？

☆ 教师：猪八戒把大西瓜抱到水边后是怎样说的？怎样做的？谁能用动作来学一学？

4．展示表现。幼儿佩戴头饰，运用节奏儿歌进行表演。

☆ 教师：请小朋友们来表演《猪八戒吃西瓜》的故事片段，看看哪只猪八戒演得最像，别忘了边表演边念儿歌哦。

5．结束。游戏自然结束。

☆ 教师：猪八戒吃了这么多的大西瓜，都撑得慌了，我们一起到外面去散散步吧。

活动6 水中仙子——荷花（制作活动）

活动目标

尝试用对角折的方式制作荷花，发现荷花的美，体会与同伴共同进行艺术活动的快乐。

活动准备

有关荷花的图片及相关艺术作品；已折叠好的荷花，人手一个；正方形彩色纸；胶棒；优美抒情的背景音乐；教师装扮成荷花仙子；荷花主题墙面或作业栏；已欣赏、认识过荷花。

活动过程

1．导入。教师利用谜语引出活动主题。

☆ 教师：小小一姑娘，坐在水中央，身穿粉红袄，阵阵放清香。请你猜

猜这是什么?(谜底:荷花)

2. 感知欣赏。通过情景创设和艺术作品欣赏,让幼儿感知荷花的外形特征。

(1)教师装扮成的荷花仙子在优美抒情的音乐伴奏下步入教室,轻盈舞蹈,带给幼儿清新、优雅的感受。

☆ 教师:请小朋友们看一看,我是谁?

☆ 教师:你从哪里看出我是荷花仙子呢?

(2)请幼儿欣赏荷花图片及相关艺术作品,教师进行讲解。

☆ 教师:荷花都有什么颜色?它的花瓣是什么形状的?

3. 探索尝试。教师引导幼儿探索发现荷花的折叠方法,并尝试折纸荷花。

(1)教师分发已折叠好的荷花,请幼儿观察。幼儿通过拆看荷花,自己探索折纸步骤。

☆ 教师:请小朋友们看看,荷花仙子的荷花是怎样折出来的?

(2)运用儿歌,请幼儿与教师一起尝试折叠荷花。

☆ 教师:请我们一起听一听,荷花仙子是怎么做出美丽的荷花的。

☆ 教师说儿歌:一张方纸角对角,两扇大门关关好,两只小手门上放,轻轻一展荷花笑。花托向后折一折,荷花仙子出现了。

(3)播放优美抒情的背景音乐,幼儿选择彩纸进行制作。

☆ 教师:请小朋友们自己选择一张彩纸,我们和荷花仙子一起边说儿歌边学习荷花的折纸方法,看看谁折得最美丽。

4. 展示表现。师生共同布置荷花展,进行作品展示欣赏。

☆ 教师:小朋友们,把折好的荷花布置在我们的池塘里,看看我们的池塘是不是更漂亮了?

5. 结束。请小朋友们致谢荷花仙子,活动自然结束。

☆ 教师:荷花仙子教会了小朋友们一个新本领,我们快谢谢荷花仙子吧!

活动资料

［荷花折纸步骤图］

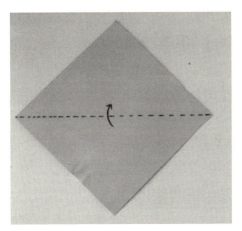

1. 角对角向上对折。

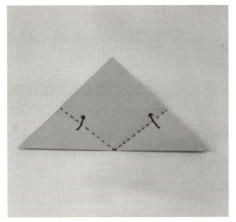

2. 两个下角分别向上折于上角位置，然后略向两侧分开，折好。

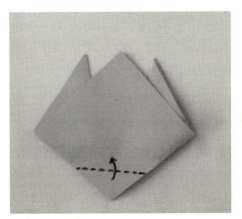

3. 翻面，将下角向上折一个小角。

4. 翻过来，荷花完成。

艺术欣赏十分钟案例

案例1 有趣的手影

欣赏内容介绍

手影是一种独特的艺术形式，它将科学与艺术有机融合。在手影欣赏中，手影、音乐、简单故事情节的组合，可以让幼儿在光、影与音乐的变化中获得美的感受。幼儿在感受了手影艺术魅力的同时，也被激发出了对光与影的好奇心，体验到了手影游戏的乐趣。

欣赏目标

感受手影的有趣，萌发对手影游戏的兴趣。

欣赏准备

黑暗的房间；手影幕布；背景音乐；教师学会手影表演；在户外玩过"捉影子"游戏。

欣赏过程

1. 教师进行手影表演，请幼儿专注欣赏，感受手影的神奇、有趣。
2. 师幼交流观看的感受，引发幼儿猜想、探索手影秘密的兴趣。
3. 幼儿尝试进行手影表演，体验手影游戏的快乐。

案例2　手部彩绘

欣赏内容介绍

　　手部彩绘是借助手的不同形态以及色彩构成，临时在皮肤上进行的彩绘涂饰。活动中，教师可现场展示手部彩绘作品，也可播放课件让幼儿欣赏新鲜有趣的手部彩绘作品。

欣赏目标

　　感觉在手部涂抹颜色作画的神奇与有趣。

欣赏准备

　　手部彩绘作品；白手套；课件（手部彩绘作品图片）。

欣赏过程

　　1．师生互动，玩手指游戏，引出手部彩绘的材料。

　　2．教师展示、介绍手部彩绘作品，引导幼儿观察发现彩绘作品与手部形态的巧合。

　　3．播放课件，让幼儿感受更多手部彩绘作品。

案例3　毛巾变变变

欣赏内容介绍

　　以生活中常用的毛巾为制作材料，经过卷、折、盘、翻等方法，将毛巾变成有趣的小动物，引发幼儿利用身边的生活材料进行艺术创作的欲望。

欣赏目标

　　感受用毛巾变出动物的有趣，引发动手操作的欲望。

欣赏准备

不同形状的毛巾若干条；辅助材料：夹子、皮筋等。

欣赏过程

1. 出示毛巾，提示幼儿观察毛巾的形状、大小、色彩等。
2. 教师现场进行毛巾创作展示，幼儿欣赏毛巾的变化。
3. 教师利用毛巾变出的动物，进行有趣的故事讲述。

活动资料

［大象制作步骤图］

1. 准备长方形毛巾两条，皮筋若干。　2. 将其中一条毛巾等分成三段，进行折叠。　3. 再折叠，折成一个小长方形。

4. 从两个短边向中心卷。　5. 卷到中心。　6. 向外对折，用皮筋固定，大象腿就折好了。

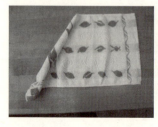  

7. 选择另一条毛巾的一个长边，对其中心点进行固定，然后从两个短边向中心卷。　8. 卷的过程中尽量紧实。　9. 将两头处向后折，用皮筋固定。

10. 将另一头向上卷，大象头就折好了。

11. 将头和身子用皮筋固定在一起，大象就做出来了。

[小兔子步骤图]

1. 准备正方形毛巾一条，皮筋若干。

2. 角对角对折，变三角形对折。

3. 从重叠线开始向上卷。

4. 一直卷到头。

5. 从中心对折，然后两头向上折，用皮筋固定，小兔子就做出来了。

后　记

　　北京市第一幼儿园的综合艺术教育课程终于要与大家见面了。我有幸从"九五"开始，便一直参与这一课程的实践与研究。

　　十余年间，一幼在实践、反思、再实践的过程中，了解、领悟、践行先进的艺术教育理念，观察、发现、了解幼儿的学习特点与需求，有效反思，清晰总结，最终不断丰富、发展、完善了幼儿园的特色课程。

　　十余年间，一幼参与这一园本课题研究的教师达430余人次，专题研究累计360余次，发表专题论文约500篇，先后20人被评为市区骨干教师，约4800名幼儿在实践研究过程中受益。

　　十余年间，一幼孜孜不倦地探究"如何从幼儿的需要、兴趣、发展出发，开展适合幼儿的艺术教育"，经历了艰辛，接受了挑战。我们共同努力了，坚持了，奉献了。今天，我们快乐幸福地收获了！

　　在此，由衷地向研发幼儿园综合艺术教育课程的主力军——一幼的全体教师道一声："你们辛苦啦！"同时，感谢成就了我们的幼儿和家长，感谢对一幼园本课程实践研究给予支持和关怀的领导和专家们，特别是北京师范大学霍力岩教授及其博硕团队的付出。最后，衷心感谢教育科学出版社的领导和编辑的辛勤付出。

李　军

出　版　人　　所广一
策划编辑　　白爱宝
责任编辑　　孙冬梅
版式设计　　杨玲玲
责任校对　　贾静芳
责任印制　　叶小峰

图书在版编目（CIP）数据

幼儿园综合艺术教育课程．小班／冯惠燕，刘金玉
主编．— 北京：教育科学出版社，2015.4
　ISBN 978-7-5041-9321-6

　Ⅰ．①幼…　Ⅱ．①冯…②刘…　Ⅲ．①艺术教育-学前教育-
教学参考资料　Ⅳ.①G613.5

　中国版本图书馆CIP数据核字（2015）第019219号

幼儿园综合艺术教育课程　小班

YOUERYUAN ZONGHE YISHU JIAOYU KECHENG XIAOBAN

出版发行	教育科学出版社		
社　　址	北京·朝阳区安慧北里安园甲9号	市场部电话	010-64989009
邮　　编	100101	编辑部电话	010-64989395
传　　真	010-64891796	网　　址	http://www.esph.com.cn
经　　销	各地新华书店		
制　　作	北京八度出版服务机构		
印　　刷	保定市中画美凯印刷有限公司		
开　　本	169毫米×239毫米　16开	版　　次	2015年4月第1版
印　　张	18.25	印　　次	2015年4月第1次印刷
字　　数	250千	定　　价	50.00元（含光盘）

如有印装质量问题，请到所购图书销售部门联系调换。